中小学语文教学研究新论

周均东 著

新 华 出 版 社

图书在版编目（CIP）数据

中小学语文教学研究新论 / 周均东著 . -- 北京：
新华出版社 , 2023.1
ISBN 978-7-5166-6711-8

Ⅰ . ①中… Ⅱ . ①周… Ⅲ . ①语文课－教学研究－中
小学 Ⅳ . ① G633.302

中国国家版本馆 CIP 数据核字 (2023) 第 017295 号

中小学语文教学研究新论

作　　者：周均东

选题策划：唐波勇
责任编辑：张云杰　　　　　　　　　封面设计：优盛文化

出版发行：新华出版社
地　　址：北京石景山区京原路 8 号　　邮　　编：100040
网　　址：http://www.xinhuapub.com
经　　销：新华书店、新华出版社天猫旗舰店、京东旗舰店及各大网店
购书热线：010-63077122　　　　　中国新闻书店购书热线：010-63072012

照　　排：优盛文化
印　　刷：石家庄汇展印刷有限公司

成品尺寸：170mm×240mm
印　　张：13　　　　　　　　　　　字　　数：230 千字
版　　次：2023 年 1 月第一版　　　印　　次：2023 年 1 月第一次印刷

书　　号：ISBN 978-7-5166-6711-8
定　　价：78.00 元

一前 言一
深入推进中小学语文教学研究

2013 年以来，按照教育部及云南省教育厅的统一部署，全国绝大多数地方师范院校参与实施了以提升中小学教师专业化水平为目标的"国培计划"项目。笔者作为云南省实施"国培计划"项目的"种子教师"和指导专家，先后被云南省教育厅选派到北京大学等高校参加了中小学语文教育教学与教师专业化成长的专题培训。笔者返回工作岗位后，尝试构建了"地方师范院校教师 + 地方教育主管部门教研员 + 中小学一线教师"的培训团队，主持或参与完成了七批次的中小学语文教师培训任务[包括本科生置换顶岗实习、学员（中小学一线教师）进校研修、导师及学员送教下乡指导等]，并取得了初步成绩。基于这个契机，笔者紧紧围绕"中小学语文教学新论"这一中心话题，结合具体的教育教学实践情况，对中小学语文教育教学作了一些探讨和研究。

1. 中小学语文教育教学研究要关注和聚焦来自一线的真问题。对中小学语文学科而言，基于"国培计划"项目组织实施相关的专题培训，是提升中小学语文教师素养的重要抓手，也是推进中小学语文教育教学研究走深、走实的有效手段。笔者作为参与实施培训的语文学科导师，逐项对照上级教育主管部门要求及其对培训项目实施的具体安排，完成了培训指导任务。在对进校研修环节及各县（市、区）教师培训送教下乡研修环节的指导过程中，笔者聚焦一线教师提出的问题，结合他们的共性及个性要求，关注和聚焦中小学语文教学研究必须是教育教学一线的真问题（主要是各种热点和焦点问题），是有效开展中小学语文教育教学研究的重要方式之一。本书的第一章"新问题·新思考"，集中讨论了当前中小学语文教学领域的五个热点或焦点问题，希望能给读者带来启发。

2. 中小学语文教育教学研究要结合实际并形成显性的研究成果。近十年来，笔者负责培训和指导的中小学教师，大多是各县（市、区）教育主管部门择优选派的一线骨干教师，具有 5 年以上的教龄，综合素质较为优秀，具有服务乡村教育的理想和情怀。在培训和指导这些学员的过程中，笔者从学员的实际出发，结合中小学语文教育教学中亟待解决的问题，注重教师的参与度，强调结合实际积极开展教育教学研究并切实形成自我研究的显性成果。笔者以不断提高培训学员的能力和水平为指向，深入中小学语文教育教学一线，认真开展中小学语文教育教学研究。本书的第二章"新实践·新探析"，主要围绕中小学语文教学的写字教学等内容，从不同的角度探讨了中小学语文教学的实践问题。

3. 中小学语文教育教学研究要侧重阅读教学领域的新问题。从转变观念及改变教育教学行为的角度讲，在一段时间之内，指导教师及部分学员对"国培计划"以阅读教学为主的培训内容的理解不够深入。实际上，宣威市、巧家县等区域的成功实践表明，通过"国培计划"项目的实施提升中小学语文在职教师的阅读素养、阅读能力及其实施中小学语文阅读教学的水平，是目前比较有效的依托平台和推进方式。换个角度看，带领学员一起开展阅读教学的学习和研修，并侧重探究中小学语文阅读教学领域面临的新问题是精神的盛宴，是思想的集萃，是阅读教学实践资源的分享和推广，过程虽然艰苦，但收获颇多。本书的第三章"新阅读·新教学"，主要围绕中小学语文阅读教学的相关内容，集中探讨了阅读教学方面的问题。侧重针对"统编版"中小学语文教材的变化，专题反思和研究中小学阅读教学领域面临的一些新问题，试图给一线中小学语文教师提供一些改进语文阅读教学的理念、思路和方法。

4. 中小学语文教育教学研究需要不懈求索。学习永无止境。为加强中小学语文教育教学研究及引导学员后期的自主研修，笔者开发了两个自主研修资源包：一是《中小学语文教育学》等 20 本著作；二是提供了"教师如何用好统编中小学语文教材"等 30 个思考题供大家研究。笔者本着学习、研修永远在路上的精神，基于教材课文及课外阅读的变化，不断研究中小学语文教育教学领域的新现象及新文本。本书的第四章"新文本·新解读"，以科幻类读物为研究对象，聚焦中小学课内外科幻类作品的阅读与教学这一热点问题，集中对中小学科幻类文本进行了解读，试图给读者提供一些理解和研究新文本的新思路。

目前，新修订的《义务教育语文课程标准（2022 年版）》已经实施，"统编版"中小学语文教材正在教育一线使用。笔者认为，研究"统编版"中小学语文教材使用过程中面临的新问题，应该成为今后一段时期中小学语文教育教学研究的重点。从中小学语文教育教学一线的需要考虑，应该抓住国家支持义务教育均衡发展的重大机遇，重点在中小学语文教师核心素养的建构及"统编版"教材的使用等核心问题的研究上有所突破。为方便读者随手查阅研究及教学资料，在本书附录部分，笔者梳理、汇编了几个重要材料，希望能为读者开展相关研究带来启发。

综上所述，中小学语文教育教学研究是一个日新月异的话题，需要不断努力求索，持续探究。也就是说，本书的内容仅是笔者基于某些特定场域的研究和实践，尝试开展中小学语文教育教学研究的某种成果的展示、交流和分享，希望能对读者及相关从业人员有所帮助。由于时间仓促，专业水平有限，书中难免会有不足，敬请读者批评指正。

目 录

第一章　新问题·新思考

第一节 中小学语文教育铸牢中华民族共同体意识研究的路径及价值

阅读提示：

中华民族共同体意识是中国历史发展的必然产物。在新的形势下开展中小学语文教育铸牢中华民族共同体意识研究，是贯彻落实习近平总书记"铸牢中华民族共同体意识"指示的需要，是结合中小学语文教育教学实践做好立德树人工作的需要。综合来看，应从研究方法的选择、研究内容的确定、研究思路的规划、研究难点的突破、研究创新的开拓等方面，合理选择中小学语文教育铸牢中华民族共同体意识研究的科学路径，才能结合中小学语文教育教学实际，有效推进中小学语文教育铸牢中华民族共同体意识研究工作的不断走深、走实。

一、中小学语文教育铸牢中华民族共同体意识研究的路径选择

（一）问题的提出

近几年来，习近平总书记多次强调要"铸牢中华民族共同体意识"。[1]2019 年，习近平总书记在全国民族团结进步表彰大会上，明确要求各级党委、政府要以铸牢中华民族共同体意识为主线做好各项工作。党的十九届五中全会通过的《中共中央关于制定国民经济和社会发展第十四个五年规划和二〇三五年远景目标的建议》，把"中华民族凝聚力进一步增强"列入"十四五"时期经济社会发展的主要目标，对"铸牢中华民族共同体意识"进行了战略性、阶段性规划。2021 年 7 月 1 日，在庆祝中国共产党成立 100 周年大会上，习近平总书记再次指出，"中华民族共同体意识是中国历史发展的必然产物，集中体现了中华民族的共同心理特征，是维系中华民族团结统一的强大精神纽带和推动中华民族发展进步的强大精神动力"。毫无疑问，这些重要论述为通过中小学教育开展铸牢中华民族共同体意识研究指明了方向。

与习近平总书记强调"铸牢中华民族共同体意识"同步，近几年来，围绕习近平总书记提出的上述原创性论断，民族学界、文学界及教育界的专家学

者在深刻理解和准确把握这一重大理论创新的内涵及规律等方面，进行了积极有效的阐释和探索。比较有代表性的专家及其研究成果是，中国社会科学院、中央民族大学及中南民族大学、民族文学学会的朝戈金、李斯颖等学者提出的文学教育铸牢中华民族共同体意识的观点；还有近几年来《人民日报》《中国民族报》《民族文学研究》《人民教育》《语文建设》《中学语文教学参考》等报刊发表的语文教育研究专家温儒敏、曹文轩、崔峦、王荣生、陈先云、夏家发的相关研究成果等。这些学者强调利用不同媒介在青少年和中小学生群体中进行"铸牢中华民族共同体意识"教育的重要性，并从多个角度和层面对这一问题进行了学理性和实践性等方面的探讨，产生了一些具有重大影响力的成果，对深入推进中小学语文教育铸牢中华民族共同体意识的研究具有多方面、多视角的启发意义。

然而，对如何发挥中小学语文教育的育人功能和育人优势，在少年儿童群体中强化铸牢中华民族共同体意识的教育，从而促进民族团结与社会和谐，相关的研究成果还不是很多，尤其是结合当下中小学语文教育实践而产出的成果还不多见。

从上面的论述中可见，研究成果一方面为本书的研究提供了坚实的理论支撑和学术基础，另一方面对中小学语文教育铸牢中华民族共同体意识的研究留下了很多可供进一步探索、完善的领域和空间。

（二）路径选择

那么，当前怎样进行中小学语文教育铸牢中华民族共同体意识的研究呢？从根本上讲，党的十八大以来习近平总书记关于"铸牢中华民族共同体意识"的一系列重要论述，就是研究上述问题的重要指针。目前要做的主要工作是，坚定不移地以习近平新时代中国特色社会主义思想为指导，结合中小学语文教育教学的实际，尊重中小学语文教育教学发展的客观规律[2]，坚决贯彻落实习近平总书记关于"铸牢中华民族共同体意识"战略决策。

第一，从研究方法选择的角度看，要紧扣三个方面去做好中小学语文教育铸牢中华民族共同体意识研究的基础性工作。[3]一是采用文献研究法，积极收集、梳理近几年报刊、网络公开发表的有关开展中小学语文教育铸牢中华民族共同体意识研究的期刊论文、新闻报道、活动介绍、领导讲话、阅读活动等方面的文献资料，进行文献综述和研究现状评析。二是利用问卷调查法及实地访谈法等具体、实用的研究方法，重点以西南民族地区中小学语文教育为研究对象，充分调查、研究、分析西南民族地区中小学利用语文教育开展铸牢中华民族共同体意识研究和实践的现状及存在的问题。三是采用行动研究法，充分利用现有的平台和近几年积累的资源，深入中小学语文教育教学一线，重点研究通过群文阅读、整本书阅读、红色经典阅读、课外阅读等方式铸牢中华民族共同体意识的规律和途径。四是采用归纳总结研究法，在上述研究的基础上，以西南民族地区中小学语文教育实践为例，重点从中小学语文教育的育人功能、教学内容、教学策略、阅读指导等方面，探索、研究利用中小学语文教育教学资源（中华优秀传统文化[4]、革命文化、社会主义先进文化[5]等类别的课文或课外读物）开展铸牢中华民族共同体意识教育的基本方法及主要途径。五是采用推广传播法，随时挖掘和发现广大一线教师在中小学语文教育教学的生动实践中形成的铸牢中华民族共同体意识研究的典型案例[6]，积极撰写和形成规范的咨询报告，主动报送各级党委、政府审阅批示[7]，以便在更高层次上使中小学语文教育铸牢中华民族共同体意识研究的典型案例，最大限度得到推广和运用。

第二，从研究内容选择的角度看，率先要做的工作是，集中力量研究如何使中小学语文教材中涉及中华优秀传统文化、红色革命文化、社会主义先进文化（以下简称"三种文化"）的课文内容的育人作用得到有效的发挥问题。[8]在这个过程中，一方面要尊重文化的多样性，另一方面要关注当前的文化热点现象、时代特征及研究特色等问题。除此之外，还要以西南民族地区中小学语文教育为关照重点，积极调查、研究、分析中小学利用语文教育开展铸牢中华民族共同体意识实践取得的成绩和存在的问题；然后以此为基础和支撑，重点从育人功能、教学内容、教学策略、阅读指导等方面，进一步探索、研究利用中小学语文教育教学（主要是有关"三种文化"等类别的课文或课外读物）开展铸牢中华民族共同体意识教育的基本规律及主要途径。当然，本书强调以西南民族地区中小学语文教育实践为铸牢中华民族共同体意识研究的分析对象，绝不是心血来潮的胡乱作为，更不是临时性拍脑袋做出的决定，而是因为西南民族地区中小学语文教育教学实践，对推进铸牢中华民族共同体意识的研究具有很好的样本特性。具体讲就是，地处祖国西南的云南、贵州、广西、四川等省（区）地理空间上毗邻，是全国少数民族类别最多、分布最广泛的地区。第六次全国人口普查的数据表明，云南少数民族人口占全省总人口的33.37%、贵州占36.11%、广西占31.39%，三省少数民族人口总数占全国少数民族总人口的约60%，整体上呈现大杂居、小聚居的人口分布和居住格局。这种基于地理空间、民族结构、人口数量等方面的相似性和差异性，使得西南民族地区中小学语文教育实践可以对这一问题的深入研究提供多民族散杂居地区的典型案例。

第三，从理清研究思路的角度看，一是要结合已经公开发表的研究文献，阐述中小学语文教育的主要育人功能及作用这一基础性问题。二是要重点研究基于中小学语文教育铸牢中华民族共同体意识的实践规律及主要途径这一核心问题。三是要及时汇总相关的调查和研究成果，及时总结提升，形成中小学语文教育铸牢中华民族共同体意识的研究报告或研究论文，用研究成果验证理论的价值、突显理论的力量。

第四，从突破研究难点的角度看，中小学语文教育铸牢中华民族共同体意识的研究要努力突破两个方面的难点。一是在新冠肺炎疫情不稳定的形势和背景之下，要克服疫情的不确定变化带来的各种意想不到的困难，以西南民族地区基础教育学校为研究对象，有效开展中小学语文教育铸牢中华民族共同体意识的问卷调查或访谈，要在学校选择、对象选择以及实际调查或访谈等方面取得突破，不能因为困难较大而随意选择，随意调查。二是在调查、研究、分析的基础上，充分结合中小学语文教育的育人功能及育人实践，集思广益，合力攻坚，积极破解基于"统编版"中小学教材的教育教学实践铸牢中华民族共同体意识的难点、焦点问题。

第五，从调研内容及时间的安排上看，调研周期不宜过长，6 个月左右为宜。上述两种思路，有利于突破研究的难点，或许是一种应该遵循的理性选择。

第六，从研究创新的角度看，中小学语文教育铸牢中华民族共同体意识的研究要力争在多个方向上实现创新。一是研究方向上的创新。要紧跟国内中小学语文教育"立德树人"研究的发展动向，力求体现研究观念及研究方式的前沿性、创新性和紧扣国家发展主旋律的鲜明特征。二是研究服务上的创新。要力求体现研究指向的针对性（中小学语文教育）[9]、实践性（中小学语文教育教学活动）及应用性（服务中小学语文教育）等特征。三是研究方法上的创新。要重视实证研究与理论研究的统一及融合，尤其要重视基础研究、现状研究与对策研究的结合，即要集中精力研究利用中小学语文教材中有关中华优秀传统文化（含教材中的具体课文）、红色革命文化（含教材中的具体课文）、社会主义先进文化（含教材中的具体课文）的丰富资源以及课外阅读材料，通过丰富多彩的中小学语文教育教学活动的有效实施，铸牢少年儿童的中华民族共同体意识，从而充分落实中小学语文教育的育人功能，[10] 不忘初心、牢记使命，"为党育人，为国育才"。四是资料使用上的创新。要从学术研究及文献梳理的角度收集整理两个方面的研究资料：一方面是习近平总书记关于"铸牢中华民族共同体意识"的原创性论断的主要内容、逻辑演变及核心要义的研究资料；另一方面是研究铸牢中华民族共同体意识的具体行动和实践的权威文献，以便为研究打下坚实的文献基础。五是研究交叉上的创新。要突出学科的交叉性、融合性、共生性发展等特征，主动服务和融入"为党育人、为国育才"的国家战略，体现文化学[11]、民族学、语文教育及民族团结教育等学科或方向上的交叉和创新[12]。

综上所述，中小学语文教育铸牢中华民族共同体意识研究的路径选择和实际开展要做到两个有利于：一方面，要有利于通过文化学、民族学与语文学科教学论及少年儿童教育学等学科的交叉融合研究，持续有效地助推中小学语文教育全面贯彻落实"为党育人、为国育才"的时代使命；另一方面，要有利于紧扣"立德树人"的根本任务，从实践层面高质量推进利用"统编版"中小学语文教育实践铸牢中华民族共同体意识这一核心问题。只要路径选择合乎逻辑、遵循科学规律并在研究中切实提高政治站位和执行的力度，中小学语文教育铸牢中华民族共同体意识研究的目标就能够实现。

二、中小学语文教育铸牢中华民族共同体意识研究的时代价值

进入新时代以来，中小学语文教育铸牢中华民族共同体意识研究所具有的重大现实意义和时代价值更加突出，显得更加不可或缺。概而言之，在当下深入推进中小学语文教育铸牢中华民族共同体意识研究，是新时代贯彻落实习近平总书记"铸牢中华民族共同体意识"的原创性论断的需要，是落实教育部充分发挥"统编版"中小学语文教材的育人功能、做好立德树人工作的需要。

进一步讲，利用中小学语文教育有效开展"铸牢中华民族共同体意识"的实践研究，有利于提升中小学语文教育"课程思政"的效果，有利于不断提高中小学语文教育"育人铸魂"的质量和水平，有利于在中国共产党诞生百年的时代背景之下彰显中小学语文教育鲜明的时代特征和服务当下的育人伟业的时代意义。

换个角度看，如何发挥中小学语文教育的育人功能和育人优势，怎样在中小学生群体中强化铸牢中华民族共同体意识的教育，是当下促进民族团结进步事业持续发展必须解决的重要命题。充分结合当下中小学语文教育实践（以

国家"统编版"中小学语文教材为依托）创造性地研究和解决这一重要命题，既是学术界的期望，也是相关研究的发展形势要求必须承担起来的使命和任务，更是强化中小学语文教育的育人功能和育人优势的必然选择。它具有融合性、实践性、教育性及创新性等显著特征，必将为使用统编版中小学语文教材开展铸牢中华民族共同体意识教育，提供科学的理论阐释、学理支撑和实践指导，必将为中小学语文教师利用语文学科的育人优势开展铸牢中华民族共同体意识教育提供帮助和指导，其科学意义和应用价值较为突出。

参考文献：

[1] 人民日报评论员. 深刻认识铸牢中华民族共同体意识的重大意义：论学习贯彻习近平总书记中央民族工作会议重要讲话 [N]. 人民日报，2021-08-29（1）.

[2] 蒋军晶. 让学生学会阅读：群文阅读这样做 [M]. 北京：中国人民大学出版社，2016.

[3] 吴玉如. 中小学生语文能力培养与实践 [M]. 福州：福建教育出版社，2014.

[4] 温儒敏. 如何用好"统编本"小学语文教材 [J]. 课程·教材·教法，2018，38（2）：4-9，17.

[5] 温儒敏. "部编本"语文教材的编写理念、特色与使用建议 [J]. 课程·教材·教法，2016，36（11）：3-11.

[6] 于泽元，王雁玲，石潇. 群文阅读的理论与实践 [M]. 重庆：西南师范大学出版社，2018.

[7] 吴利利. "国培计划"农村小学语文骨干教师教学能力培训研究 [D]. 重庆：西南大学，2014.

[8] 陈先云. 语文教学改革：不容忽视的四个问题 [J]. 课程·教材·教法，2006（11）：34-38.

[9] 魏本亚. 中学语文教学设计 [M]. 北京：高等教育出版社，2016.

[10] 李资源. 文明的呼唤：中国少数民族传统伦理道德研究 [M]. 南宁：广西人民出版社，2004.

[11] 哈佛燕京学社. 全球化与文明对话 [M]. 南京：江苏教育出版社，2004.

[12] 塔尔德. 传播与社会影响 [M]. 何道宽，译. 北京：中国人民大学出版社，2005.

第二节　探索中小学语文教师核心素养的价值及其实践路径

阅读提示：

从理论上探索中小学语文教师核心素养的价值及实践路径是基础教育领域亟须关注的热点问题之一。我们的主要任务是，积极立足实践开展研究和探索，理性地看待和阐述探索中小学语文教师核心素养的价值，同时高度关注中小学语文教师核心素养的实践路径，从中发现和挖掘可供学习和借鉴的内容。

党的十八大以来，培养和提升中小学语文教师的核心素养备受关注。我们认为，要培养和提升中小学语文教师的核心素养，首要的基础和前提是，要探究并明确核心素养对于中小学教师发展的重要价值和意义。

毫无疑问，中小学语文教师核心素养的重点在于"立德"与"树人"这两个关键要素；而这一切的归宿和指向，都应当建立在中小学语文教师综合素质的提升及工作能力的持续提高之上。也就是说，教育的发展和人的发展需要的是教师综合核心素养的培养和提升，对于中小学语文教师核心素养的探索要以学术理论和学术价值去引导其核心素养提升路径的实现。

近几年，曲靖市第二中学学联体学校，连续几年举办"学联体学校发展论坛"，以学科教育对教师技能和素养的要求作为切入点，分学科探讨教师核心素养的深层价值以及实践的路径和意义，尤其是对中小学语文教师核心素养的提升价值及提升路径进行了有益的探索，值得学习和借鉴。

同时，曲靖经济技术开发区西城街道示范小学，以教学研究活动为平台和载体，强调在教育和社会发展的新形势下探索语文学科教师核心素养培育的方式方法的重要性，并且呼吁要更加关注语文学科的核心素养与育人价值。

要实现语文学科下的育人价值，要把语文学科的育人功能落到实处，首先要实现语文学科的核心素养的不断提升。而语文学科教育教学的承载者就是语文学科教师；语文学科教师核心素养的水平、层次决定着语文学科教育教学的成效和价值，同时教师在教育教学活动中所产生的教学成果也反映了提升教师核心素养的意义。

语文学科教师开展的系列的教育教学或专题报告交流活动，主要是对语文学科的新课程标准及其教学实施方式进行深入细致的解读，比如如何以学业质量标准来组织或开展语文考试、语文学科的实践力和"研学用"如何统一以及基于核心素养的中小学语文学科建设问题等，都是学校组织的相关活动的重要议题。

　　笔者参加的一次研讨活动，探讨了语文学科的教育教学发展问题，并且衍生了对中小学语文教师核心素养建设的思考。来自教育教学一线的优秀中小学语文教师认为，教育教学离不开教师自身能力和素质的建设，处在变革洪流中的师范院校，对于师范类学生的培养要更加注重其作为未来教师的核心素养的培养和提升。这实际上是教育发展对中小学语文教师和教育教学实践提出的要求，应该成为提升教师核心素养路径的重要借鉴。

　　中小学语文教师核心素养的基本价值在于实现教师基本工作能力和素质的保障性要素，保证作为中小学语文教师应具备的基本的教育教学能力、文化水平和道德素养。更重要的是，要积极创造条件构建中小学语文教师更高层次的"动力类"要素，充分激发中学语文教师的教育精神和教育动力。

　　对于中小学语文教师核心素养的解读，应当以教学任务和教育教学目标引导教师核心素养的培养和提升，教师的教育目标和教学内容始终要围绕着学生的发展进行，甚至可以说，学生在教育教学中核心素养的养成就是提升教师核心素养的目的和意义。学生的发展需要将自己充分融入教学情境当中，实现知识、技能与情感的融合，而这要求中小学语文教师作为教学课堂的引领者，要不断去创新自己的教学理念、提升自身的教学水平，并且以自身的素养去挖掘和培养学生的核心素养。

　　中小学语文教师在语文学科教育教学过程中，要引导学生有针对性地进行深度学习，教师应当以自身的专业知识去实现情境化教学，引导学生在学科学习中获取对于课堂知识的实践思考和应用思考，这样学生既能促使学生充分理解课堂教学中的抽象知识，又能引导学生看到知识与现实的关联性，落实以学生为中心的理念，实现学生主动、自主的学习。

　　中小学语文教师所开展的学科教学，不只是为了单一学科知识的传授，还应当深入挖掘学科对于学生发展的深层价值和学科与学科之间的关联性。以语文学科为例，学生学习语文一方面能够获取相关的语言文字知识，同时也在心中扎下了关于历史、文化、传统等方面根基，这会在无形当中促进学生深化对生活和人生的思考，有利于青少年学生形成健康的价值观。

中小学语文教师核心素养的培养和提升应当是教师自身能力素质与外界的教育活动以及教育目标的高度复杂融合的系统过程。实现学科教育教学的育人价值和核心素养，需要依赖于学科教学教师自身的核心素养，只有将教师核心素养的培养与提升融入学科教育教学中，才能充分发挥在学科教育教学中的教育精神和教育价值，才能真正实现学生在学科教育活动中培养自身全面发展的核心素养。

中小学语文教师作为连接教学内容与学生之间的桥梁，需要实现自身的知识、技能和价值，教师只有不断完善自己的核心素养，才能充分实现个人在教育教学中的作用，同时只有建构在教师的核心素养基础上才能真正实现教育的育人目标。另外，教师核心素养的培养和提升对于教师而言是一个不断反思的过程，因为教师的教育教学是动态的，也是互动性的，教师的工作能力和素质应当随着课堂教学新的要求而做出相应改变和提高。

以语文教学为例，情境式的课堂教学不是简单地将教师的核心素养模式化应用，它需要教师不断地思考和探索自身核心素养提升后如何有效运用。教师要不断反思自己的教学实践，并且对于学生在教学情境的个体化发展进行深入理解。教师核心素养的培养和提升只是实现教学目标的基础和起点，要真正引导学生在课堂教育中的深层次发展，还需要教师将自身的核心素养更加灵活地适用于课堂教学当中。

对于语文学科的教学而言，教师的核心素养是更好实现课程教学目标的主要条件，无论是教育的发展，还是学生的成长需求，这都对于学科教育目标提出了新的要求。学生对于学科知识的深入学习，需要教师不断地提升自己的核心素养去创新教育教学方式，从而更好地适应和改变学生的学习方式。重视教师核心素养的培养和提升，是寄期望于教师可以通过学科教学的深入来传递学科内在的核心素养，实现教育教学对于学生全面发展的引导。

我们认为，对于中小学语文教师核心素养的研究仍然需要通过长期的教育实践来实现教师核心素养提升的价值和意义，以教学观摩、集体备课、专题讨论、同课异构等形式能够调动社会和学校对教师核心素养的关注和重视，并且实现新课标对于教师和教学的要求。例如，我们跟中小学举办区域性中小学语文教师新课标培训会，强调了以学科新发展促进教师核心素养提升和实现新的教育教学目标的重要性。也就是说，教师的核心素养的价值和意义，要在教育教学的实践中不断锤炼才能最终得到某种形式的实现。中小学语文教师的核心素养决定这语文教育教学的质量，也决定着学生踏入社会之后的终身学习质量和全面发展水平，应该引起我们的足够重视。

参考文献：

[1] 秦宣，郝玉晶.习近平总书记教育重要论述体现"四个自信".中国教育报，2021年3月04日第7版.

[2] 吴玉如.中小学生语文能力培养与实践[M].福州：福建教育出版社，2014：95-97.

[3] 于泽元，王雁玲，石潇.群文阅读的理论与实践[M].重庆：西南大学出版社，2018：119.

[4] 吴利利."国培计划"农村小学语文骨干教师教学能力培训研究[D].西南大学，2014.

[5] 温儒敏.如何用好"统编本"小学语文教材[J].课程教材教法，2018，38（2）：4-9.

[6] 温儒敏."部编本"语文教材的编写理念、特色与使用建议[J].课程·教材·教法，2016（11）：3-11.

[7] 陈先云.语文教学改革：不容忽视的四个问题[J].课程·教材·教法，2006（11）：34-38.

[8] 郭旺焕.当前语文教师素质存在的问题[J].中学语文教与学，2002（6）.

[9] 杨俏凡.新课改视界下语文教师的探讨[J].现代教育论丛，2005（4）.

[10] 程翔.语文课堂教学的研究与实践[M].北京：语文出版社，2000.

第三节　中小学语文教师素养存在的问题及提升方法

阅读提示：

中小学语文教师素养的锤炼和提升是一个永远说不完的话题。奋战在教学一线的中小学语文教师，一方面要直面自身素养存在的问题，不回避，不抱怨，不放弃；另一方面要直面现实，以问题为导向，采取切实有效的行动和措施，不断提高自身素养，努力为办好人民满意的小学教育服务。

《中国教育改革与发展纲要》指出："谁掌握了21世纪的教育，谁就能在

21 世纪的国际竞争中处于战略主动地位。"这既是新时代对教育提出的新呼唤，也是国家对教育活动的具体实施者提出的新要求。每一个教师都面临着一个新的"角色学习""角色规范""角色适应"和"角色创造"的问题。随着新课程的持续深入推进，随着各种新教材及统编中小学语文教材的相继使用，许多具有鲜明时代特色的教育教学理念应运而生，与之相伴随，中小学语文教师的教育教学生活必将焕发出新的活力。一般认为，在新的形势下，中小学语文教师要成为教育研究、教育实践、教育创新和不断发展的专业工作者。[1] 因此，具备什么素养的语文教师才是适应现实需要的合格的中小学语文教师，是一个需要深入研究及实践的问题，在此，我们结合云南省中小学语文教师的教学实践及成长实际的考察，重点讨论中小学语文教师素养的不足及其提高自身素养的途径和方法。

一、中小学语文教师素养存在的问题

众所周知，中小学教师的主要任务是教书育人。但长期以来，因为日常教育教学工作过于繁重，使得很多中小学教师几乎没有时间去学习新的知识，几乎没有时间去认真反思自己的教育教学行为，于是就形成了某些"画地为牢"的思维定势，或者"不识庐山真面目，只缘身在此山中"的迷茫现象。[2] 从总体上看，云南当下的中小学教师尤其是中小学语文教师存在的主要问题是：教育观念及教学方法相对落后和陈旧；教育教学研究意识淡薄，自我意识不强；对现代教育技术不够熟悉，运用能力不强。

（一）教育观念相对滞后，教学方法略显陈旧

长期以来，许多中小学教师受自身思维方式、业务水平的影响和周围条件的限制，已经"习惯"了许多传统甚至僵化的教学模式和教学方法，导致了许多弊端。如教学目标设置固化，启发学生思考方式单一，课堂讨论流于形式，学生的有效练习偏少，教师几乎不写"下水作文"，等等。又如，课文串讲始终沿袭写作背景、作者简介、词句分析、段落大意、中心思想、写作特点的套式，教师平铺直叙，依次开讲，娓娓而谈，有时还自鸣得意，学生却昏昏欲睡，收获甚微。有些学校的老师，虽然在此基础上做了一些新的变革，也不过是把上述教学方式转换成一连串的小问题，上课方式就是对这些问题的问和答。不难设想，随着中小学语文统编教材的使用，如果依然沿用老一套的教学模式和教学方式方法开展中小学语文教学，那么新的语文课程思想、课程目

标、学习理念等的实践化只能是一句空话,自主学习、合作学习、探究学习等方式只能流于形式。

新的语文课程标准强调以育人为本,以学生发展为本,重视培养学生的良好个性和健全人格,再一次强调了学生作为学习主体的能动性,要求教师关注学生的个性差异及其不同的学习需求,即学生只有个体差异之别,没有差生、优生之分。这些观念体现了时代发展对中小学语文教育的崭新要求。实际情况是,由于教师自主学习及地方教育主管部门组织培训不是十分到位,中小学教师教育观念滞后、教学方法陈旧的问题普遍存在,很多一线的中小学教师很少关注学生的个性差异,错误理解统编中小学语文教材的统一性,习惯于用统一的教学模式、统一的练习、统一的试题甚至统一的答案来开展中小学语文教学活动,[3] 这怎么能培养出有个性差异的人才呢?

(二)教育教学研究意识淡薄,自我意识不强

开展教育教学研究是提高教师素质和提高教学质量的必要手段,可以说没有扎实的教育教学研究就不会有高水平的教学。令人遗憾的是,我们在对云南省很多中小学的调查中发现,在不少学校的中小学语文教师队伍中,具有基本的教育教学研究意识的教师并不占绝大多数,真正能结合工作实践开展有效的教育教学研究的中小学语文教师更是凤毛麟角。很多中小学语文教师在师范院校求学时,虽然学过教育学、心理学及教育教学研究方法与论文写作等课程,但走上中小学语文教学的讲台后,由于受多种因素的影响,很快就将教育教学研究的理论及方法忘得一干二净了,在教学上还是单凭经验或者说感觉进行,教材和教参是他们主要的阅读书籍或参考书,教师的阅读量普遍偏少,个别教师甚至一年不读一本专业书籍,很少主动或者尝试运用教育理论对语文教学本身进行一些思考和研究。

不少教师安于现状,对别人的教改经验和研究成果也不感兴趣,在日常工作中几乎不会主动去阅读课文教改方面的书籍和期刊,自我发展、自我提高、自我创新的意识不够强烈。还有的教师认为,搞教育教学研究既费心伤神,又没有太大用处,只要逼着学生苦读,把考试成绩搞上去,有没有教育教学研究意识无关紧要。显然,这种意识指导下,中小学语文老师们一年又一年重复、机械的教学活动,很难真正提高学生的语文水平,也很难达成"办人民满意的教育"的目标。

（三）对现代教育技术不够熟悉，运用能力亟待提升

随着党和政府对教育事业的日益重视，云南省的中小学像全国大多数地方的中小学一样，办学条件发生了翻天覆地的变化，几乎所有中小学都配置了现代教育教学设备，可以说教育教学设备已经进入了以互联网为主要特征的现代信息技术时代。但与设备提升同时并存的是，许多教师还只是满足于整天围绕着一本书、一支粉笔、一块黑板的"三位一体"模式运转，不会充分利用教学辅助设备多样化地进行多种形式的教学。有些五十岁以上的老教师甚至认为，现代教育技术很高深，离我们还远，我们也学不会，用不着掌握这些技术也一样能搞好教学。这些现象说明，某些中小学语文教师现代教育技术观念需要彻底转变，他们运用现代教育技术的能力亟待提升。

二、小学语文教师应具备的素养和能力

从总体上看，中小学语文教师应具备的素养和能力是一个不断递增的变量，没有固定的模式。在此，我们仅讨论中小学语文教师应具备的人文素养、人格素养、知识素养、能力素养等基本问题。

（一）人文素养

工具性特征和人文性特征的高度统一，是中小学语文课程的基本特点。这意味着，中小学语文教育应当在培养现代公民的人文素养上发挥重要作用。显然，这一使命的落实，对作为教学主体的中小学语文教师自身的人文素养，提出了新的更高的要求。

具体讲，中小学语文教师的人文素养应包括以下内容。一是敏锐、深邃的时代感悟。新的时代要求中小学语文教师张开所有触须，不断获取信息；也就是说，当下社会的各个领域、各个层面、各个门类，都应是语文教师视野所关注的范畴。如果中小学语文教师对这些信息进行个性化的吸收，开展独特的反思及体验，进行深入的洞察、思考及批判，则是一种比较理想的状态。二是和谐、优雅的审美品位。这应成为一种追求、一种氛围、一种力量，或者是一种生活及工作的磁场，体现于中小学语文教师的仪表、言谈、举止之中，融化于中小学语文教师教学内容的呈现、教学手段的选用、教学程序的设计之中。也就是说，中小学语文教师要善于通过富有美感的教育过程，培养孩子的情感、态度与价值观，如春风化雨那样，实现对儿童心灵、情感、智慧等的熏陶和滋养。三是独特、鲜明的个性魅力。中小学语文教师的个性，一方面应该是

独特的，而且这种独特性，应渗透于教育教学的全过程——对语文材料有独特的感悟，对教学素材有独特的运用及呈现方式，对学生的多元反应有独特、优雅的处置办法。另一方面应该是鲜明的，如果独特主要是指向教师的个性，那么鲜明则更多地指向教师个性的某种强度，也就是说中小学语文教师的教学应该烙上其个性化的印记，在一定程度上产生深刻而隽永的效果；中小学语文教师独特、鲜明的个性魅力如果运用得恰到好处，将会形成一种强大的正向力量，深刻地震撼学生、感染学生，引领学生健康成长。四是积极、多彩的生活情趣。中小学语文教师的生活情趣应该是积极向上、丰富多彩的。具体讲，要富有童心童趣，充满对新鲜事物的强烈而开放的好奇心；要开朗乐观，幽默风趣，充满生活的趣味和机智；要爱好广泛，充满时代动感和蓬勃朝气；要昂扬进步，奋发进取，充满对理想生活的执着追求。这些要素是中小学语文教师永葆青春活力的秘诀，也是一种以前经常被忽视的重要教学资源。它将让学生深深感受到教师的有血有肉的生活状态及不懈奋斗的灵魂和精神，从而通过长期的熏陶和感染，使孩子们逐步形成自我对生命的理解、对生活的感悟、对人生的信念，以老师为榜样，在更高的起点上实现自我的超越。

（二）人格素养

我国历来重视中小学教师人格素养的养成及教育，认为教师人格的塑造不是自发形成的，也不能等同于一般的学历教育及知识积累，只有在实践中长期磨砺，才能逐步养成优秀的人格品质。也就是说，作为育人的主体，中小学语文教师必须不断锤炼和完善自身的人格素养，这是关乎小学语文教育成败的根本性问题之一，须臾不能缺失。

进一步讲，由于语文学科本身具有很强的工具性、人文性、思想性、教化性等鲜明特征，也因为中小学生处于特殊的生理年龄及心理年龄阶段，这使得中小学语文教师要履行好培养、塑造学生完美人格的主体职责，其自身首先必须努力成为"真的种子、善的使者、美的旗帜"，能"诱发、引导学生丰富的内心世界，使每个学生都能认识自身人格发展中的能力、智慧，使他们全身心地投入学习，发挥理智的最大潜能"。[4]学生人格魅力的点滴提升，既基于教师人格素养的尽善尽美，也基于教师对学生的无私爱护、信任和宽容，教师要依靠自身扎实的人格素养功底，千方百计扮演好学生发展的指导者、引路人、设计师等角色。

（三）知识素养

从理想化的角度看，中小学语文教师的知识素养，一方面要渊博。也就是说，要成为一个深受学生欢迎的有知识素养的优秀中小学语文教师，既要广泛猎取各种科学文化知识，使这些死的东西在自我的消化吸收过程中生成与自身融为一体的"血肉"，形成自己对生命、对生活、对历史、对社会的独特理解和感悟，又要善于用自己掌握的科学文化知识及其基于此形成的情感、态度及价值观，不断去改变中小学语文课程缺乏整合的现状，从而大面积提高语文教学质量。

另一方面，中小学语文教师的知识素养要精准。由于中小学生在某种程度上出于对教师完全或者说盲目信任的阶段，教师教给他的每一种知识甚至对他说的每一句话，中小学生几乎都百分之百相信，因此中小学语文教师的知识素养一定要精准，他给学生传授的科学文化知识，一定要是教师所处的那个时代公认的最科学、最精准、最具有正能量的东西，不能似是而非，更不能消极迷茫，这样才能让学生在特殊的年龄阶段合规律地健康成长。

（四）能力素养

随着教育日益成为社会高度关注的热点问题，人们对中小学语文教师能力素养的期望和要求也越来越高，不仅要求中小学语文教师要具备敏锐的观察能力、熟练的语言文字运用能力、正确处理教材的能力、合理组织教学活动的能力等普遍性能力素养，而且要求中小学语文教师还应具备吸引学生学习的能力、开拓创新的能力甚至国际化交往沟通能力，这无疑对中小学语文教师能力素养的提升提出了更大的挑战。事实上，中小学语文教师的能力素养是一个不断趋近于完善的动态系统，它本身就是一个不断改进的过程和形态。目前，为了在中小学语文教学过程中达成新课程标准倡导或者规定的语文发展目标，培养学生动口、动手、动脑的习惯和能力，使学生真正成为学习的发现者和主人翁，[5] 除课堂教学外，中小学语文教师更重要的任务是要引导学生主动参与课外语文实践活动，如参观、访问、郊游、编手抄报、演课本剧、传诵文化经典等，把课堂上有字的课本和课外无字的教材有机联系起来，促使学生成为学习过程中的发现者和探究者，有效提高其语文素养。

也就是说，中小学语文教师要主动适应时代变革的需求，改变旧有的能力素养观念，重新审视自己的能力素养结构，不断刷新自我，努力调整、完善自身的能力素养，正确处理教师与学生的关系、知识传授与能力培养的关系、课堂教学与活动教学的关系，真正构建好以学习者为中心的教学模式。[6] 要主动放弃那种高高在上的"传道、授业、解惑"的古板形象，不断提高亲和力，甚至不断提升颜值，最大限度地吸引学生学习，使学生亲其师，信其道。要开拓创新，自我革命，切实提升现代信息技术运用能力、国际化交往能力等新的能力内涵，做一个具有新形象、履行新责任、承担新使命的中小学语文教师。

除此之外，中小学语文教师还应该具有较强的获取信息、储存信息、加工信息、处理信息以及创造信息的能力，[7] 不断了解和掌握学科发展的新动向。

三、小学语文教师提高素养的途径和方法

在教育几乎成了全民话题的时代，我们发现，有的人常常抱怨现在的教师素质差，常常责怪现在的教师不懂教育，不会教学生。实际上，中小学语文教师素养的锤炼和提升是一个永恒的话题。奋战在教学一线的中小学语文教师，一方面要直面自身素养存在的问题，不回避，不抱怨，不放弃；另一方面要直面现实，以问题为导向，采取切实有效的行动和措施，不断提高自身素养，这才是比较理智的选择和追求。

（一）从内因的角度看，要立足自我，不断充电，多实践，多总结，多反思

优秀教师成长的实践证明，立足自身实际，主动谋求发展，对教师个人的成长显得特别重要。对中小学语文教师而言，提高自身素养最有效的方法就是不断充电，不断刷新自我，努力做到"五多"，即多读书，多写作，多实践，多总结，多反思。多读书，尤其是多读各种经典著作，有利于升华人生、净化心灵，更有利于提升综合素质。[8] 多写作，尤其是多写"下水文"，有利于体验学生写作的甘苦，更有利于提高运用语言文字的能力。多实践，多总结，多反思，有利于发现自我的不足，及时补足短板，更有利于把自我的实践经验总结提炼成某些经验教训，供其他老师学习借鉴。

可是，目前存在的最大问题是，不少中小学语文教师对教材和教学参考资料的依赖性太强，除了课本和教参之外，读书不多。有的甚至几乎不读经典著作，至于写作、总结、反思，更是少之又少；有的当老师十多年，除了教案，几乎没有发表过任何东西。出现这种状况的

　　主要原因可能是中小学语文教师尤其是乡村中小学语文教师教学任务繁重，每天疲于应付教学，很少有时间读书、总结、反思和写作，也可能是不少中小学语文教师不善于把自己的实践经验总结出来与同行交流，但最根本的原因恐怕是很多中小学语文教师自我革命、自我发展的意识不强，安于现状，缺乏追求卓越的职业愿景。进一步讲，这些状况在日常的语文教学实践活动中的具体表现就是，不少教师的教学没有自我的想法和设计，更没有自己的思想和个性，每天讲的大多是教学参考资料上搬来的东西，缺乏自我的体验和感受，大脑成了别人思想的跑马场，长此以往，犯上了"失语症"，当然就无法把自己丰富的语文教学实践经验总结梳理出来并写成文章与同行分享交流了。

　　也有人认为，根本原因在于现行的教师考核制度，它逼得现在的中小学语文老师除了迷信课本之外，没有别的有效选择。也就是说，应试教育使得大批中小学语文教师疲于奔命，落后的考核机制使得教师没有主动发展的内生动力。几乎只要所教班级的学生表面上的语文考试成绩排在前列，中小学语文教师就能不断获得发展机会；如果能够在学校担任某些职位的负责人，那么实惠更多。这样，谁还有心思在提高自身素质上多费精力呢。有人曾经略显激进地说过，"中国不缺想做官的教师，缺的是爱读书的教师。中国不缺搞应试的教师，缺的是有思想的教师。学校能否成为名校，能否为民族培养合格的人才，除了正确的教育方针以外，教师的学养是决定因素。"[9]

　　从实质上看，不管我们实施的是应试教育还是素质教育，也不管我们的教师考核制度是好还是不好，一个好的教师必须具备深厚的文化底蕴、良好的综合素养，还要具有执着的教育理想、深厚的教育情怀，这可能是大家认同度较高的元素。其中，深厚的文化底蕴是最重要、最难做到的，也是教师最为缺乏的。因为只有具备深厚的文化底蕴，教师才能内源性的生长出教育的理想和信念。对中小学语文教师来说，要具有这些东西，立足自我，不断充电，多读书，多写作，多实践，多总结，多反思，可能是比较接地气的选择。如果长期坚持这样做，就会具有批判性地使用教材的能力，就会形成教学机智甚至教育智慧。叶澜教授曾说："没有教师的生命质量的提升，就很难有高质量的教育；没有教师的精神解放，就很难有学生的精神解放；没有教师的主动发展，就很难有学生的主动发展；没有教师的教育创造，就很难有学生的创造精神。"[10]只有当教育者自觉完善自己时，才能更有利于学生的完善与发展。

（二）从外因的角度看，要进一步完善教师终身学习体系，培训要更接地气

应该说，随着教师教育改革的深入推进，我国的教师教育职前培养体系及其培养模式已经发生了根本性的变革，完整构建了以师范大学、师范学院为主体举办教师教育的体制机制。中小学教师培养的学历规格已经从过去的中师、专科层次，提升到了本科、研究生的层次；在东部发达地区，还打通了"职前教育"和"职后教育"之间的壁垒，学历与非学历教育并举，在岗培训与自我提高并重，形成了促进教师专业发展和终身学习的现代教师教育体系，中小学教师的综合素养有了大幅度的提升，为办好人民满意的小学教育提供了坚强的保障。

但丝毫也不容忽视的是，在我国的广大西部地区尤其是民族贫困地区，虽然国家也推行了"全国教师教育网络联盟计划"，不断促进"人网""天网""地网"及其他教育资源的优化整合，要求发挥师范大学和地方师范院校等举办教师教育的高等学校的优势，共建、共享优质的教师教育课程资源，分级组织实施以新理念、新课程、新技术和师德教育为重点的教师全员培训，有效提高教师培训的质量和水平。然而，老师们在参与中小学教师培训的实际工作中发现，由于历史欠账太多、财力有限，也由于教师自我发展的动力不足，可能还因为地方政府要抓的大事较多，很多地方的中小学教师的培训并不理想。一方面，没有从制度上构建起中小学教师终身学习的体系，另一方面对中小学教师的培训针对性不强，不接地气。更令人担忧的是，有的地方虽然制定了中小学教师在岗培训制度，但往往不能"一张蓝图干到底"，换个领导就换一种玩法，老师疲于应付，苦不堪言，效果却不是很好。

基于这些因素，西部落后地区要进一步完善教师终身学习体系，对中小学教师的培训要更有针对性，更接地气，可能需要从三个方面去用力，而且要做到久久为功，常抓不懈。

首先教育行政部门一定要为中小学教师松绑，在为学生"减负"的同时，更要给教师"减负"，使他们有时间去读书，有精力去参加培训，有动力去不断提升自我；其次要为中小学教师创设一个宽松的发展提升环境，使其有自己的职业愿景，愿意追求卓越，甚至主动去追求卓越；再次要用制度保障"一张蓝图干到底"，使一个地方的中小学教师培训工作持之以恒，逐渐推进，让老师在培训中获得知识，赢得荣誉，逐步提高自身素质。或许，中小学老师一旦有了新的追求卓越的生命动力，就会回报地方政府和人民群众一个迅速提高教育教学质量的奇迹。

参考文献：

[1]　武彩连，韩飞.小学语文教师教学能力素质及其培养 [J].语文学刊，2005（6）.

[2]　郭旺焕.当前语文教师素质存在的问题 [J].中学语文教与学，2002（6）.

[3]　中华人民共和国教育部.语文课程标准 [M].北京：北京师范大学出版社，2011.

[4]　杨俏凡.新课改视界下语文教师的探讨 [J].现代教育论丛，2005（4）.

[5]　程翔，语文课堂教学的研究与实践 [M].北京：语文出版社，2000.

[6]　朱菊.走进新课程—与课程实施者对话 [M].北京：北京师范大学出版社，2000.

[7]　陈钟梁.网络时代语文教学断想 [J].中学语文教学，2003（2）.

[8]　李赤阳.请多关注语文教师素养提高问题 [J].语文期刊，2005（8）.

[9]　吴非.课改需要爱读书的教师 [J].语文学习，2005（1）.

[10]　肖川.以改革的精神反思课程改革 [J].人民教育，2005（5）.

第四节　中小学语文教师的核心素养及实现措施

阅读提示：

促进中小学语文教师核心素养的持续提升，是提高中小学语文教学质量的基础性工程。进一步辨析和明确中小学语文教师的核心素养观，直面新时代中小学教育快速发展的挑战，按照科学的路径开展教育教学实践，是达成提升中小学语文教师核心素养目标的主要措施，或许能使中小学语文教师的核心素养由空中楼阁变成实实在在的金字塔的塔基。

促进中小学语文教师核心素养的持续提升，是提高中小学语文教学质量的基础性工程，是中小学语文教师应该坚守的专业化发展方向，也是中小学语文教师职业成长过程中必须完成的任务。基于这个前提，从两个方面入手，具体探讨中小学语文教师的核心素养及其实现路径，或许是一种能够达成目标的理性选择。一方面是，充分结合当前中小学语文教育教学的实际，进一步梳理和辨析中小学语文教师核心素养的内涵和外延，明确中小学语文教师核心素养的优势及不足。另一方面是，勇于面对新时代中小学语文教育教学快速发展的新形势、新挑战，大体上按照"认知—质疑—研究—实践—反思"的逻辑原则和实施路径不断循环探索，有效促进中小学语文教师核心素养的持续提升。

一、小学语文教师的核心素养辨析

我们知道，近几年，"核心素养"是教育领域关注度较高的话题之一，关于教师核心素养、学生核心素养的讨论文献几乎达到了汗牛充栋的程度。[1] 但是，从某种程度上看，这些讨论似乎只是学术领域的热闹，很多中小学教师对这个问题并不太上心，也很少有兴趣、有精力去参与"核心素养"的探索和争论。也就是说，研究领域的大多数讨论，都还停留在学术的层面，很难内化为促使中小学语文教师提高自身"核心素养"的真正动力。[2]

事实上，如果抛开大多数中小学语文教师不太喜欢的那些烦琐的学理争论，用他们喜欢的表达方式来概括，所谓中小学语文教师的核心素养，就是指中小学语文教师完成教育教学任务必须具备的关键性素养和能力。在这里，不同区域、不同学校的中小学语文教师的自我工作岗位应该视为讨论其核心素养的平台和基础，不能用一个标准衡量所有的中小学语文教师，否则这个标准就很难与他们融为一体。或许，把中小学语文教师核心素养的共性元素和个性元素一起纳入教育教学实践中去讨论，是一种更切合实际的选择。

不管怎样，我们都必须承认，中小学语文教师的核心素养是一个活跃的变量。中小学语文教师通过持续不断地学习与实践，不断提升其能力和水平才是其核心素养形成的关键。这些核心素养既包括他们所获得和形成的学科专业知识与教育教学技能，也不能缺少中小学语文教师依照国家的法律法规自主实施中小学语文教育教学的生动实践过程。[3]

也就是说，对小学语文教师而言，这种核心素养的形成既是一种结果，更是一个动态的过程，既是完成时，更是进行时，还可能是将来时。

从过程的角度看，任何中小学语文教师都应该是教育教学活动的实践者、反思者和研究者，都应把终身自我教育、自主学习作为其教师生涯的不懈追求，[4] 都应把教师职业视为不仅是给予、更是收获的（所谓教学相长）的生命活动。从静态或结果的角度看，中小学语文教师的核心素养更多是指他们目前所掌握的学科专业知识，所形成的教师职业素养，所积累的教育教学经验，等等。[5] 在具体的教育教学实践中，中小学语文教师的核心素养往往内化于他们的言谈举止之间，内华于课堂教学的每一个环节，内化于吸引学生爱语文、学语文的强大动力，所谓春风化雨、浸润熏陶说的都是这个道理。

基于上面的讨论，择其要者而言之，当下的中小学语文教师尤其是云南等边疆多民族地区的中小学语文教师主要应具有以下五种核心素养。

一要具有深厚的中外文学修养及其施教技巧。中小学语文教师面对的语文教材及其语文教育教学活动是审美特征十分独特的特殊场域，具有一定的独特性和不可替代性。它要求实施中小学语文教育教学活动的主体（中小学语文教师）必须具有深厚的中外文学修养。一方面，中小学语文教材涉及古今中外的诗歌、散文、小说、戏剧、报告文学、童话、寓言、科学文艺等各种体裁的经典文学作品，这就要求"用教材"的中小学语文教师必须具有古代文学、外国文学、儿童文学等方面的足够素养，这样才能用好教材，也才能教好学生。另一方面，由于学习和使用中小学语文教材的中小学生处于特殊的生理年龄及心理年龄阶段，充满求知的渴望和灵性，充满成长的冲动和焦虑，这就要求中小学语文教师除了具有深厚的中外文学修养之外，还要具有把文学知识传授给学生的必要技巧，不仅能教给学生工具性色彩极为浓厚的语文基础知识，而且能让学生在生动活泼的语文学习实践中，最大限度地获得具有人文色彩的经典文学作品的滋养和熏陶。进一步讲，中小学语文教师的中外文学修养越深厚、其传授的方式或者引导学生读书的方式越吸引学生，中小学生阅读经典文学作品的兴趣就会越高，对促进学生成长成才也就越有利。

二要具有较强的文体素养及其教学技能。比如，面对一篇编入不同学段中小学语文教材中的经典童话，中小学语文教师首先要知道什么是童话，要充分掌握童话的文体特征，要善于积极思考对童话这种独特的体裁应该如何组织和实施教学才能达成教学目标？换句话说就，中小学语文教师面对教材中不同文体类别的课文，应该教出不同文体的味道及特色，不能一套拳法包打天下，不管所教的课文是诗歌、散文，还是童话、寓言，全都整齐划一地用"读一读、讲一讲、练一练"的方式来设计和实施教学；或者不管教什么文体的课文，都仅一味地重视课文中的字、词、句、篇的讲解，甚至只会强迫学生背课文、写生字、抄课文。从表面上看，这种教学方式关注的都是学生语文核心素养的训练，似乎没有太大的问题，实质上机械粗糙，效果极差。从本质上讲，是由于教师的文体素养不够，不知道如何把握童话类课文的教学，因而严重削弱了语文教学的美感。我们在很多中小学听课、评课的过程中发现，某些中小学语文教师处理课文教学的文体意识普遍不强，文体素养亟待提升。可以说，面对信息量很大、语文特征很鲜明的统编中小学语文教材，中小学语文教师如果忽视了对自我文体素养的重构和追求，就会忽视中小学语文教材中每篇课文的情感性滋养意义及审美熏陶作用，就很难教好当下的小学语文。我们强调中小学语文教师要具有较高的文体素养及其相关教学技能，一方面希望以此促使中小学语文教师学会用不同的手段和方式，有针对性地组织、实施不同文体类别的课文的教学；另一方面希望以此激励中小学语文教师不断提高自身的文体素养，不断提高基于课文的文体特点科学合理地上好每一堂课的能力和水平，最终取得"会当凌绝顶，一览众山小"的良好教学效果。

三要具有优雅的语言素养及教学表达方式。或许，作为身处教育教学一线的中小学语文教师，应该经常反思的问题是，自己的讲解是否能做到简洁清晰地表情达意？自己的课堂教学是否能运用优雅的语言达成应该达成的教学目标？自己的教育教学表达方式是否能使学生在求知的同时得到语言美的滋养与熏陶？自己对课文的示范朗读是否能做到声情并茂、优雅得体？从实质上看，不论是教师在课堂上对课文的深入讲解还是示范朗读，也不论是教师在校园内的一言一语还是在学习生活中与每一个学生的每一次沟通和交流，都是充满美感因素的教育教学活动，中小学语文教师都应当将其视为美感丰沛的重要研究对象，反复体悟其中的审美内，然后在此基础上采用适合少年儿童生理及心理成长需要的优雅语言及其教学表达方式，恰到好处地对学生实施教育。换个角度看就是，中小学语文教师肩负着神圣的育人使命，应当把每一堂课、每一次交流、每一个场景，都当作自己语言素养修炼的阵地，赋予教育教学活动中的讲解语言、提示语言、对话语言、讨论语言、小结语言等丰富的内涵及优雅的姿态，做到规范精准，言简意赅，真正落实好语文教学的美育功能。如果学生能持续不断地在优美的语言环境中获得浸润与熏陶，就会慢慢地模仿老师的朗读语气、说话方式及交流方法，就会在充分享受优美的语言教育大餐的同时，不断涵养和提升优雅的语言素养。

四要具有扎实的写作素养及指导技能。对中小学语文教师而言，写作素养无疑是其核心素养之一。具体讲，中小学语文教师一方面要具有基本的写作素养及写作能力，要勤于动笔，敢于写作，善于写作；尤其是每次给学生布置习作题目之后，自己要主动下水"游泳"，带头写"下水文"，这样才能充分体会学生写作的甘苦，找准学生习作中存在的不足。另一方面，中小学语文教师不能停留在只会自己写作的层面，还要善于指导学生写作，这一点看似简单，其实很难做好；这也就是很多大文豪不一定会指导中小学生写作文的原因。我们相信，一个具有扎实的写作素养及其相关指导技能的中小学语文教师，必然会把中小学生的语文习作课上得生龙活虎，这必然会对提高中小学语文教学质量产生积极的促进作用。

五要具有宽广的文化素养及育人方式。也就是说，中小学语文教师的涉猎面要十分广泛，对古代文化、西方文化、中华优秀传统文化、革命文化、影视文化、时尚文化、网络文化等，都要有一定的了解和认识，对地方文化、儿童文化、服饰文化、饮食文化等也要有所涉猎。除此之外，还要有熟练地掌握文化育人的方式方法。只有这样，才能夯实中小学语文教学的基础，基础越扎实越宽广，语文教学金字塔的塔基就越牢固。反之，如果"基础不牢"，则会"地动山摇"，贻害无穷。

二、中小学语文教师提升核心素养的措施

从实践和现实结合的角度看，切实提高新时代中小学语文教师的核心素养，强化中小学语文教师教育教学能力的训练，既具有重要的现实意义，也具有重要的实践育人价值。如果通过多方面的努力，能够实现师与师和师与生的共同进步、共同提高、共同发展，则是中小学语文教学的大幸。

首先，强调和重视教育教学实践是中小学语文教师核心素养达成的根本措施。实践出真知，强调教育教学实践的重要性是促使中小学语文教师不断提升核心素养的思想基础，重视通过教育教学实践培养中小学语文教师的核心素养是达成这一目标的重要抓手和根本路径。[6] 只有思想上真正提高认识，行动上坚持不懈，工作中始终抓住不放，才能抓出成效，结出硕果。

目前，从以下几个方面去开展工作或许是比较切合实际的选择。一是在中小学语文教育教学实践中，要以学生为主体，重视教学反馈以及反馈的整改落实。二是要积极在区域内、学校内实施教师培养的"青蓝工程"，做好弱势教师及青年教师的"传帮带"工作。三是每所学校在每个学年都要根据实际情况，一对一地确定指导教师和被指导教师，指导教师每学期必须深入被指导教师的课堂至少听 10 节课，然后在教研组活动中进行有针对性地开展评教及指导工作；被指导教师每学期都要带着学习的心态，主动进入指导教师的课堂，至少听 16 节课，然后认真写出听课感悟或学习心得，虚心与指导教师开展有针对性的交流，认清不足，反复磨炼，不断改进，切实提高。不少优秀的中小学语文教师的成长历程证明，包含教学技巧、表达技巧、板书技能、多媒体运用技术等多种元素在内的中小学语文教师的核心素养的养成，没有捷径可走，

只有靠教师在实际的教育教学场景中反复磨炼，不断总结提高，才会逐步外化为教师个体收放自如的专业能力，才会日积月累地凝聚成教师的专业化水平。

其次，善于总结、善于反思是小学语文教师核心素养达成的关键因素。我们知道，中小学语文教师的核心素养与其所从事的课堂教学、教学改革、教学研究、教学比赛、教学创新等工作密不可分；[7] 这其中，善于及时对自我的教育教学实践进行深入的总结和反思，可能是中小学语文教师核心素养达成的更为关键的因素。

中小学语文教师教育教学工作的特殊属性告诉我们，要形成较为良好的核心素养，必须特别重视对教育教学实践的总结积累，必须特别重视对教育教学实践的反思及改进。实践是总结的前提，总结是反思的开始，反思是改进的动力，升华是反思的结果。没有实践，总结就没有意义；没有反思，实践就只能在原地徘徊。不善于总结、反思，不善于在宁静中寻找智慧，实践就不能不断得到改进和提升。比如，云南省曲靖经济技术开发区某中小学，因为连续几年坚持实施"以总结促反思、以反思促提升"的教师培训及交流提高工作，使教师队伍尤其是语文教师队伍的核心素养获得了不同程度的提高，实现了共享、共赢、共进的发展目标。

再次，提高认识水平，做到教育科研与校本探究并重，是中小学语文教师核心素养达成的重要抓手。核心素养的形成及发展要求中小学语文教师主动学习教育教学理论及教育研究方法，主动开展教育教学实践及研究，主动与校外甚至全国的同行开展合作，共享优质资源，形成良性互动，做到教育科研与校本探究并重，努力提高核心素养。[8]

比如，近年来云南省曲靖市直属中小学，主动作为，积极创造条件与地方高校共同设立"教育科学研究联合规划课题"，合作开展教育教学研究。立项研究的课题实行"双负责人"制，第一负责人是课题依托单位的中小学一线教师，第二负责人是地方高校的相关专家，取得了较好的效果。不但获得了省级教育主管部门的表彰，还引起了有关媒体的关注，有效提高了中小学语文教师的核心素养。这些中小学还结合课题的立项及研究，采取走出去与请进来联合推进的方式，有重点地开展教师核心素养的培训，激励语文教师主动参加各级各类教研活动及培训学习，适时派出教师到外地参观和研讨，鼓励教师将先进的教学理念、教学方法带回学校，带进课堂，使语文教师既不脱离岗位、不影响工作，又能使自我的核心素养得到较快的提升。在一定程度上打造了学校的独特品牌，形成了鲜明的特色。

另外，让读书学习成为一种生活方式和工作方式，也是中小学语文教师达成核心素养的应有状态。教师不仅仅是教育者，更应该是孜孜不倦的学习者和研究者。把读书学习作为一种生活方式和工作方式，应该成为每一位中小学语文教师的必然选择。核心素养的提升是长期坚持实践锻炼的结果，也是长期坚持读书学习的结果。新时代的中小学语文教师必须终身坚持读书学习，必须把读书学习作为达成核心素养的应有状态。读书能使中小学语文教师不断走向广博和深刻，学习能使中小学教师不断提升其核心素养及专业化水平。[9]可以毫不夸张地讲，读书学习就是最长远、最全面的备课，读书学习就是成长为优秀教师的不二法门。我们可以断言，一个不善于读书学习的中小学语文教师，一定很难成长为卓越的教育工作者；一个不会带领语文教师读书学习的中小学校长，肯定很难引领一所中小学成为声誉响亮的名校。

总而言之，教师是办学的第一资源，促进中小学语文教师核心素养的持续提升，既是提高中小学语文教学质量的基础性工程，也是提升语文教学水平的关键性要素，一刻也不能忽视，一刻也不能放松。直面新时代中小学教育发展的考验和挑战，依照科学的路径和方法研究中小学语文教师的核心素，不断促进中小学教师队伍核心素养的稳步提升，是我们这一代人必须承担的责任和使命。我们相信，只要中小学语文教师核心素养的理念，实实在在地变成促使少年儿童健康成长成才的骄人业绩，中小学语文教师这个独特的群体必将会赢得更多的尊敬，必将会更有获得感和幸福感。

参考文献

[1] 梁永平.PCK：教师教学观念与教学行为发展的桥梁性知识 [J]. 教育科学，2011，（10）.

[2] 谢赛，胡惠闵.PCK 及其对教师教育课程的影响 [J]. 教育科学，2010，（10）.

[3] 李伟胜.学科教学知识（PCK）的核心因素及其对教师教育的启示 [J]. 教师教育研究，2009，（03）.

[4] 李斌辉.中小学教师 PCK 发展策略 [J]. 教育发展研究，2011，（06）.

[5] 俞芳.教师效能与书法教学的有效性 [J]. 艺术百家，2005，（02）.

[6] 叶澜.教师角色与教师发展新探 [M]. 北京 . 教育科学出版社，2010 年 10 月版 .

[7] 孙双全.谈谈教师的核心素养 [J]. 小学语文教育，2010，（03）.

[8] 倪文锦.小学语文新课程教学法 [M]. 北京：高等教育出版社，2003 年 7 月版 .

[9] 何先友. 文本阅读中时间信息的加工及其对文本理解的影响 [J]. 华南师范大学学报（社会科学版），2006，（06）.

第五节　乌蒙山会泽片区红色文化资源融入小学教育的问题及策略

阅读提示：

　　红色文化资源是宝贵的精神财富。乌蒙山会泽片区的红色文化资源丰富，具有很强的历史和现实价值。充分挖掘、研究和利用好乌蒙山会泽片区的红色文化资源，推动乌蒙山会泽片区的红色文化资源融入当地小学教育实践活动中，是当前亟须解决的重要问题之一。科学的策略和做法是，坚决以习近平总书记关于用好红色资源的重要论述为指导，通过编写本土红色资源教材，使红色文化资源走进学校、进入家庭、融入日常生活，有效实现乌蒙山会泽片区的红色文化资源与当地小学教育的深度融合，从而促使乌蒙山会泽片区的红色文化资源最大限度地在"双减"政策实施的大背景之下为不断夯实立德树人的红色根基服务。

一、问题的提出及阐述

　　红色文化资源是革命前辈留下的宝贵精神财富。习近平总书记高度重视弘扬红色文化，多次对红色文化作出重要批示和指示，应通过加强革命历史、传统文化、国情社情等爱国主义教育，帮助青年一代树立正确的世界观、人生观、价值观，坚定正确的理想信念，成为中国特色社会主义事业的合格建设者和可靠接班人。[1]乌蒙山会泽片区，是红色文化资源十分丰富的革命老区。充分挖掘、研究和利用好乌蒙山会泽片区的红色文化资源，对鼓舞成千上万的会泽人民在实施乡村振兴战略的宏大背景之下，让红色文化走进家庭、走进学校、走进社区，从而使其发挥教育的引领作用，具有无可替代的时代价值和现实意义。在此，笔者仅从乌蒙山会泽片区红色文化资源的内涵和价值这一角度入手，探讨新时代将红色文化资源融入小学教育的相关问题，也希望借此探索小学阶段基于红色文化资源传承不断夯实"立德树人"根基的途径和策略。

　　近年来，我国的很多学者在深入研究红色文化资源的基础上，对红色文化资源与小学教育相结合进行了深入探讨。比如，巩宁在《红色文化在小学教育中的发展现状及对策研究》一文中指出，红色文化在小学生的家庭教育中没有发挥出应有的作用，部分家长只注重发展孩子的智育，而忽略了孩子价值观和红色根基的培养。侯慧庆在《红色文化与小学生的人文素质培养探究》及《小学语文教材中的红色文化探究》中提出，红色文化资源价值巨大，可以利用它给社会创造更多的财富；合理开发与利用红色文化资源，使其从各个方面助力青少年成长。

也就是说，我国很多学者高度认同红色文化资源的独特教育价值，注重利用本国的红色文化资源丰富小学教育内容，提高教育质量，从而培养和激发学生的革命情怀和爱国情感。也就是说，乌蒙山会泽片区形态多样的红色文化资源，与教育尤其是小学教育的深度融合还不充分，其独特的育人价值尚未得到充分运用，应采用实地挖掘考察、资源整合与利用等方式进行更深入的探讨和研究。

二、乌蒙山会泽片区的红色文化资源及传承问题概述

（一）乌蒙山会泽片区红色文化资源概述

红色文化是中国共产党领导全国各族人民以马克思主义为指导思想进行伟大斗争的革命精神及其载体，是人类先进文明的产物。[2] 乌蒙山会泽片区的红色文化主要以影响深远的"护国运动"（以会泽人唐继尧为代表）、规模宏大的"会泽扩红"（红军长征时期）及党领导下举行的"尖山武装起义"等核心事件为主线，围绕会泽辉煌的革命历程，形成了历史底蕴深厚、内容丰富、形式多样的红色文化资源。从某种程度上讲，乌蒙山会泽片区的红色文化就是中国共产党光辉的革命历程在滇东红土地上的一个缩影。

一是以爱国主义为核心的"护国"红色文化资源。这类红色文化资源的主要内涵是，袁世凯窃取辛亥革命的胜利果实之后，对内实行专制独裁统治，对外投靠帝国主义，于1915年12月12日宣布复辟帝制。值此历史发展的关键节点，以"护国元勋"唐继尧为代表的会泽人民，坚决反对袁世凯复辟帝制进行的以"讨袁护国"为核心的革命运动。会泽人唐继尧作为"护国运动"的重要组织者和领导者，影响和带动成千上万的会泽优秀儿女投入"护国运动"的革命运动中。历经岁月洗礼，沉淀成了以如今坐落在会泽老街"唐继尧故居"为标志、以爱国主义为核心的会泽"护国"红色文化资源。

二是以"扩红"为核心的长征文化资源。这类红色文化资源的主要内涵是，遵义会议之后，中央红军在毛主席的指挥下，红军摆脱了国民党军队的围追堵截，挥师进入云南。红九军团按照中革军委的指示，在军团长罗炳辉和政委何长工的率领下，迂回穿插，于1935年5月2日攻克会泽县城，抓捕了伪县长杨茂章及一些罪大恶极的地方劣绅。红九军团在地方党组织的配合下召开了万人大会，公开审判和处决了反革命分子蒋开榜等人。红军深受会泽老百姓的拥护和爱戴，1 500多名会泽儿女踊跃参军。这次会泽"扩红"声势浩大，影响深远，是红军长征中人民群众欢迎红军、拥护红军、参加红军的典型代表，留下了无比珍贵的红色文化资源。党的十八大以来，会泽县委、县政府坚决贯彻落实习近平总书记关于保护红色文化资源的重要指示，进一步完善了会泽扩红台、扩红雕塑、红军长征事迹陈列馆、红军长征纪念馆等以"扩红"为核心的长征文化资源传承平台和传播载体，为红色文化资源的传承打下了坚实的基础，给后辈留下了一笔弥足珍贵的精神财富。

三是以"尖山武装起义"为核心的地方革命文化资源。这类红色文化资源的主要内涵是，1948年7月，在解放战争胜利的大好形势鼓舞下，会泽地方党组织领导革命力量在该县的火红乡尖山地区率先发动了反抗国民党反动统治的武装起义，抓捕了国民党反动官员及地主恶霸，组建地方武装，组织开展游击战争，响应和迎接会泽的解放。这次起义震惊全省，后来因考虑不周导致决策失误，最后被国民党和地主恶霸残酷镇压。但会泽地方党组织和革命群众毫不气馁，坚决斗争，于1948年12月2日在火红尖山、销厂河等地组织了第二次武装起义，起义队伍组建为"尖山游击大队"，继续开展革命斗争。后来由于缺乏武装斗争经验、革命力量过于弱小等原因，起义再次失败。但不容置疑的是，后来统称为"尖山武装起义"的上述两次革命行动，为会泽的最终解放积累了斗争经验，培养了骨干力量，应该被历史铭记。尤其是起义中革命者前赴后继、毫不妥协、服务群众、坚决同黑暗势力斗争到底的精神值得后来者学习和继承。

很显然，乌蒙山会泽片区的红色文化资源是很难一下子挖掘完整的物质和精神宝库，笔者在此集中梳理和揭示以爱国主义为核心的"护国"红色文化资源、以"扩红"为核心的长征文化资源、以"尖山武装起义"为核心的地方革命文化资源的深刻内涵，是为了更集中地阐述和展示乌蒙山会泽片区的红色文化资源的丰富性、代表性、典型性及其时代价值，以便在接下来的讨论和研究中，紧紧围绕乌蒙山会泽片区的红色文化资源，集中讨论将这些红色文化资源融入当地小学教育的措施及策略。

（二）乌蒙山会泽片区红色文化资源的传承问题概述

党的十八大以来，会泽县委、县政府坚定不移地以习近平新时代中国特色社会主义思想为指导，矢志不移地传承会泽红色文化资源，思想上高度重视，措施上坚决有力，在用好红色资源、讲好红色故事、搞好红色教育等方面，开启了新时代新征程的新篇章，取得了显著的成绩。在此，由于时间、精力和篇幅所限，我们不打算总结归纳乌蒙山会泽片区红色文化资源的传承所取得的成就或业绩，仅拟从增强问题意识的角度出发，以问题为导向，简要分析一下乌蒙山会泽片区红色文化资源传承存在的一些问题。

一是乌蒙山会泽片区的某些红色文化资源尚未得到充分挖掘利用，有的甚至还处于"闲置"状态。就像前文陈述的那样，乌蒙山会泽片区的红色文化资源蔚为大观，十分丰富，但是由于受多种因素的影响和制约，目前很多红色文化资源并没有得到合理的开发利用，特别是某些地方性的红色文化资源仅以保存的名义存封起来，处于某种"闲置"状态，还没有得到充分的挖掘、开发和利用，红色文化资源本身的价值没有得到充分的发挥。比如，乌蒙山会泽片区的某些红色革命遗址、名人故居、革命纪念遗址等，一方面存在挖掘研究不充分、不到位的问题，另一方面存在红色资源利用不到位的问题，有的革命历史陈列馆或展览馆，没有每天或固定在某个时间向群众开放，还有尖山武装起义遗址等因建在火红乡的高寒山区，知道的人不太多，存在远离群众的倾向。

二是乌蒙山会泽片区的部分中小学一个时期因过分注重学生成绩而忽视了对红色文化资源的传承。由于受应试教育的长期影响，大多数学校、家庭甚至社会各界人士都习惯于以单纯的考试成绩来衡量一个人优秀与否，在考试制度的层层压迫下，家长"望子成龙""望女成凤"的愿望过于强烈；又因为小学是受教育的开端，很多家长和学校为了不让孩子输在起跑线上，不断增加孩子的学习负担，从而使地方红色文化资源得不到合理的传承，很难在学校中找到合适的存在空间。有的学校甚至没有认识到红色文化育人的重要意义，缺少传承红色文化资源的氛围和机制，给立德树人工作留下了很多亟待解决的难题。

三是乌蒙山会泽片区的红色文化资源很少成为家庭的教育的内容。2021年7月，在建党一百周年的喜庆时刻，笔者访谈了在曲靖师范学院小学教育、学前教育、汉语言文学等7个专业就读的15名在校大学生，其中仅有两名姓唐的女同学表示（占 13.3%），她们小时候父母经常会讲会泽的红色文化故事，甚至经常会用会泽籍的革命历史名人教育他们，其余 13 名同学表示（占86.7%），他们虽然从小在会泽长大，但因家乡所在山村经济文化发展水平相对滞后，父母的受教育程度普遍在初中学历以下，并不了解什么是红色文化，因此很少在家庭教育中受到乌蒙山会泽片区的红色文化资源的熏陶。另外，少数家长认为教育孩子是老师的事情，孩子只要学习成绩好就行了，对利用红色文化来熏陶和促使孩子健康成长的重要性普遍缺乏认识。

四是红色文化受到其他文化的影响和冲击，有的时候处境尴尬。比如，在县城或经济较发达的某些乡镇，饮食文化、旅游文化、手机文化、网络文化、酒文化等极为流行，很多会泽青少年甚至不知道自己所生活的城市底蕴深厚，历史文化悠久，1995 年就被列为国家历史文化名城。一个时期，由于受到其他各种多元文化的影响和冲击，红色文化被逐渐边缘化，处境十分尴尬。有的时候，某些青少年在节假日走进红色遗址，并不是为了缅怀革命烈士，瞻仰红色文化，而是呼朋引伴到红色基地去烧烤、野营，让人哭笑不得。

三、乌蒙山会泽片区红色革命文化资源融入小学教育的策略

2021 年，第 10 期《求是》杂志刊发了习近平总书记的重要文章——《用好红色资源，传承好红色基因，把红色江山世世代代传下去》。习近平总书记在文章中指出，新中国是无数革命先烈用鲜血和生命铸就的，要深刻认识红色政权来之不易，新中国来之不易，中国特色社会主义来之不易。要向革命先烈表示崇高的敬意，传承好他们的红色基因。习近平总书记反复强调，要从党的辉煌成就、艰辛历程、历史经验、优良传统中深刻领悟中国共产党为什么能、马克思主义为什么行、中国特色社会主义为什么好等道理，弄清楚其中的历史逻辑、理论逻辑、实践逻辑。要把红色资源作为坚定理想信念、加强党性修养的生动教材，讲好党的故事、革命的故事、英雄和烈士的故事，加强革命传统教育、爱国主义教育、青少年思想道德教育，把红色基因传承好，确保红色江山永不变色。[3] 这些重要论述，既是在新时代研究和讨论如何将乌蒙山会泽片区的红色文化资源融入小学教育实践中的重要指针和根本遵循，也为乌蒙山会泽片区的红色文化资源与小学教育怎样实现深度融合指明了方向。

一是编写小学教育乡土教材，从教学内容上实现乌蒙山会泽片区的红色文化资源与当地小学教育教学实践的根本性融合。[4] 对乌蒙山会泽片区这个红

色资源丰富的革命老区来说，编制本土教材是将红色文化资源融入小学教育的有效途径之一。一方面，丰富的红色文化资源为教材的编写提供了大量活态资源和素材，如现存的红色建筑遗址、唐继尧故居、梨园"扩红"遗址、尖山武装起义遗址等红色革命文化资源；另一方面，这些物质性、精神性内涵深刻的红色文化资源中又承载和蕴含着海量的红色元素。因此，乡土性红色革命文化资源教材的编写价值巨大，很有现实意义和时代价值。

那么，乌蒙山会泽片区的乡土性红色文化资源教材应该怎么编写呢？首先，这类教材的编写既要最大限度地反映乌蒙山会泽片区的红色资源，又要切合小学生的身心特点、阅读能力和智力发展水平，不能好高骛远，贪多求全。建议以乌蒙山会泽片区的革命发展历史为线索，采用讲好地方性红色故事的方式以及图文并茂的编写方法，用浅显易懂的故事加图片的叙述手法，讲好《唐继尧的英雄事迹》《红军长征在会泽》以及《火红的武装起义》等主题性故事，帮助小学生打好红色根基、树立正确的理想信念。其次，这类教材的编写主体不应是个别专家学者，而是应该整合多方资源，实现多种力量合作效益最大化。比如，地方党组织应该主动担当作为，积极出面协调，在全县甚至全省范围内选聘专家学者及小学教育教学一线的语文教师、思想品德教师、美术教师和心理健康（少先队活动）教师组成教材编写团队，然后再以项目立项建设的方式来完成教材编写任务。一方面，有利于夯实地方党组织在这类教材编写中的领导作用，确保教材编写的政治思想处于较高水平；另一方面，有利于发挥一线教师贴近学生的学习和生活实际的优势，编写出学生喜闻乐见的好教材。除此之外，还有利于为教材内容的准确性、流畅性、简洁性、生动性（图文并茂）及其育人功能提供保障。再次，这类教材的编写应以党的百年光辉历程为背景，由地方党史研究部门提供史实材料，这些材料包括图片、人物事迹、已公开发表的研究成果等文献资料，确保内容的权威性。在编写过程中务必把乌蒙山会泽片区的地方性红色文化置于党的百年奋斗历史中，在本土红色文化教材中讲述红色故事 [5]，传播红色历史，真正运用当地的红色文化资源为提高教育教学水平和培养时代新人服务。

二是推动红色文化资源"走进"小学校园，从教育教学方式上实现乌蒙山会泽片区的红色文化与当地小学教育教学的实践性融合。具体讲，可以采取以下可行性较强的实施策略来达成这一目的。一方面，在校园内创设红色文化长廊 [6]，也就是说红色文化教育不能只是空洞的说教，它的传播需要合适的氛围，创设校园红色文化长廊，目的是要营造学校的红色文化氛围。例如，可以在红色文化长廊里设置图文并茂的图片，使小学生在校园的各个角落都能受到乌蒙山会泽片区红色文化的熏陶、感染和教育。另一方面，要分层落实责任、细化红色文化活动的形式和内容。例如，可根据不同学段学生的心理及年龄特点实施不同形式的红色革命文化教育，可在第一学段（小学一、二年级）学生中开展父母陪同或老师带领参观红色革命文化陈列馆、展览馆、纪念馆等活动，让第一学段的学生对地方红色文化有初步了解和认识。在第二学段（小学三、四年级）学生中，可以"明党史、知党恩、跟党走"为主题，组织开展"爱国歌曲大家唱""争做时代新人""红军故事我会讲"等活动，强化"学好红色革命文化，争做新时代红色小学生"[7]的教育，等等。

三是推动红色文化资源"走进"家庭，从家庭层面实现乌蒙山会泽片区的红色文化与当地小学家庭教育的生活化融合。父母在学生的成长教育中发挥着不可替代的重要作用，孩子的教育需要学校和家庭双管齐下。因此，让红色文化资源在家庭教育中体现出应有的作用，也是将上述资源融入小学教育的有效途径之一。那么，应该如何将会泽红色文化资源融入家庭教育之中呢？近几年随着人们生活水平的日益提高，闲暇之余，很多家长都喜欢带着孩子到会泽公园、会泽广场等地游玩；旅游主管部门可以利用这一机会和平台，以家庭为单位，组织开展创作暨演唱地方红色歌曲大赛，引导红色文化贴近家庭生活，融入家庭教育，在让家庭教育在红色文化传承中发挥重要作用，换一种方式将红色文化资源融入家庭教育中，有效促进孩子健康成长。

四是推动红色文化资源"走进"小学生的日常生活或成长场景，从社会实践的层面上实现乌蒙山会泽片区的红色文化与当地小学教育的社会化融合。比如，可以利用节假日，在高年级学生（小学五、六年级）中组织开展重走当地的红军长征路等活动；可以利用寒暑假组织中高年级学生开展当地的红色文化资源调查实践活动；还可以利用新一代学生比较熟悉网络、善于使用网络的优势[8]，组织开展网络传播乌蒙山会泽片区红色文化经典比赛活动，让学生在实践中深度认识和感知乌蒙山会泽片区红色文化资源的丰富内涵，甚至主动参与挖掘、研究这些红色文化资源，从而实现乌蒙山会泽片区的红色文化资源与当地小学教育的社会化融合，不断提升立德树人的质量和水平。

综上所述，乌蒙山会泽片区的红色文化资源是不可多得的宝贵精神财富。将乌蒙山会泽片区的红色革命文化资源深度融入当地的小学教育教学实践活动之中，是当前亟须解决好的重要问题之一。在深入挖掘、研究乌蒙山会泽片区的红色文化资源的基础之上，坚决落实好习近平总书记关于用好红色资源的重

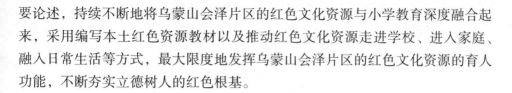

要论述，持续不断地将乌蒙山会泽片区的红色文化资源与小学教育深度融合起来，采用编写本土红色资源教材以及推动红色文化资源走进学校、进入家庭、融入日常生活等方式，最大限度地发挥乌蒙山会泽片区的红色文化资源的育人功能，不断夯实立德树人的红色根基。

参考文献：

[1] 上海市习近平新时代中国特色社会主义思想研究中心 . 让红色文化成为铸魂育人的精神动力 [N]. 光明日报，2019-09-20（3）.

[2] 刘琨 . 红色文化研究 [D]. 沈阳：辽宁大学，2015.

[3] 齐骥 . 生动传播红色文化 [N]. 人民日报，2021-08-17（7）.

[4] 朱小理 . 红色资源转化为教育教学资源的方式及路径研究 [D]. 南昌：南昌大学，2011.

[5] 侯慧庆 . 红色文化与小学生的人文素质培养探究 [J]. 科技视界，2014（21）：55.

[6] 尹文剑 . 江西永新县中小学红色文化课程资源开发研究 [D]. 重庆：西南大学，2011.

[7] 李晶 . 小学思想品德教育的问题及对策分析 [D]. 长春：吉林大学，2013.

[8] 阳慕伶 . 小学品德课教学存在的问题及对策研究 [D]. 长沙：湖南师范大学，2016.

第二章　新实践·新探析

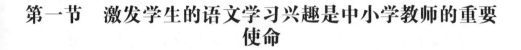

第一节　激发学生的语文学习兴趣是中小学教师的重要使命

阅读提示：

兴趣是求知主体探究事物及其规律或进行某种活动的积极态度，是一个人对某一事物或行为给予优先注意的倾向性。教学是一门艺术，教师是导演，课堂是舞台，学生是主体。成功的教学所需要的不是一味强制，而是要激发学生内在的学习兴趣，让学生充分享受学习过程。也就是说，要使课堂教学活泼生动并充满吸引力，语文教师必须利用多种教学手段，努力构建轻松和谐的师生关系，注重发挥学生的主体作用，以此来激发学生的好奇心和求知欲。

众所周知，兴趣是求知的内在动力。在日常的教学活动中，教师应有效激发学生内在学习兴趣，让学生变被动为主动，孜孜不倦，刻苦钻研，进而取得理想的学习效果。[1] 问题在于，学生对学习的兴趣不会自发产生，要真正把学生的学习兴趣激发出来，不是一件容易的事情。

对中小学生来说，其个体或群体对某门课程的学习兴趣的高低与多种因素密切相关，而教师的教育及引导就是其中的关键因素之一。基于上述认识，最大限度地激发学生的学习兴趣是中小学教师必须具备的能力和履行的职责。也就是说，充分调动学生学习的积极性和主动性，进而创造性地开展教育教学活动，是完成中小学语文课程的教学任务及实现其育人目标的途径。

那么，对中小学教师来说，在具体的语文教育教学实践中，应该怎样去激发学生的学习兴趣呢？下面，从实际操作层面入手，对这一问题进行探讨。

一、精心设计教学，以"教"激"趣"，以"学"提"趣"

（一）紧扣课文调动学生的学习兴趣

笔者发现，在课堂教学过程中，中小学生对精彩的教学导入、有趣的提问设计等比较感兴趣[2]，这一现象提示广大中小学教师，要立足实际，紧扣中小学语文教材中的每篇课文来调动学生学习的积极性。笔者带着上述看法，分四组访谈了三所中小学的 60 名学生，结果表明，95.4% 的受访学生对语文老师围绕课文收集并分享给他们的课外知识感兴趣。不少学生建议，教师要多在课堂上扩充生动有趣的课外知识，不应该只是照本宣科。

笔者带着这些信息又走进上述三所中小学，给六位中小学教师进行了反馈和指导。其中一位小学语文教师根据笔者的建议，迅速做出反应，在教授人教版小学语文教材第十二册中的《向往奥运》这篇课文时，为了让学生深入体会北京申奥成功时中国人民无比激动、无比自豪的心情，在网上收集了不同民族、不同身份、不同地区的人们庆贺申奥成功的图片让学生欣赏，极大地激发了学生的学习兴趣；学生在课后制作了很多优美的图片介绍 2008 年北京成功举办奥运会的盛况，加深了学生对课文的理解，取得了很好的学习效果。

另外一位入职不满三年的小学语文老师也毫不示弱，在教授人教版小学语文教材第十二册中的《草船借箭》这篇课文时，针对"学生对曹操生性多疑的性格了解得不够深刻"的问题，认真收集多种音频及故事资料，灵活巧妙地将"曹操假装梦游斩杀侍卫"的片段"再现"出来，通过老师补充的课外知识，深化了学生对曹操生性多疑的性格特点的体会及认识，通过对比学生进一步体会到课文中其他人物形象的性格特征；还激发了学生的学习兴趣和求知欲。课后，许多学生找来《三国演义》原著，想探究这部历史演义小说的奥秘。

（二）合理利用多媒体教学激发学生的学习兴趣

在中小学语文课堂教学过程中，往往会因为学生的生活阅历较浅、知识积累不丰富等原因，使得他们在学习课文遇到问题时，单纯依靠教师的语言叙述、解答，很难让学生理解到位。[3] 这时，教师可以充分利用现代教学手段，通过多媒体等方式，立体化地向学生展示课文中所描写的事物的鲜明特点，突破时空的限制，引导学生对人物形象及其发展变化的理解，增强教学的直观性、趣味性和深刻性。

比如，教授人教版小学语文教材第十册中的《猴王出世》这篇课文时，教师可以指导学生通过查字典掌握课文中的生字、生词，然后通读课文，接下来利用多媒体设备播放《西游记》电视剧的第一集；通过观看《西游记》激发学生的兴趣后，教师应及时提出需要学生思考的问题：石猴是从哪里来的？它是怎样成为猴王的？你觉得课文中的猴王有什么特点？这些特点从课文里的哪些段落可以看出来？这样，就拉近了学生和文本的距离，调动了学生学习的主动性；学生通过观看教师节选的电视剧和深入阅读课文，一方面，能拓宽学习视野，了解一些课文中没有提到的知识；另一方面，能在老师的引导下思考、回答课文中的关键问题。这种运用教学演示手段营造学习氛围的方式，不但比教师枯燥乏味的讲解对学生更有吸引力，而且有效解决了教师难以用教学语言讲解到位的难题，对师生的成长十分有利。

（三）让学生融入教学活动提高其学习兴趣

小学生大多活泼好动、好奇心强，而且具有较强的自我表现欲。教师在教学过程中，要巧妙利用学生的这些特点，让学生积极融入教学活动中，让他们通过参与教学活动自我肯定、自我激励，充分展现自己的才华，从而激发学生的求知欲，加深学生对知识的理解和认知。

例如，教授教学人教版小学语文教材第十二册中毛泽东的《卜算子·咏梅》这首词时，可以让学生全程参与教学活动，自主学习、自主探索、自我提高。在这一过程中，教师的主要作用是陪伴和指导，而不是代替和包办。第一步，让学生通读课文，理解词义；第二步，让学生查阅资料，了解梅花的特性；第三步，让学生画一幅毛泽东笔下的梅花图；第四步，引导学生理解课文中的关键词句；第五步，引导学生进一步理解课文中所描写的景物及其所抒发的感情，回答"课后练习"提出的问题。这样，既能提高学生的学习兴趣，也能加深学生对这首词的记忆理解，还能深化学生对梅花凌寒独自开的品格的理解。

二、巧妙创设教学情境，以"学"引"趣"，以"情"激"趣"

当下，特别强调学生在学习过程中的主体地位，教师若能顺应基础教育改革的潮流，真正在教学中落实好"以学生为主体"的要求，挖掘激发学生学习兴趣的潜在因素，就能有效提高学生注意力，激发他们自主求知的潜力，使他们进入最佳学习状态。

（一）教师要做好教学活动引导者的角色

教师在教育教学活动过程中往往扮演着多种角色，不同的角色具有不同的功能，发挥着不可替代的作用。[4]针对当前小学语文教学改革的实际而言，教师需要扮演的是教学活动的组织者、引导者、合作者的角色。教师要遵循学生的认知规律，通过角色扮演，引导学生主动参与、主动思考、主动学习、主动探究。

例如，教授小学语文教材第五册中的《翠鸟》一课时，教师会发现，描写翠鸟行动敏捷特点的第三自然段，可能是学生需要理解和把握的重点和难点。基于此，教师可以这样设计问题：找一找，想一想，课文中哪些段落和句子描写出了翠鸟行动敏捷的特点？然后引导学生通过自主探索或小组合作主动解决问题。学生很快就会发现，课文中的第三自然段描写了翠鸟行动敏捷的特点，这一自然段中的"难以逃脱""锐利""像箭一样飞过去""叼起"等词句就是对上述特点的生动描写。但是，可能有些学生不一定能在有限的时间内找出"只有苇秆还在摇晃，水波还在荡漾"这个关键的句子，此时教师可以通过视频演示"翠鸟捕鱼"的情景，引导学生找到描写翠鸟行动敏捷的句子。当学生对课文有了一定的体悟后，教师顺势提问："'只有苇秆还在摇晃，水波还在荡漾'，那么翠鸟到哪里去了？"接着进一步追问："为什么这个句子中要连用两次'还在'这个词？"这样，学生在老师的引导下，由浅入深，循序渐进，主动学习，深入探究，最后茅塞顿开，充分理解和掌握了学习的重点和难点，教师也解决了教学的难点问题，一举两得。

（二）教师要关注学生个体差异，增强学生获得感

教师的教育教学既要面向全体学生，也要关注学生的个体差异，增强每个学生的获得感，这样才能激发学生的学习兴趣，促进学生的发展，保证教育公平。中小学语文教师应该怎样落实这些要求呢？一方面，要提高政治站位，切实公平、公正地对待每一个学生；另一方面，在具体的教育教学实践中要高度关注学生个体的差异，用循循善诱的语言启发学生，不断激励学生成长。例如，学生在回答问题时，教师应始终用鼓励和期待的目光注视他们，使他们充分感受到学校生活的幸福和快乐；如果学生回答错了，老师既不能讽刺、打击学生，伤害学生的自尊心，也不能面露难色、不加理睬，而是应耐心等待、适当激励、及时引导，使他们敢于表达，然后再找出其优点，当面肯定和赞许。这样，学生就能感受到成功的喜悦，激发学生学习语文的兴趣，不断增强学生学好语文的信心。

（三）教师要营造和谐的课堂氛围

一般来说，调动学生的学习兴趣，应遵循学生的认知规律，由感知到理性，由理论到实践。[5] 不论是从遵循教育规律还是落实政策要求的角度看，教师都应用适当的方式方法，提高认识，调整教学状态，积极营造和谐的课堂氛

围，在课堂教学中培养学生乐学、好学。

首先，在课堂上，不能一味地要求学生按照教师的思路学习课文，向学生提出问题时，也不能要求每一个学生的回答都必须准确无误；而是要尽量让学生在宽松、和谐的气氛中讨论、交流、分享。还可以让学生选择自己喜欢的学习方式，自己提出问题，自己解决问题，这样学生就会觉得课堂充满生机，而不再是"牢笼"或"监狱"，学习兴趣自然就调动起来了。进一步讲，教学过程既是一种知识学习过程，又是一种情感体验过程；[6]热烈活泼的课堂教学气氛会使学生情绪高昂，拼搏向上，呈现出最佳的智力活动状态，保持学习的强大动力；冷漠沉闷的教学气氛则会压抑学生的学习积极性，抑制其智力活动，熄灭其智慧的火花。

其次，从某种程度上讲，教学的本质不在于传授知识，而在于鼓舞、激励和唤醒。[7]也就是说，教师要始终保持良好的状态，尤其是在课堂上要做到精神饱满、情绪高昂，这样才能以积极的心态带动学生、感染学生，达到相互感染、相互激荡、以"情"激"趣"的效果。

最后，要构建融洽的师生关系，要以民主、平等、合作、对话的态度对待每一个学生。[8]要放下师道尊严的架子，变俯视为平视，变教育者为参与者或陪伴者，与学生一起寻找真理，一起分享成功的喜悦，一起应对求索的艰辛。融洽的师生关系，会大幅度提高师生沟通的效率，从而提高教学效果、教学质量等。进一步讲，融洽的师生关系，是缩短师生心理距离并生动活泼地开展教学活动的前提；教师要增强责任感，做生活的有心人，尽最大努力激发学生的学习兴趣，使学生想学、爱学、乐学，让语文教学历久弥新，不断焕发出新的活力。

（四）教师要让学生享受成功的快乐

在笔者随机旁听的一堂语文自习指导课上，上课的王老师发现，一位女同学懒得做老师布置的练习册上的那些机械重复的抄写、注音题，总是在草稿纸上胡乱地写写画画。于是，王老师悄悄地走到她身边，试图纠正；她急忙用课本把练习册盖起来，满脸惶恐不安，仿佛如临大敌。王老师不动声色，拿起她的练习册看了看。让老师吃惊的是，她的练习册上虽然还留有大片的空白，但其中的造句题和看图写话题却做得非常好。在看图写话中，她甚至写出了这样的句子："花骨朵们聚精会神地倾听着春天的脚步，都在积蓄力量，准备灿烂绽放。"于是，就在这位女同学觉得老师可能要大发雷霆的时候，王老师却朝她轻柔一笑，夸赞道："这个句子写得非常好，很有想象力，多有灵性啊！请你读给大家听听吧。"或许是小女孩受到如此夸奖的机会不多，显得有些害羞和紧张，但当她读完这个句子后，全班同学热烈鼓掌，表示赞许。王老师没有再说什么，只是轻轻地拍了拍那个女同学的肩膀，继续在课堂上巡视指导。后来，王老师在与笔者交流时说，或许是她的欣赏和鼓励给那个女同学传递了某种动力，在以后的日子里，她的学习热情高涨，特别用功，语文成绩冲至班级前列。这一教学案例说明，说教不如点赞，更不如让学生分享成功的快乐；一旦学生体会到成功的喜悦，就会进一步激发其"灿烂绽放"的强大动力。

（五）教师要通过鼓励学生质疑来激发其学习兴趣

质疑是深入思考的起点，是解决问题的有效方法，也是一种创造性思维活动。[9]在教学活动中，教师要有提出问题比解决问题更重要的意识，鼓励学生大胆质疑，以此来激发其学习兴趣。例如，教师讲到《诚实的孩子》这篇课文时，细心的学生可能会针对课文的第三自然段提出这样的问题："姑妈问花瓶是谁打碎的时候，表兄妹回答'不是我'，为什么句末用的是感叹号，而列宁回答'不是我'的句末用的却是句号呢？"针对这样的提问，教师先要表扬学生敢于质疑、善于质疑，肯定这个问题提得很好，然后鼓励学生结合上下文设想当时的情景，再想一想为什么课文中要这样使用标点符号。经过探究，学生就会明白文中的感叹号和句号表示不同的语气，掌握标点符号在不同语气中的不同作用。这样，学生一方面会体会到自己提问与自我解决问题的乐趣，另一方面会不断增强质疑的意识和自信，提高学习兴趣和学习效果。

三、合理开展实践活动激发学生学习兴趣，切实做到以"做"激"趣"

合理开展实践活动是中小学语文教学的重要方式之一，教师在教育教学活动中要主动作为，设计恰当的实践活动，促使学生在活动过程中把枯燥的语言文字演变成生动、形象的求知体验实践活动[10]，使其积极投入学习活动中。一般而言，齐诵一句口号、分组朗读一段课文、模仿课文中人物的动作、配音朗读、排演儿童剧等，都是语文学习中很好的实践活动形式。除此之外，教师还可以大胆探索，不断创新语文学习实践活动的组织及其形式。例如，在世界读书日，教师可以带领学生走进当地的公共图书馆或学校的阅览室，开展动手寻找一本好书的活动，看谁找的书大家认可度最高。

又如，在学雷锋活动或学校的其他庆典活动中，鼓励学生人人动手制作宣传标语，比一比谁做得又好又快。再如，教师可以组织学生在校园内、在社区、在村寨、在公园等场所开展"找错别字"的活动，看谁找的多、准确率高。在这些活动中，教师应该事先准备一些奖品，对表现优秀的学生给予奖励，以此来活跃气氛，鼓励学生的探索精神。需要特别注意的是，语文学习实践活动的开展要因地制宜、随机应变，不能强求一致，更不能不顾实际，为了活动而活动。在活动过程中，教师要加强学生的安全教育，最大限度地通过实践活动来激发学生的学习兴趣，真正做到以"做"激"趣"。

综上所述，要在中小学语文教学中激发学生的学习兴趣，一方面，要紧紧围绕课文内容精心设计教学，以"教"激"趣"，以"学"提"趣"；另一方面，要紧紧围绕学生巧妙创设教学情境，以"学"引"趣"，以"情"激"趣"；另外，还要紧紧围绕合理开展实践活动来激发学生的学习兴趣，切实做到以"做"激"趣"。学生有了强烈的兴趣，才会学得愉快、学得深刻，学有所获，才能体会到求知的乐趣，体验到成长的快乐，在语文的天空里尽情遨游。

参考文献：

[1] 叶澜，白益民．教师角色与教师发展探析 [M].北京：教育科学出版社，2001.

[2] 邵宗杰，裴文敏，卢真金．教育学 [M].上海：华东师范大学出版社，2007.

[3] 李铮．小学教育 [M].北京：首都师范大学出版社，2009.

[4] 姚本．小学教学创新 [J].小学教学参考，2008（2）.

[5] 倪文锦．小学数学新课程教学方法 [J].现代中小学教育 2009（5）.

[6] 程正方．如何激发学生的学习兴趣 [J].首都师范大学学报，2007（4）.

[7] 李文华．自由呼吸的教育 [M].成都：四川大学出版社，2008：119.

[8] 刘颂华．语文课堂教学新方法 [J].小学语文教学，2008（7）.

[9] 施茂枝．小学语文教学中的创新教育 [J].小学语文教学，2009（5）.

[10] 林格伦．课堂教育心理学 [M].章志光，张世富，肖毓秀，等译．昆明：云南人民出版社，1983.

第二节　加强中小学生写字教学的意义及方法

阅读提示：

对当下的中小学生来说，写字教学不仅是一种教学方式，还是一种学习任务，更是一种文化熏陶方式。写字教学对少年儿童身心健康发展有着重要影响；教会中小学生正确学习和书写汉字，是提高少年儿童乃至全民族文化素养的基础性工程。中小学语文教师应充分认识写字教学的意义，科学合理地组织实施中小学阶段的写字教学，把学汉字、写汉字看成传承中华文化的重要手段，当成凝聚民族精神的神圣使命。教师要调动和激发学生热爱汉字、书写的兴趣，使他们不断增强文化自信与民族自豪感。

汉字是世界上使用人数最多、流传最广的文字之一。在五千多年的传承历程中，汉字始终是一种非常活跃的文字系统，承载着数千年生生不息的华夏历史，书写着世界上唯一从未断流、历久弥新的中华文明。

追溯我国的教育发展史不难发现，识读汉字和书写汉字一直是少年儿童成长岁月中必须要锤炼的能力和本领之一，两者具有不可替代性。然而，需要引起注意的是，进入 21 世纪以来，随着信息技术对人们生活的影响越来越深入，人们对汉字的书写似乎越来越不够重视，"写得一手好字"似乎已经不再是读书人的理想和追求，部分人甚至觉得只要能识读汉字就足够了，至于汉字书写的水平怎么样就无暇顾及了。显然，这是一种不正确的观点。毫不夸张地讲，不论现代社会信息技术发展到什么程度，只能识读汉字，不能很好地书写汉字，都无法承担在新的时代背景下传承中华文明的神圣使命。

也就是说，应从中华文明传承创新甚至从文化自信、文化安全的角度来看待汉字书写教育的重要性。具体讲，教师要从中小学语文课程的育人功能和教育性质这一前提出发，重新审视和建构对写字教学看法，不仅要重视汉字的工具性特征，还要重视其人文性、情感性、审美性功能，要把写字教学及写字能力培养看成提高中小学生语文综合素质的重要组成部分，通过写字教学，培养学生传承祖国文化的责任感。

实际上，《义务教育语文课程标准（2022 年版）》已经把强化中小学生的写字教育列为中小学语文教学的重要任务。当下亟须解决的是，如何把《义务教育语文课程标准（2022年版）》中对写字教学的要求落到实处，抓出成效。

在我国，写字是一件大事，它不仅是一项重要的语文基本功，还能体现一个人的语文素养，更与如何学习做人有着密切联系。因此，"字如其人"的说法一直流传至今。也就是说，中小学生的写字教学，不仅是一项技能的培养，还关系着审美意识的培养、儿童人格的养成等。比如，《全日制义务教育语文课程标准》中明确要求，在小学的第一学段，"应掌握汉字的基本笔画和常用的偏旁部首，能按笔顺规则用硬笔写字，注意间架结构，初步感受汉字的形体美。养成正确的写字姿势和良好的写字习惯，书写规范、端正、整洁"。在小学的第二学段，"能使用硬笔熟练地书写正楷字，做到规范、端正、整洁。用毛笔临摹正楷字帖"。在小学第三学段，"能用硬笔、毛笔书写楷书，行款整齐，有一定的速度。并在书写中体会汉字的优美"。仔细研究上述要求不难发现，写字贯穿小学六年的第一学段、第二学段到第三学段，《义务教育语文课程标准（2022年版）》对写字教学始终有着明确且具体的要求；这些要求涉及写字姿势规定、写字习惯的养成、书写技能的要求以及审美情趣的培养等内容，"规范、端正、整洁"始终是其中的关键词汇。这也从侧面说明，写字教学不但是培养学生能用一定的速度写一手规范、端正、整洁的汉字的重要途径，而且关系着学生综合素质的提升及做人教育等方面的问题。

一、加强中小学生写字教学的意义

（一）加强写字教学有利于培养学生的多种能力

中小学生处于"童蒙养正"的关键时期，这一时期的汉字书写教学，可以培养学生的观察能力、分析能力、表达能力、自我校正能力等。[1]例如，在小学第一学段语文课的写字教学中，当学生掌握了"横"的基本写法后，教师可以充分结合教材的编排特点，有意识地引导学生观察、分析变化后的"横"与作为基本笔画的"横"在形状上的差异，提高学生在书写过程中认识汉字的丰富形态的能力。又如，教师在指导学生书写合体字时，应先引导学生仔细观察、分析合体字的构造、部件、笔顺、笔画等要素，然后正确书写规范汉字。这样长期坚持，既有利于达成写字教学的目的，又有利于培养学生的观察能力、意志力、行为习惯、审美意识和道德情操等智力因素或非智力因素。

（二）加强写字教学有利于培养学生良好的品质

不难发现，科学、适当的写字教学方法，一方面，可以促使学生养成认真、细致、专注、持久的学习品质，为其下一阶段的学习打下坚实的基础；另一方面，可以使学生养成沉着冷静、严守规矩的人格品质。[2]这两种品质对学生的健康成长至关重要。为什么写字教学和实践可以使中小学生更加认真、细心而且具有持久的注意力呢？为什么写字训练还与中小学生人格品质的形成紧密相关呢？原因可能来自三个方面：首先，汉字书写是一项十分精细的智力和体力相结合的活动，中小学生要想把字写端正、写规范，必须得全神贯注，凝神静气；其次，在书写过程中要仔细观察字的结构，揣摩笔画的呼应、避让、穿插；最后，书写时要脑、眼、手三者紧密配合，准确控制运笔的轻重缓急。这样久而久之能潜移默化地改变一个人的心理素质甚至个性品质，使学生养成沉着冷静的习惯和品质。实际上，这些良好品质的养成，对其他课程的学习乃至对学生个性及人格的塑造，具有不可替代的积极作用。

（三）加强写字教学有利于提高学生的审美情趣

汉字是一种形态独特且极具美感的符号。汉字的线条组合十分优美，蕴含着丰富的文化意义，具有无可替代的审美价值。[3]写字教学有利于培养和提高学生的审美情趣。具体讲，在中小学阶段的写字教学中，教师应引导学生了解汉字的演变历史，了解汉字的形体、结构、笔画等内容。同时，严格要求学生按照正确的笔顺书写汉字，注意笔画间的联系及呼应的规律，养成良好的写字习惯，写字姿势正确，书写规范、整洁，进而认识和体会汉字的形体美，领会汉字的文化内涵和审美意味，从而激发学生热爱祖国语言文字的深厚感情，做一个堂堂正正的中国人。

（四）加强写字教学有利于培养学生健全的人格

《九年义务教育语文课程标准》倡导，充分尊重学生的独特感受，促进学生的个性发展，努力培养学生的创新能力。针对中小学生的这一发展目标，中小学语文课程中设置了"语文园地"这一独特板块，用好这一板块对通过加强写字教学培养学生健全人格具有重要意义。[4]因为汉字书写是一种魅力无限的艺术，其审美性和个体性非常鲜明，不管学习者是喜欢规范端庄的楷书，还是喜欢活泼优雅的行书，都是对汉字书写之美的接纳、向往和追求，是一种值得肯定的审美活动。教师应引导学生欣赏汉字书写之美，学生也可以根据自己的喜好，临摹和学习不同的书写形态。写字教学有利于培养学生的健康个性和健全人格。汉字书写始于模仿，对中小学生而言，不宜过早鼓励其去追求个性化的书写形式，要特别注重临摹等学习和继承手段的运用。通过认真、仔细、严谨的临摹，再加上反复的体会和揣摩，学生在大脑中积累了大量的、丰富的书法知识，掌握了一定的书法技巧，如此反复循环，由量的积累逐渐发展到质的飞跃，必然会对学生健全人格的养成和发展产生重要影响。

（五）加强写字教学有利于培养学生的文化自信

汉字不仅具有工具性、符号性等特征，还承载着丰富的文化内涵，是一种充满时代色彩、地域概念、人文心理特征的文化符号。每一个汉字都包含着中华优秀传统文化的智慧和精华。[5]例如，一年级小学语文教材上册的《口耳目》一课，介绍了汉字的来源及其演变过程。教师在组织实施写字教学时，可充分利用教材资源，借助多媒体手段，引导学生多角度认识和理解汉字的演变及其发展规律。在写字练习课中，教师还可以穿插王羲之、苏东坡、于右任、启功等书法大家刻苦练字的故事，鼓励学生写好汉字，把学汉字、写汉字看作传承中华文化的重要手段与凝聚民族精神的神圣使命。调动学生热爱汉字的兴趣，不断增强他们对中华文化的信心与民族自豪感，为实现中华民族的伟大复兴而努力学习。在我国，中小学生的写字教学不仅是一种教学方式，还是一种学习任务，更是一种文化熏陶方式，一种人格养成教育模式，它对少年儿童身心健康发展有着重要影响。

二、组织实施中小学写字教学的基本方法

（一）为学生树立认真写字的榜样

教师要想真正做好为人师表的工作，就必须从认真写字（板书、钢笔字、毛笔字等）开始。如果教师的字写得规范、工整、大方、美观，学生受老师的影响，自觉或不自觉地模仿、练习，长此以往学生的汉字书写水平必然会达到教师期望的水平。[6]如果教师尤其是语文教师的字写得既不美观又不工整，甚至歪七扭八，毫无美感，学生受老师的影响，必然对写字没有更高的要求。从更高的标准上讲，小学语文教师的字，应该是小学生模仿的活字贴，是小学生良好的写字启蒙教育的生动教材。因为小学生喜欢模仿、善于模仿，具有很强的可塑性。教师在学生心目中的地位很高，不论是老师课堂上的板书，还是作

业批改中评语的字迹，都对他们起着不容忽视的作用。教师影响的不是个别学生，而是成百上千的优秀建设者和可靠接班人。所以，教师尤其是语文教师应该不断提高自身的书写水平，为学生树立认真写字的榜样，从而潜移默化地引导学生健康成长。

（二）培养学生正确的写字姿势

我国启蒙教育非常注重写字的姿势，写字的姿势正确是写好字的关键。[7] 小学生初学写字时，教师应让学生明白，在写字时坐姿要正确：头部端正，自然前倾，眼睛离桌面约一尺；双肩放平，双臂自然下垂，左右撑开，左手按纸，右手握笔；上身挺直，胸部离桌边一拳；两脚放平，自然踏稳，不跷二郎腿，凝神静气集中注意力。握笔姿势要正确：右手执笔，大拇指、食指、中指分别从三个方向捏住离笔尖3厘米左右的笔杆下端，使笔杆和纸面约呈45度。学会了正确的坐姿和握笔姿势之后，要反复练习，使之成为习惯。

（三）教给学生写字的基本方法和技巧

从写字技法的角度讲，写好汉字关键要把握好以下几点：一是要选择合适的书写工具（铅笔、钢笔、毛笔等）；二是要选择适合自己的字帖（如随语文教材配发的"写字"教材等）；三是要高度重视汉字的笔画和结构。写好笔画是基础，注意结构是写好字的关键。笔画是构成汉字的最小单位，字的笔画写得横的像横，竖的像竖，笔笔过硬了，那么把笔画组合成结构美观的字就容易了。[8] 例如，"横"要写得坚挺、浑厚，给人稳重的感觉；"竖"要写得尽量垂直，给人挺拔有力的感觉。具体书写时，无论是独体字还是合体字，无论构件还是笔画的多少，都要精心布局。要严格遵循汉字书写的笔画、笔顺规则，如先横后竖、先撇后捺、从上到下、从左到右、先外后内、先中间后两边、先里头后封口等。要注意字的间架结构，了解汉字得结构及其特点。比如，左右结构的字，要注意"左窄右宽、左宽右窄、左右相等、左高右低、左低右高"等几类写法；左中右结构、上下结构、包围结构、特殊结构的字，应注意偏旁的高低、宽窄的变化等。指导学生写字的总体原则是，要重点引导他们学习最基本的方法和技巧，这样才能以不变应万变。

（四）激励学生养成良好的写字习惯

学生写好字并非一朝一夕可以练成的，关键在于持之以恒。小学生活泼好动，写字却要凝神静气，要使这看似矛盾的因素和谐地发挥作用，就要激发学生写字的兴趣。对小学生来说，他们喜爱的东西或喜欢做的事其注意力会更持久，学习效果也会更好。教师既要想方设法调动学生的写字兴趣，又要引导学生逐步将兴趣转变成习惯。

习惯是由多次重复而达到的带有某种稳定性特点的自觉化的思维或行动方式。养成良好的写字习惯不仅有利于写字能力的提高，还有利于高效学习、工作和生活，可使人终身受益。[9] 虽然义务教育各个学段都应重视学生良好写字习惯的养成与写字能力的培养，但小学第一学段良好写字习惯的养成尤为重要。写字不仅是学习汉字的有效方式，还是一种文化传承手段，甚至是文化自信的体现。从小养成良好的写字习惯，逐步基本的书写技能，是现代中国人应具备的文化素养。良好写字习惯的养成，是一个不断积累、螺旋上升的过程，既不能急功近利，也不能放任不管。一方面，教师要高度注重课堂教学，认真制订写字教学计划；另一方面，要引导学生将写字训练由课内向生活延伸，既注重课内的学习，又重视课外、校外的训练。另外，语文教师还要与各科教师及家长密切配合，通力协作，齐抓共管，认真督促检查。这样才能使学生养成良好的写字习惯，写一手规范、漂亮的汉字。

（五）写字教学要循序渐进，逐步提高

小学生初学写字时，应该从笔画简单的汉字学起。小学语文教材已经做了书写设计和安排，教师应指导学生按要求书写汉字。从学习程序来看，教师要引导学生掌握正确的写字姿势与执笔方法，使他们对基本的笔画名称、笔顺规则有所了解，进一步引导他们学会使用田字格书写单个汉字。从书写的速度上看，学生刚开始书写时要强调慢、强调稳；识字与写字不必同行并进，应该适当分离，多识少写。等到学生熟悉基本笔画后，再指导他们逐渐由慢到快地练习写字，最终使识字与写字基本同步。从字形上来看，应指导学生先书写独体字，再书写合体字；先书写结构简单、整齐对称的字，后书写结构复杂、不易搭配的字。从汉字书写的大小来看，教师应指导低年级学生先学习用铅笔书写中等大小的字，到中高年级后再练习写小字或大字。总体上讲，不论怎么指导，怎么训练，写字教学都要遵循循序渐进、逐步提高的原则，才能取得理想的教学效果。

综上所述，对当下的小学生而言，写字既是其应该完成的学习任务，又是一种文化熏陶方式，一种人格养成教育模式，必须引起全社会的高度重视。小学语文教师应充分认识写字教学的重要意义，科学合理地组织实施小学阶段

的写字教学，把学好汉字、写好汉字看作传承中华文化的重要手段与凝聚民族精神的神圣使命，使学生养成良好的汉字书写习惯，不断增强民族自豪感和文化自信心。

参考文献：

[1] 李秉德.教育科学研究方法 [M].北京：人民教育出版社，2001.

[2] 董兆杰.基础教育识字教学研究 [M].广州：广东教育出版社，2016.

[3] 宁虹.教育研究导论 [M].北京：北京师范大学出版社，2010.

[4] 许慎.说文解字 [M].北京：中华书局，1983.

[5] 顾明远.教育大辞典 [M].上海：上海教育出版社，1992.

[6] 刘济远.小学语文教学策略 [M].北京：北京师范大学出版社，2010.

[7] 蒋蓉.小学语文教学论 [M] 长沙：湖南教育出版社，2007.

[8] 温儒敏.部编义务教育语文教科书的七个创新点 [J].小学语文，2016（9）：4-13.

[9] 陈新民.识字写字教学当遵从汉语言文字的特点 [J].甘肃教育学院学报（社会科学版），2003，19（4）：89-92.

第三节　原则及途径：再论小学 1～3 年级的儿歌教学

阅读提示：

儿歌在儿童的成长过程中有着重要的作用。根据 1～3 年级小学生求知欲和好奇心较强，以及想象力丰富和思维活跃的特点，儿歌教学应坚持学习语文与认识事物相统一、激发趣味与发展思维相结合、口语训练与思想教育相统一的基本原则；应采用增强朗读的趣味性、灵活运用教学手段、读写结合、注重运用等方式组织教学，以此来提高 1～3 年级小学生儿歌教学的质量和效率。

一、引言

儿歌是采用韵语的形式，适合低幼儿童聆听和吟唱的简短歌谣。儿歌是儿童最早接触的文学样式。[1] 从 2012 年以来九年义务教育小学阶段的语文教材中，编入了很多儿歌作品。因此，怎样在新课程标准理念下有效实施儿歌教学？怎样激发学生学习儿歌的兴趣？怎样通过儿歌教学提升学生的综合素养？对于小学语文教师及小学语文教育研究者来说，这些都是亟须思考和解决的问题，也是不容回避的挑战。

虽然小学语文教材中编入了大量的儿歌作品，但部分老师对这类作品（课文）的重视程度却没有相应提高。2015年9～12月，笔者有机会走进曲靖市、昭通市等地的五所小学随堂聆听了15节儿歌教学课，笔者发现在整个教学过程中，部分教师的教学方法比较单一，既不能充分调动学生学习的积极性，也不能充分激发他们的学习兴趣（一般而言，孩子们对儿歌这种文学样式都比较喜欢，有着强烈的求知欲和好奇心），少数老师甚至对儿歌的基本特征、儿歌教学的基本原则等不太熟悉。

实际上，我国的儿歌资源不但存量大，而且内容十分丰富。近年来，研究儿歌教学方法的文献也很多。比如，王国武的《浅谈儿歌教学》一文中，讨论了提高儿歌教学效果的五个途径，分别是反复诵读体会儿歌的音韵美、深入分析理解儿歌蕴含的情趣美、通过表演艺术再现儿歌之美，从而充分发挥多媒体技术在儿歌教学中的作用。另外，还有许多语文教育研究者和一线教师从不同角度探究了小学语文教材中儿歌的内容及儿歌的教学方法等问题，笔者在此不做过多赘述。

鉴于上述种种原因，笔者采用查阅资料、实地调研、观摩教学、随堂听课、面对面访谈等方式，专门对小学语文1～3年级教材中的儿歌教学到底应该怎么组织实施这一问题进行了研究，取得了一些成果。在此，拟重点对这一阶段的儿歌教学的基本原则和主要途径作出粗浅的阐述。

二、儿歌的教育意义

儿歌是儿童文学最基本、最古老的体裁形式之一。我国传统儿歌数量多、内容丰富、表现广泛。随着中华文化的传承和创新，儿歌已成为我国文学长廊中尤其是儿童文学中重要样式之一，日益受到广泛关注和追捧。

一般来说，优美的儿歌普遍具有和谐、柔美、温馨、欢快、简洁等审美特征。也就是说，儿歌符合儿童生理和心理成长的需要。内容浅显、思想单纯是儿歌的主要特点。篇幅简短、易学易唱是儿歌的第二个鲜明特点。儿歌的第三个特点是节奏明快、富有音乐美。儿童天生对音乐感强、节奏明朗、生动活泼的儿歌有强烈的兴趣，他们往往能在吟唱优美儿歌作品的过程中，感受到愉悦、欢乐，从而调动儿童学习语言的主动性和创造性，促使其健康成长。

从儿童教育的角度看，儿歌具有很多作用。儿歌可培养儿童高尚的审美情趣，发展儿童的审美心理和审美智慧，培养儿童的想象力和创造力，帮助儿童训练语音、发展语言、提升语言的表达能力，等等。

笔者通过梳理人教版小学语文教材发现，1～3年级的教材中出现了大量的儿歌。这些儿歌篇幅短小、内容简单、主题单纯、节奏明快，比较适合1～3年级小学生身心发展的需要。蒋风在《新编儿童文学教程》一书中说过，"儿歌是最具有'人之初文学'意义的文体，是人一生中最早接触的文学样式"。小学1～3年级的孩子们学习儿歌的积极性很高，能准确朗读且能长期记忆，经过长时间的积累，他们的口语表达能力和行为习惯都会有所变化，这也在一定程度上说明了儿歌在小学1～3年级具有重要的教育意义。

小学1～3年级是学生语言发展的关键期，抓住这个关键期对他们进行规范的语言训练是很有必要的。一年级的儿歌主要用来辅助学生学习汉语拼音，节奏感较强，教师在指导孩子们多次朗读儿歌之后，能帮助他们正确读汉语拼音，矫正他们的发音，并进一步训练口语表达能力。二、三年级的儿歌在内容上比一年级更为丰富，主题也较为深刻，这样学生在朗读学习之后，不仅可以提高他们的阅读能力，还能提高他们的口语表达的严谨性和逻辑性。另外，儿歌还可以用来培养孩子良好的行为习惯。例如，通过学习动物类儿歌使学生初步形成爱护和保护动物的意识，通过学习劳动类儿歌培养学生勤洗手的习惯，等等。也就是说，儿歌是重要的教育资源，引导儿童阅读儿歌，会对他们的思想和行为起到潜移默化的熏陶作用。

三、小学1～3年级语文教材中的儿歌分析

笔者统计发现，人民教育出版社出版的义务教育阶段小学语文教材，共编入儿歌38篇，其中一年级22篇，二年级7篇，三年级4篇，四、五、六年级教材编入的则主要是各种诗歌作品。这表明，小学1～3年级的儿歌数量占整个小学阶段的85%，可见儿歌在小学1～3年级语文教材中的重要性。

《义务教育语文课程标准（2011年版）》中明确规定："汉语拼音教学要尽可能有趣味性，宜多采用活动和游戏的形式，应与学说普通话、识字教学相结合，注意汉语拼音在现实生活中的运用。"人教版小学语文教材的编写严格遵循了课程标准提出的原则，小学1～3年级的儿歌主要用来辅助学习汉语拼音和训练语言，它的篇幅简短、内容浅显、语言活泼、描写生动、富于情趣，是孩子们的精神食粮。小学生通过诵读这些儿歌来学习汉语拼音会使学习变得轻

松、有趣，激发他们的学习热情。与儿歌相比，小学四、五、六年级教材中的诗歌作品，内容更加广泛，主题更加深刻，语法更加复杂，学习起来会比儿歌困难。但是，教师可以把对儿歌的诵读及其对相关内容的理解，看作孩子们学习诗歌的前提和准备，因此教师在小学 1～3 年级重视并有效开展儿歌教学至关重要。

从儿歌教学实践的层面看，2015 年 1 月至 2017 年 12 月，为了收集儿歌教学的第一手资料，也为了初步了解和掌握儿歌教学的现状，笔者多次深入云南省曲靖市的三所小学（两所曲靖市市直属小学、一所曲靖市所属马龙区的小学），实地观摩了 15 位老师的儿歌教学课。下面，笔者对其中一次印象比较深刻的儿歌教学案例略做分析，以便展开后面的讨论。

那堂课的教学内容是《拍手歌》：

你拍一，我拍一，保护动物要牢记。你拍二，我拍二，孔雀锦鸡是伙伴。

你拍三，我拍三，雄鹰翱翔在蓝天。你拍四，我拍四，天空雁群会写字。

你拍五，我拍五，丛林深处有老虎。你拍六，我拍六，黄鹂百灵唱不休。

你拍七，我拍七，竹林熊猫在嬉戏。你拍八，我拍八，大小动物都有家。

你拍九，我拍九，人和动物是朋友。你拍十，我拍十，保护动物是大事。

在那位教师的整个教学过程中，朗读部分占课堂教学过程的三分之二，朗读的形式包括教师示范朗读、教师带读、全班齐读、自由朗读和指名朗读等。接下来，教师对儿歌内容进行了简单的讲解，讲解结束后教师组织引导学生进入了边拍手打节奏边朗读的环节，让小学生及时巩固，加深记忆，体会《拍手歌》中强烈的节奏感。最后，教师应指导学生进行"拍手歌"的简单创编。

仔细分析发现，这堂儿歌教学课的优点是，多种朗读形式灵活运用，让学生既能读准字音，又能流利准确地朗读儿歌。可以说，朗读是语文教学的主要环节，也取得了一定的效果。存在的主要问题是，教师的示范性朗读环节少了些儿童情趣，过分端庄，甚至有些拿腔拿调，导致学生在自由诵读儿歌时也模仿老师的腔调和表情进行朗读，缺乏儿童应有的天真和情趣。另一方面，教师对儿歌内容的讲解显得有些随意，既不讲儿歌的主题（保护动物朋友），也不模拟和说明儿歌的鲜明节奏，而是过多地去介绍动物的种类及不同动物的生活习性。这显然难以达成这堂课的教学目标，也引起了我们对儿歌教学的极大关注。

四、以人教版小学语文教材为例谈儿歌教学的原则

从《义务教育语文课程标准（2011 年版）》中"全面提高语文素养"的基本理念来看，语文教学的目的在于学习语言文字，提高学生的语言文字运用能力。儿歌因其独特的内涵和教育意义，成为儿童学习汉字和提高语言表达能力的素材和资源。基于此思考，在遵循教育规律及儿童成长规律的前提下，怎样通过学习儿歌来提高小学 1～3 年级学生的语言表达能力就成了需要面对和解决的问题。

（一）学习语文与认识事物相统一的原则

一般而言，小学 1～3 年级的学生求知欲非常强，对周围的事物有强烈的好奇心，尤其是乐于接受新知识。儿歌不仅可以帮助他们开阔眼界、丰富知识，还可以培养他们良好的思想品格。[2] 但在现实生活中，部分教师对儿歌的讲解只局限于对课文内容的分析，相关知识的补充和课外知识的扩展很少涉及或不够充分。比如，笔者在上面介绍过的二年级《拍手歌》的课堂教学，这首儿歌是一篇有关保护动物的儿歌，三至八句分别写到了孔雀、锦鸡、雄鹰、大雁、老虎、黄鹂、百灵、熊猫等动物，二年级的小学生对这些动物的了解很少，教师在教学中可以根据学生的实际情况适当地给学生补充这些动物的相关知识。笔者建议，教师在进行儿歌教学时，要兼顾相关课外知识的扩展和补充，对儿歌的教学既要有趣味性，也要重视知识性。一方面，要满足孩子们的求知欲和好奇心；另一方面，要培养他们爱学习、勤思考的好习惯。

（二）激发趣味与发展思维相结合的原则

对小学生来说，反差较大、对比鲜明、不断变化或者有新异性的事物往往容易引起他们的兴趣，低年级的学生学习更容易受到直接刺激的驱动。[3] 小学 1～3 年级的学生天性喜欢快乐的事物，有趣的课堂或儿歌容易激发他们的学习兴趣，所以儿歌的教学要有一定的趣味性。教师在儿歌教学时不应只局限于简单的朗读和讲解，而是要加入视频播放、角色扮演、自由创作等环节，让学生在欢乐的氛围中学习；也可以创设轻松有趣的学习环境，使学生的想象力和发散思维得到提高。另外，小学 1～3 年级学生注意力大多集中在课堂的前 20 分钟，如果教师在教学活动中不注重激发学生的兴趣，那么这节课的趣味性就不可能保持，教学效果就会大打折扣。

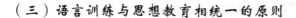

（三）语言训练与思想教育相统一的原则

毫无疑问，语文课程主要致力于培养学生的语言文字运用能力，提升学生的综合素养；但也不能忽视学生树立正确的世界观、人生观、价值观，更要承担起促使学生形成良好个性和健全人格的神圣使命。小学 1～3 年级的儿歌主要用来帮助孩子们学习汉语拼音和训练、发展他们的语言；但需要注意的是，这些儿歌中包含遵规守纪、保护动物、爱护环境、热爱祖国等方面的内容。教师的教学一方面，要通过有趣活泼的儿歌朗读来引导学生读准拼音，多识生字，不断积累，自主开展口语表达训练及运用语言进行口语交际的资源；另一方面，要突出语文的工具性和人文性功能，把丰富有趣的儿歌内容作为对学生进行思想教育及审美熏陶的素材，利用孩子们可塑性和模仿性较强的特点，从思想和行为上对他们进行正确的教育和指导，使他们乐于接受并逐渐形成良好的个性，养成健全的人格。

五、提高儿歌教学质量的途径探析

上面的论述表明，节奏明快、语言活泼的儿歌是小学低年级儿童比较喜欢的一种文学样式，是重要的语文教育资源，它在儿童的成长过程中具有不可忽视的价值和意义。

（一）切实增强儿歌朗读的趣味性

显然，儿歌教学的主要方式就是要引导学生诵读、背诵和编创儿歌。但需要注意的是，在具体的教学过程中，这种诵读不是单一的、枯燥的，而是应选择多样的教学方式和朗读方法，激发学生的学习兴趣，使儿歌的朗读教学成为充满趣味性的活动。这样，不仅能让孩子们感受到儿歌音韵和谐、节奏明快的特点，还能为他们营造愉快的学习氛围。也就是说，对小学 1～3 年级的学生而言，要切实增强儿歌朗读的趣味性，这一点至关重要。实际上，儿歌具有明显的娱乐性、游戏性等特征。教师要巧妙地进行教学设计，让学生在游戏中朗读或者以游戏化的方式诵读儿歌，既可以让他们的身心得到放松，又可以取得更好的学习效果。例如，人教版小学语文教材第三册（二年级上册）的《拍手歌》等游戏类儿歌的教学，就可以组织学生两人一组一边玩拍手游戏一边诵读儿歌，这样有利于彰显寓教于乐的教学要求，有利于学生熟记儿歌内容、了解相关知识以及积累词语，也有利于充分发挥学生在学习活动中的主体作用。

（二）巧妙设置提问提高教学效果

一般来说，低年级学生由于抽象思维、逻辑思维能力不强，对某些学习材料不易理解，因而采取机械记忆的方法来学习和背诵儿歌。[4]在这一过程中，教师可以通过巧妙设置提问，激发学生的学习兴趣，促使他们在思考、理解课文（儿歌）内容的基础上，强化记忆，提高学习效果。例如，人教版小学语文教材第一册（一年级上册）的第十课《比尾巴》这篇儿歌，第一节和第三节进行提问，第二节和第四节分别做出了相应的回答，如果教师只采用重复朗读的方法，不增强儿歌朗读的趣味性，学生就会感到枯燥，对内容的理解也不深刻。教师如果采用师生互动学习、交流提问、一问一答等方法进行教学，就可以达到让学生在相互提问及回答的过程中理解内容、加深记忆并增强儿歌朗读趣味性的目标。另外，小学 1 ～ 3 年级的学生常常会把自己内心的真实想法用肢体语言表现出来，同时他们的模仿能力和表演能力也很强。教师如果在儿歌教学中，充分利用孩子们的这些特点，用提问的方式引导他们边表演、边朗读，或者让他们根据自己的理解把儿歌的内容用肢体语言表演出来，或者再以提问的方式让部分同学用自己的语言把儿歌的内容复述出来，这样学生就会发挥他们的想象力进行表演和创作，对培养学生的综合能力非常重要。

（三）灵活运用多种手段进行儿歌教学

语文教学是一项系统而复杂的工程，字、词、句、篇相互制约，听、说、读、写相互促进，知、情、意、行相互依存。[5]要实现教学内容的统一，有效激发学生的学习兴趣，提高他们的综合素质，教学方法和教学手段的多样性起着至关重要的作用。比如，在教学实践中，要改变教学现状，切实提高儿歌教学的质量，灵活运用多种手段进行儿歌教学。我国宋代著名教育家朱熹曾提出通过"求疑"来读书的方法，认为读书必须经过从"无疑"到"有疑"，再从"有疑"到"无疑"的过程，才能获得长进。

一般而言，小学生读书，往往一读而过，很少用心去体会课文的妙处，更不会主动提问和"求疑"。针对这种情况，教师在教学过程中，让学生主动提出问题，引导学生带着问题阅读，从而深入理解课文。久而久之，就能提高学生的思辨能力和语言表达能力。[6]人教版小学语文1 ～ 3 年级的教材中，儿歌内容十分丰富，包含反映日常生活、行为习惯、人文地理等内容，如果教师采用设问、提问等方式，引导学生独立思考问题，能培养学生勤于思考的好习惯。叶圣陶曾说过："学生自己动脑筋，得到的东西格外深刻，光听老师讲，自己不思考，得到的东西就不太深刻。"[7]例如，教学人教版小学语文第三册（二年级上册）"语文园地一"的儿歌《秋天到》："秋天到，秋天到，田里庄稼长得好。棉花朵朵白，大豆粒粒饱。高粱涨红了脸，稻子笑弯了腰。秋天到，秋天到，园里果子长得好。枝头结柿子，架上挂葡萄。黄澄澄的是梨，红彤彤的是枣。"教师在教学开始时就可以向学生这样提问："同学们知道秋天的果实和庄稼有哪些吗？"或者"秋天的庄稼和果实都长什么样？"然后让学生带着问题阅读儿歌，认真思考之后再回答问题。接下来，教师进一步提问，引导学生带着问题回到儿歌作品中去比较。这样的教学形式对提高学生的思辨能力非常重要。

陶行知指出："真正的教育必须造就能思索、能建设的人"。[8]小学 1～3 年级的学生想象力丰富，教师应针对这一特点，给学生创造想象的空间和机会，通过教材中儿歌作品的学习，激发学生的创造力和想象力。比如，根据课文内容进行画面再现、指导学生续写儿歌等，让学生思维插上腾飞的翅膀。例如，人教版小学语文第一册（一年级上册）的儿歌《菜园里》，从颜色、形状等方面描写了各种各样的蔬菜。教师在教学实践中，可以先让学生自由想象，然后再根据课文内容创作一幅有关菜园的风景画。

（四）读、写、编结合，有效推进教学

小学 1～3 年级的儿童，模仿能力较强[9]。也就是说，教师要充分利用这一优势，把学生仿写、编创儿歌作为这一阶段的重要教学手段。教师要抓住良好的教育契机，在孩子们已对某首儿歌作品相当熟悉且能背诵的基础上，鼓励他们用适当的词语更换原儿歌中的某些名词，当学生学习的积极性被充分调动起来后，教师再进一步引导他们运用平时积累的知识，适当地仿写和编创儿歌。在这一过程中，读、写、编要紧密结合，突出训练学生能力这一教学目标，教师应随机进行必要的指导。这样，教师可能会惊奇地发现，这种教学方式不但能有效推进教学，提高教学质量，而且能促使学生仿写、编创出较好的儿歌作品。教师的作用在于适当引领、善于诱导、启发思维。也就是说，学生在这一过程中变被动为主动、变接受为创新，进入了一个新的学习状态。[9]最终也就收获了更高的教学成效。

六、结尾的几句话

首先，儿歌在儿童的成长过程中具有重要的教育价值。同时，编入小学语文教材中的儿歌内容浅显、描写形象、语言生动、音韵和谐、节奏鲜明、主题单纯、富有情趣，是培养小学生口语水平、交际能力、思维习惯及思想行为的重要教学资源，教师应根据 1～3 年级小学生主要以无意注意为主、求知欲和好奇心强烈以及想象力丰富和思维活跃等特点，充分利用儿歌教学促使孩子们健康、快乐成长。

其次，儿歌教学应坚持学习语文与认识事物相统一、激发趣味与发展思维相结合、口语训练与思想教育相统一等基本原则。具体的儿歌教学则应采用增强朗读的趣味性、灵活运用教学手段、读写编结合等方式组织教学，以此来提高小学 1～3 年级儿歌教学的质量和效率。

最后，小学 1～3 年级的语文教学是培养儿童语文核心素养的关键。教师在儿歌教学实践中，要进一步提高认识，改进教学方法，不断增强教学的趣味性，及时给学生补充儿歌教学的相关知识，引导学生拓展课外学习的空间，从而让学生真正学有所获，为语文学习奠定坚实的基础。

参考文献：

[1] 方卫平，王昆建 . 儿童文学教程 [M]. 北京：高等教育出版社，2004.

[2] 蒋风 . 新编儿童文学教程 [M]. 杭州：浙江大学出版社，2013.

[3] 林海亮，杨光海 . 教育心理学 [M]. 北京：北京师范大学出版社，2012.

[4] 彭小虎 . 小学生心理辅导 [M]. 上海：华东师范大学出版社，2012.

[5] 白金声 . 小学语文教学新体系 [M]. 北京：教育科学出版社，2012.

[6] 韦志成 . 语文教学情境论 [M]. 广西：广西教育出版社，1996.

[7] 叶圣陶 . 叶圣陶：教育箴言 [M]. 福州：福建教育出版社，2013.

[8] 何国华 . 陶行知教育学 [M]. 广州：广东高等教育出版社，2002.

[9] 陈育辛 . 教育学新编 [M]. 上海：上海教育出版社，1986.

第四节 小学语文儿童诗歌教学研究

阅读提示：

儿童诗教学越来越受到教育工作者的重视。从儿童诗对小学生语文学习的重要意义看，儿童诗不仅深受小学生的喜爱，还符合小学生的年龄特点和认知规律；儿童诗的教学还有许多问题值得反思改进。另外，根据笔者在小学听课的情况看，儿童诗教学的策略等问题值得引起关注。

诗歌是文学之母，其语言优美、内涵蕴藉、富含想象。让儿童在诗的年华，多诵读诗歌、欣赏诗歌，让诗意和浪漫钻入儿童心里，是童年时代对儿童伟大的馈赠。[1] 小学语文教材中有不少儿歌、童谣、儿童诗、古典诗词等，面对儿童诗这种特殊的文体，要引起高度重视，通过儿童诗的教学，让孩子们充分感受诗歌的语言之美、韵律之美，体验诗中的丰富情感，呵护孩子纯真的想象和灵性。

一、小学儿童诗的教学存在的不足

我国是一个诗的国度，儿童时期是诗一样的年华。把握好儿童诗的教学，是每一位语文老师的神圣职责。不过，我们发现儿童诗的教学也存在一些不容忽视的问题。

（一）要求过高，学生望而生畏

有一些老师，对教材选编儿童诗的目的理解不是很到位。实际上，低年级教材中编入儿童诗，主要是为了巩固汉语拼音，为了识字，为了进行初步的语言训练，激发学生学习语文的兴趣。可是，有些教师在教学时，往往作细致的分析讲解，以理解为目的，损伤了儿童诗的情感性。[2] 有些教师不光要求背诵，还要求默写。还有不少老师把小学生的儿童诗模仿说话当成"文艺创作"，常常用成人作品的标准来要求学生，如内容要新、奇、巧，语言文字要生动、优美等，一定程度上忽视了儿童的学习所能达到的程度，久而久之，使学生产生了儿童诗高不可攀的畏惧感，继而谈诗色变，渐渐失去了学习儿童诗的兴趣。

（二）儿童诗的教与学不受重视，学习流于形式

选入教材中的儿童诗往往语言活泼，视角独特，富有童心童趣。儿童诗生动的文学性和语言的灵动性，更容易让小学生们学习接受。但是，不少老师在教学中，却往往不重视这一重要的教学资源。相比记叙文的阅读教学来讲，儿童诗的教与学常常放在次要的位置，只是让学生读读、背背、抄抄，对诗歌的形象、境界与韵味，则往往被忽略，很少引导学生去认真体会和感悟。

（三）积累太少，学生收获甚微

教材中儿童诗的篇目不够多或样式较少是令老师们苦恼的另一个问题，这使得学生往往兴致勃勃地学了一篇就很难继续下去了，由于受多种因素的制约，老师们常常没办法帮学生补充更多的儿童诗让其学习，使学生无法形成对儿童诗的整体感受，更不能在语言上有所积累，在语感上有所培养，在情感上有所体验。许多学校的儿童诗的教学仅仅局限于课内读读背背，或是利用每周兴趣课的时间读读背背，有时甚至把儿童诗的教学与整个语文教学分割开来，与学生的生活实际和生活环境脱钩，学生在学习中的获得感不强。

（四）过分注重形式的模仿，学生过于被动

诗是语言的艺术。深刻的思想、鲜明的形象只有用凝练、形象且具有表现力的语言来表现，才能成为诗。儿童诗应为儿童学习驾驭语言提供优良的条件，让儿童在优美的语言环境中学习语言、丰富语汇，提高他们驾驭语言、鉴赏语言的能力，同时得到美的享受。但是，有些老师的教学却脱离了这一要领，只是让学生机械地从形式上去模仿儿童诗的表达形式，或按老师的思路去模仿编写，没有达成儿童诗教学的主要目标。

二、儿童诗在小学语文教学中的价值

在所有的文学语言中，诗是语言表达的钻石；在所有的情感表达中，诗是情感书写的轴心。儿童诗符合儿童心理和审美的特点，适合他们阅读、吟诵，为他们理解、欣赏和喜爱。不仅如此，儿童诗往往洋溢着盎然的童趣，不仅能使儿童从中获得审美的愉悦，获得童趣的张扬，还能培养他们的想象力和创造力。

（一）儿童诗充满童趣，令学生喜爱

目前的语文教材中，编排了一些的优秀的儿童诗歌作品。这些短小、简单、有趣、优美的儿歌和童诗深受孩子们喜欢，常常乐意诵读。孩子们刚入学时学习语文是以口语为基础来发展书面语的，他们容易接受短小的文学形式。儿童诗恰好符合了这样的要求，它短小精悍、意境优美、情感充沛、生动有趣、构思巧妙、语言精辟，特别是儿童诗那广阔的意境，丰富的想象，常常令人感动，在儿童幼小的心灵中埋下美好的种子。

刚入学的孩子处于语言发展的黄金阶段，常用的句子或描述日常生活的文章对孩子们没有太大的吸引力，这样的句子除了帮助孩子多认识几个字和标点符号以外，对孩子的思维发展、审美水平的提高并没有太大的益处。因此，应重视语文的熏陶和感染作用，注意教学内容的价值取向，尊重孩子们在学习过程中的独特体验。也就是说，教师应借助内涵丰富但内容简单的儿童诗来实现这些目标，因为这些诗既贴近孩子们的生活，又容易被他们理解和接受，短小且节奏鲜明，读起来朗朗上口，孩子们在学习时非常喜欢，自然而然地就能学以致用。

（二）儿童诗创作彰显个性，受学生欢迎

儿童诗是诗的重要分支，由于它受特定读者对象心理特征的制约，因此所反映的生活内容、所进行的艺术构思、所展开的联想和想象、所运用的文学语言等，应符合儿童的年龄特征，应是儿童喜闻乐见的作品。这样的作品在培养儿童良好的道德品质、思想情操、审美能力，激发他们的想象力、思维能力等方面，尤其是在培养儿童的审美意识和艺术鉴赏能力上，具有独特的作用。

通常，在学生学习了教材中的儿童诗之后，教师应该进一步启发学生进行诗歌编写、改写甚至创作。比如，学习了《雨中的森林》这首儿童诗之后，可引导学生创作《雨中的街道》等小诗，孩子们可以根据自己的体验，写出自己所观察到的景象。当儿童能够用诗歌的语言来表现他们的观察和体验时，他们的书面表达语言就会极具个性，具有孩子们自己的语言特点，浅近活泼、富有童趣，这种实践性语言联系活动会引导孩子们学好语文。

（三）儿童诗能发展思维，使学生更睿智

儿童诗往往以符合儿童心理的丰富想象创造优美的意境，抒发儿童的童真童趣，让儿童在奇妙多姿的世界里，展开想象的翅膀，感悟诗的题旨。阅

读儿童诗会带领孩子们进入一个无限辽阔的天地，让他们自由地产生联想，发挥想象。儿童善于想象和联想，他们喜欢用自己创造性的想象来认识并解读世界上的事物。在他们通过想象而诗化的世界里，花儿会笑，鸟儿会唱，草儿会舞，鱼儿会说话。比如，金波的《如果我是一片雪花》：如果我是一片雪花，／我飘落到什么地方去呢？／飘到小河里，／变成一滴水，／和小鱼小虾游戏。／飘到广场上，／去堆个胖雪人，／望着你笑眯眯。／／我飘落在妈妈的脸上，／亲亲她，／然后就快乐地融化。诗歌起句，就把读者从现实引发到想象中的"一片雪花"，并在想象中完成"到小河里""到广场上""飘落在妈妈的脸上"等思维升级，这些美丽形象的再创造，展开丰富的遐思。然而诗人的用意不在于此，而是继续和孩子一同展开想象的翅膀，由物及人，感悟出诗意之所在，表达出对母爱的感激之情，然后就快乐地融化，从想象的世界再回到现实。进一步启发读者思考小雪花还会飘向哪里？既丰富了孩子们的想象力，又从中获得了审美享受。

（四）儿童诗诵读能抒发情感，使学生愉悦

著名作家魏巍在《我的老师》一文中，深情地回忆了蔡老师教他们读诗的情景，过了几十年之后，还清晰地记得那首诗。这首诗描写的是，作者幼时家境贫寒，与母亲相依为命，父亲下落不明，幼小心灵所承受的压力可想而知。也许，诗歌的慰藉，文学的熏陶，老师的关爱，就是他成长路上重要的朋友吧。

儿童文学作家、中国儿童文学创作委员会副主任樊发稼说："诗歌，天然地和儿童有着一种天然的契合关系，它们的想象方式、表达习惯和认知渠道，都有着诗的品质。所以，这样的诗句，可以成为儿童内心世界的容器，成为儿童认知世界的道路和拐杖。[3]毫不夸张地说，一首契合心性的好的儿童诗可以为人的一生抹上一种色彩，烙上一个印记，带来一种节奏。世界本质上是诗性的，诗让心灵世界更充实，让情感生活更丰富，让想象天地更广阔，儿童诗是体现和培养人文素养的重要资源，应该引起小学语文教师的高度重视。

（五）儿童诗的教学能有效促进学生成长

教育活动的实施要以作为受教育者的学生的身心发展变化为依据，要遵循学生身心发展的规律和特点，这也是教育的特性之一。从记忆能力发展的角度讲，学生的心理发展一般是由机械记忆向有效记忆跃升，由具体思维向抽象

思维发展。儿童时期处于具体思维阶段，特别是低年级的学生，他们是以直观表象的形式进行思维的。正因为如此，低年级的学生往往只能运用只言片语进行表达，却又不乏童真、童稚和童趣，这样的语言犹如沙砾中的珠贝，采集出来都是富有灵性的精美小诗，短小、精致、富有韵味，符合学生的认知规律和语言发展特点。

一方面，儿童的天性是充满好奇，喜欢幻想，儿童诗的教学能投其所好，最大限度地激发儿童的学习兴趣，满足他们的幻想需要和表达欲望。另一方面，儿童诗教学可以用其所长，把儿童潜在的想象力发展成某种创造性思维能力。另外，儿童诗语言精练、音韵优美等特点，对于规范孩子的语言有着无法替代的作用。

三、小学儿童诗教学策略分析

儿童诗是为少年儿童创作的符合他们的心理和审美特点的文学作品。儿童诗具有情感高洁、想象丰富、童趣盎然、语言精美等特点。这就使得儿童诗和一般的阅读材料有很大的不同。首先，儿童诗的重点往往不是叙事，而是抒情；其次，儿童诗的语言精美、凝练，较多地使用各种修辞手法；最后，儿童诗里有着丰富的想象，使得儿童诗具有很大的想象或创造空间。因此，以讲读文章的方法来教授儿童诗，往往不能达到很好的效果。

（一）要加强朗读指导，使学生读出节奏和韵律

儿童诗要突出语言优美这个特征，除了词语的锤炼要准确恰当外，诗的声音节奏更应具有音乐性，即诗的音韵要有美感效应。著名美学家朱光潜说过："情感的直接表现是声音节奏，而文学意义反在其次。文学意义所不能表现的情调常可以用声音节奏表现出来。"

比如，启蒙了一代又一代中国人的叶圣陶的名诗《小小的船》："弯弯的月儿小小的船，／小小的船儿两头尖，／我在小小的船里坐，／只看见闪闪的星星蓝蓝的天。"这里大量使用了叠词，如果能让学生知道，在叠词处加以强调和停顿，并注意朗读的音调和速度，就能帮助他们找到诗歌内在的韵律，在朗读中体会诗歌优美的意境。

（二）要仔细品读词句，领悟其凝练和精美

儿童诗所抒发的儿童情感，往往洋溢着盎然的儿童情趣，不仅能使儿童

们从中获得关照和愉悦，还能把成人读者带回那童心萌动的情景中，重温儿时的梦。因此，教师要善于抓住关键词句指导学生进行品读，帮助学生以点带面，理清诗歌的语言特色和思想内涵。比如：赵宗宪的《蟋蟀》：

蟋蟀和我捉迷藏

悄悄躲在墙角里

我找来找去找不到

一赌气

我就不再找了

蟋蟀看见我变了脸

就连连叫着

我告诉你我在这里

还不行吗显然，这首诗歌描写了小朋友捉蟋蟀的情景，在这一节小诗里，"躲在墙角""连连叫着"等词用得十分精准，既准确描绘了蟋蟀的生活习性，又写出了小朋友的天真、稚气。在学习中，教师可以让学生带着动作来朗读，并让他们谈谈对这些词的体会；还可以让学生在学习了《白鹅》《猫》等文章之后，试着把这些文章改写成儿童诗，从而进一步领悟诗歌语言的凝练和精美。

（三）要开展儿童诗学习活动，放飞想象和心灵

儿童诗为学生营造了一个广阔而绮丽的想象空间。教师应该有意识地引导学生在体会诗歌语言、理解诗歌内涵的基础上，将学生带入无限的想象空间之中，让他们在想象的世界中自由翱翔。

比如，《看巧云》这首儿童诗，从儿童的视角出发，通过丰富的想象，写出了云的变幻莫测和千姿百态。教师可以让学生描述自己见到的云的各种姿态，对诗歌的意境进行再拓展、再想象、再提升。

（四）要引导学生模写佳作，抒发童性

儿童诗充满童真，韵律流畅、节奏生动，切合小学生的情感世界及其文学表达的认知水平。所以，在教学中，教师应尝试让学生进行诗歌的模仿性创作。比如，香港诗人西西的小诗《可不可以说》，该诗立意新巧，极富童趣。在教学过程中，教师可以先出示诗歌的第一小节，并声情并茂地朗诵给学生

听："可不可以说／一枚白菜／一块鸡蛋／一只葱／一个胡椒粉？"学生们边听边欣喜地感受着诗歌的特点，显然被这首小诗吸引住了。接着，课件出示诗歌片段。然后，教师启发学生以游戏接龙的形式自由续诗，并鼓励他们大胆想象。之后，教师再出示原诗的句子，引导学生在比较和品味中感受诗的灵气；还可以告诉学生诗歌是美好的，诗歌的世界是奇妙的，每个人都能在诗歌中找到快乐！

（五）要联系生活，再现情节和趣味

儿童诗的读者主要是少年儿童，因此要启发他们学生体会诗歌中的童趣，最好的办法就是帮助他们将诗歌中的内容和日常生活联系起来。[4] 比如，《什么是好孩子》这首诗，讲述了好孩子应该具备哪些特点，如果是老师直接告诉学生，往往不会引起学生的共鸣，如果通过联系实际生活呈现给学生，学生往往会认真阅读，仔细思考，对照反思，努力接受。因此，主动联系生活，再现情节和趣味，是进行儿童诗歌教学的重要手段之一。

总而言之，小学阶段的儿童诗歌教学是一个综合的、复杂的过程，需要语文教师认真对待，接续绵延已久的诗教传统。

在诗歌传承中，能够使当下正处于花季的儿童和少年倾听诗歌与传统的对话，积极与未来交流。正如文学大师托尔斯泰所说，诗人是举着心灵的火炬燃烧自己照亮别人的人。那么，就让小学语文教师跟着诗人的脚步，举起诗歌这盏照亮灵魂的明灯，给儿童和少年以人文关怀和美学慰藉。

参考文献：

[1] 中华人民共和国教育部 . 义务教育语文课程标准（2011 年版）[M]. 北京：北京师范大学出版社，2012.

[2] 蒋风 . 新编儿童文学教程 [M]. 杭州：浙江大学出版社，2013.

[3] 韦志成 . 语文教学情境论 [M]. 广西：广西教育出版社，1996.

[4] 陈育辛 . 教育学新编 [M]. 上海：上海教育出版社，1986.

第五节　小学语文高年级古诗教学策略探析

阅读提示：

古诗教学是小学语文教学的重要组成部分。笔者从"部编版"小学语文5～6年级古诗的选编情况和教学目标等问题入手，重点研究小学语文古诗教学策略。建议从语言运用、思维能力、情感体验、审美鉴赏、文化传承五个方面来细化古诗教学目标，注重以读为主，充分利用注释和插图，通过补充诗人时代信息、借助多媒体课件、品味古诗语言、设计角色扮演、创设情境、读写结合等方式，有效提高小学高年级（5～6年级）古诗教学质量。

一、引言

古诗教学是小学语文教学的重要组成部分，古诗教学承载着文化传承等重要任务。与原有的"人教版"小学语文教材相比，"部编版"小学语文教材在编写上有一个非常明显的变化，即古诗的数量增多，古诗在小学语文课程内容的比例大幅提升，因此如何利用"部编版"小学语文教材进行古诗教学就成为广大小学语文教师和语文教育研究者关注的热点问题之一。

国内语文教师和语文教育研究者对小学语文古诗教学进行了多方面的分析和研究：有的通过调查访谈具体学校的学生和教师，对小学语文古诗教学现状进行分析；有的通过分析"部编版"小学语文教材入选的古诗，研究"部编版"小学语文古诗的编排特点；有的从微观和宏观的角度阐述小学语文古诗教学的重要性；有的以具体的古诗案例来引入小学语文古诗教学方法和教学策略。这些研究为讨论"部编版"小学语文5～6年级古诗教学研究提供了支持、指导。

国内的相关研究资料比较丰富，很多语文教师和语文教育研究者对小学语文古诗教学进行了卓有成效的研究。笔者以"小学古诗""古诗教学""古诗教学策略"为主题，以2019—2022年为范围，在中国知网上进行检索，得到的文献数量统计结果如下：关于"小学古诗"的文献数量有149条，关于"古诗教学"的文献数量有262条，关于"古诗教学策略"的文献数量有103条。由此可见，古诗一直被教育人士和专家学者广泛关注着，不少人对古诗教学做过许多探索和研究，为古诗教学策略提供了宝贵的经验。研究古诗教学的文献中，一部分来自硕士毕业论文，他们从古诗教学的现状、古诗教学的方法、古诗教学的策略等多方面进行研究。其中，有通过调查访谈来了解古诗教学现状并提出相应教学策略的，比如杨坤结合自己对古诗教学的理论和实践，对古诗教学现状进行调查并进行分析，并且提出相应古诗教学策略，提倡经典诵读和古诗吟诵的古诗教学方法；有对古诗教学方法的研究，比如肖一娇从古诗选编情况、诗歌文本解读、诗歌课堂教学三个方面探究实际教学中的引导策略，倡导注重兴趣激发、多层面的文本细读、多形式的诵读、多角度的比较阅读、注重读写结合的古诗教学方式；也有对古诗教学策略的研究，如王攸洁结合实际教学案例探究古诗教学，探索古诗教学中的"分级教学"模式，从初级、中级、高级来探究小学古诗词分级阅读教学策略，为小学各个学段的古诗教学提供了教学启发。

研究古诗教学的文献中，还包括一些一线教师发表和出版的成果，他们以自己的教学经历为支撑，引用课例分析古诗教学的方法和策略。比较有代表性的是闫海霞主编的《意象、意境、意韵：小学古诗文教学研究与实践》，这本书收录了一些教师关于小学语文古诗文教学的优秀教学设计和论文，依据其研究内容划分为论述篇和实践篇，为小学古诗教学提供了理论探索和实践经验。

以上文献为开展古诗教学提供了范本，基于此，本书在现有研究基础上，结合相关学术期刊和学位论文，针对小学5～6年级，重点阐述小学语文古诗教学策略，以求促进小学语文古诗教学的发展。

通过梳理国内对古诗教学的研究发现，国内十分重视古诗教学，国内对古诗教学的研究比较全面，古诗教学现状、古诗教学方法、古诗教学策略等各方面都有涉及。因此，笔者在借鉴相关古诗教学研究的学术期刊和硕士论文的基础上，对个别5～6年级古诗的教学案例进行分析，提出一些针对5～6年级学生的古诗教学策略。

二、"部编版"小学语文5～6年级古诗选编情况概述

相较于"一纲多本"时期的小学语文教材，"部编版"小学语文教材在编写上有较大的变化，其中比较明显的变化是增加了蕴含优秀传统文化的古诗篇目。具体地讲，"部编版"小学语文12册教材共编入古诗110首，其中"部编版"小学语文5～6年级教材编入古诗43首，这些古诗主要出现在课文、日

积月累和古诗词诵读三个部分，具有以下四个特点：以唐宋时期的古诗为主、多选入王维和朱熹的古诗、以爱国题材诗和山水田园诗为主、以七言绝句为主。为了更好地实施古诗教学，教师必须关注古诗选编情况，有效实施小学古诗教学，提升古诗教学质量和效果。

（一）"部编版"小学语文5～6年级古诗选编的数量

"部编版"语文教材从一年级开始就有古诗编入，义务教育语文教科书1～6年级12册共编入优秀古诗110首，其中1～2年级"部编版"语文教材编入古诗30首，3～4年级"部编版"语文教材编入古诗37首，5～6年级"部编版"语文教材编入古诗43首，分析数据可知，5～6年级编入的古诗数量占整个小学阶段编入的古诗数量最多，占比数值达39%，编入五年级上册的有9首古诗，编入五年级下册的有11首古诗，编入六年级上册的有9首古诗，编入六年级下册的有14首古诗。笔者对5～6年级"部编版"语文教材中出现的完整或节选四短句及以上的古诗进行统计，如表2-1所示。

表2-1 "部编版"小学语文5～6年级教材古诗统计表

五年级上册	9首	《蝉》《乞巧》《示儿》《题临安邸》《己亥杂诗》《山居秋暝》《枫桥夜泊》《观书有感（其一）》《观书有感（其二）》
五年级下册	11首	《四时田园杂兴（其三十一）》《稚子弄冰》《村晚》《游子吟》《鸟鸣涧》《从军行》《秋夜将晓出篱门迎凉有感》《闻官军收河南河北》《凉州词》《黄鹤楼送孟浩然之广陵》《乡村四月》
六年级上册	9首	《宿建德江》《六月二十七日望湖楼醉书》《过故人庄》《七律·长征》《春日》《回乡偶书》《浪淘沙（其一）》《江南春》《书湖阴先生壁》
六年级下册	14首	《寒食》《迢迢牵牛星》《十五夜望月》《长歌行》《马诗》《石灰吟》《竹石》《采薇（节选）》《送元二使安西》《春夜喜雨》《早春呈水部张十八员外》《江上渔者》《泊船瓜洲》《游园不值》

（二）"部编版"小学语文5～6年级古诗的编排形式

"部编版"小学语文5～6年级教材选入的古诗主要出现在课文、日积月累和古诗词诵读三个部分，编排形式是多样的。

第一部分，"部编版"小学语文5～6年级以单元主题中课文的形式出现的古诗有23首，这一部分的古诗是小学语文古诗课程教学的重点，选编的古诗与单元主题契合，它的编排以三种形式为主。[1]第一种是将三首古诗以一定的逻辑进行编排，以"古诗三首"的形式出现，如六年级下册第一单元第三课"古诗三首"，选编了《寒食》《迢迢牵牛星》《十五夜望月》三首古诗，突出该单元"十里不同风，百里不同俗"的人文主题；第二种是将古诗和词一同编排，以"古诗词三首"的形式出现，如五年级上册第七单元第二十一课"古诗词三首"，选编了《山居秋暝》《枫桥夜泊》《长相思》，突出该单元"四时景物皆成趣"的人文主题；第三种是选编一首古诗为一篇课文，如六年级下册第二单元第五课《七律·长征》。

第二部分，"部编版"小学语文5～6年级古诗以语文园地中"日积月累"的形式呈现，以这种形式出现的古诗有13首，这一部分的古诗不要求深入研读，主要教学目标是背诵和积累。

第三部分，"部编版"小学语文5～6年级古诗以六年级下册"古诗词诵读"专题汇编的形式出现，以这种形式出现的古诗有7首，这一部分主要的教学目标是诵读和鉴赏。

这种多样化的编排形式，能减少学生的审美疲惫，有助于学生根据古诗的重要程度达成相应的教学目标，提升学生的综合性学习能力；[2]有利于学生在学习古诗的过程中制定学习目标，准确把握古诗内容，体会古诗的思想主题，感悟诗人的心境情感，培养正确的价值观念。学生可以参照单元要素，细化学习任务，将古诗和其他文体阅读材料结合起来学习，拓展和把握单元的人文主题，感受古诗独特的魅力，丰富写作素材。

（三）"部编版"小学语文5～6年级古诗选编的特点

"部编版"小学语文5～6年级选编的古诗从所属朝代、所属作者、题材和体裁四个方面来看，选编的古诗所属朝代跨度大，以唐宋时期的古诗为主；选编的古诗所属作者众多，多选入王维和朱熹的古诗；选编的古诗题材广泛，以爱国题材诗和山水田园诗为主；选编的古诗体裁丰富多样，以七言绝句为主。

从选入古诗的所属朝代来看，"部编版"小学语文5～6年级古诗的选编情况如下：西周时期有1首，汉代有2首，唐代有21首，宋代有15首，明代有1首，清代有2首，现代有1首。从先秦时期的《诗经》选文《采薇》到现代毛泽东的《七律·长征》，"部编版"5～6年级教材中选编的古诗所属朝代时间跨度大，几乎贯穿中国古诗发展史。从古诗数量的占比来看，唐朝时期创作的古诗数量占比较大，数值达 49%；宋朝次之，数值达 35%。

从选入古诗的所属作者来看，"部编版"小学语文 5～6 年级教材选取了各个时期众多文人的传世佳作 [3]，涉及的文人作品数量较多，其中王维、朱熹、杜甫、孟浩然、王安石、陆游等著名诗人的作品选入次数较多，王维和朱熹的古诗各选入 3 首，杜甫、孟浩然、王安石、陆游的古诗各选入 2 首。

从选入古诗的题材内容来看，"部编版"小学语文 5～6 年级教材选入古诗的题材广泛并且丰富，涉及山水田园、为政爱国、咏物抒怀、游子思乡、友人送别、四时节令、边塞羁旅、哲理劝诫、讽喻劝诫、传统习俗、爱情婚姻、童趣生活等方面，所选古诗题材内容丰富多样，其中关于山水田园题材的古诗有 13 首，关于为政爱国题材的古诗有 7 首，教师可以引导学生在山水田园诗中领略我国壮丽的山川，体会田园生活的闲适乐趣，在为政爱国诗中感悟不计个人得失投身国家发展的爱国之情。

从选入古诗的体裁来看，"部编版"小学语文 5～6 年级古诗选编情况如下：有 4 首古体诗，29 首七言绝句，5 首五言绝句，3 首五言律诗，3 首五言律诗。"部编版"小学语文 5～6 年级教材选入的古诗在体裁方面很丰富，包括古体诗和近体诗两个类别。其中，近体诗中五言律诗、五言绝句、七言律诗、七言绝句都有涉及，这样的编排方式可以帮助学生了解不同体裁的古诗；近体诗的文体结构也不同，能够增强学生对古诗体裁分类的意识，其中七言绝句的数量较多，有 29 首，占比较大，数值达 67%。

三、"部编版"小学语文 5～6 年级古诗教学目标分析

古诗教学目标指引着古诗教学策略，是设计古诗教学策略的前提和基础。[4] 教师必须从课程标准的教学目标中厘清古诗教学的目的，明确小学古诗教学的基本方向。[5] 依据《义务教育语文课程标准（2011 年版）》，5～6 年级古诗教学目标是"阅读诗歌，大体把握诗意，想象诗歌描述的情境，体会作品的情感"。由此可知，把握诗意，想象意境、体会诗情是 5～6 年级学生阅读和鉴赏古诗的主要目标，笔者紧扣新课程标准下的古诗教学目标，从语言运用、思维能力、情感体验、审美鉴赏、文化传承五个方面厘出对应能力发展的目标明细。

（一）基于语言运用的教学目标

在古诗课堂教学中，提升学生的诵读能力和翻译能力是"部编版" 5～6

年级古诗教学的基本目标之一。古诗教学中通过对学生进行语言表达训练，使学生能够正确、流利、有感情地朗读古诗，在朗读和背诵古诗的过程中，学生不仅积累了古诗以及相关文化知识，还能够拥有良好的语感，感受古诗特有的语言美和韵律美。在诵读和翻译古诗过程中，学生能逐渐掌握并运用学习古诗的方法，做到独立阅读和鉴赏古诗，这一过程能提升学生对古诗的理解能力，并且通过学习古诗注释，学会使用常用的语文工具书，提升学生搜集和处理信息的能力。在综合学习能力逐步提升的过程中，增强了学生学习古诗的自信，对学习古诗越来越感兴趣，养成了良好的古诗学习的习惯。在实际生活中，学生不仅能在具体的情景中正确引用古诗，提升说话的艺术，还能在写作的过程中合理引用古诗，提高写作水平。在古诗教学过程中，学生能够大体把握诗意，并且注重古诗的积累、感悟和运用，从而提升诵读能力和翻译能力。

（二）基于思维能力的教学目标

在古诗课堂教学中，提升学生的思维能力是"部编版"小学语文5～6年级古诗教学的主要目标之一。古诗教学不仅能提升学生的形象思维能力和逻辑思维能力，还能激发和培养学生的想象力和创造力。5～6年级的学生已经积累了部分古诗，在学习古诗时学生会根据经验，形成对古诗内容和情感的直观感受，从而提升学生的形象思维能力；而鉴赏古诗时需要仔细揣摩和推敲，学生在辨识、分析、归纳的思维活动中，不知不觉提升了逻辑思维能力。想象力发展受先天因素和后期激发和培养的双重影响，童年时期是激发和培养想象力的黄金时期，小学的古诗教学在这方面起到了不可替代的作用。古诗的语言是简洁精炼的，同时具有跳跃性，学生对古诗的理解需要借助想象，想象古诗描述的情境，感受思维的跳动和活跃，体会思维的碰撞，在此基础上进一步培养学生的创造性思维，学生敢于对古诗进行创作，进而培养学生的创新精神。

（三）基于情感体验的教学目标

在古诗课堂教学中，提升学生的情感体验能力是古诗教学的主要目标之一。每一首古诗都凝聚着作者的思想情感，通过古诗教学，学生可以体悟诗人的思想感情，并且代入诗境产生共情，对于培养学生良好的精神品质，形成正确的认知观念以及拥有积极乐观的人生态度有着积极的影响。在小学古诗教学目标中，"有感情地朗读"是贯穿1～6年级古诗教学目标的，这一目标可以借助意境和材料，扣住关键的词句来体验诗情[6]，让学生体会古诗作者及其作品中的情感态度，并表达自己的观点。在《示儿》教学中，学生可以感受到陆游强烈的爱国主义精神，这样的爱国主义题材古诗在5～6年级选编古诗中占比较大，通过学习这些爱国主义题材的古诗，学生会受到诗人所表达的情感的熏陶，加强自身的爱国主义，在《四时田园杂兴（其三十一）》中，学生可以感受到夏日农村优美的自然风景和劳动人民忙碌的人文场景，体会作者在其中的惬意和欢乐，以及对农村生活和劳动人民的喜爱和赞美之情，这样的山水田园古诗在5～6年级选编古诗中占比也较大，学生可以在诗人的思想引导和情感共鸣中，关心自然和生命，向往美好的情境……学生在受到优秀古诗的感染和激励的过程中，心灵受到了震撼，人格得到了熏陶，学生会向往和追求美好的生活，进而加强自身的思想建设。在学习古诗的过程中，领悟诗人所表达的情感，从而更好地认识自己和改变自己。

（四）基于审美鉴赏的教学目标

在古诗课堂教学中，提升学生的审美鉴赏能力是"部编版"小学语文5～6年级古诗教学的主要目标之一。"部编版"小学语文5～6年级古诗，集语言美、形式美、艺术美、思想美于一体，是对学生进行审美教育的重要载体。古诗教学旨在帮助学生发现和感受古诗中的美：学习山水田园类型的古诗，学生在朗读中领略地方四时节令的季节美和山川河流的自然美；学习咏物言志类型的古诗，学生在诵读中感悟和学习诗人对自身品性严格要求的人格美；学习抒情类型的古诗，学生在阅读的过程中体悟社会的人情美……在不同的类型的古诗中获得不同的审美体验，通过鉴赏古诗，把握古诗的内容大意，体悟作者的思想情感，感受古诗中特有的语言美、韵律美、自然美、人格美，培养健康的审美情趣，通过感知、内化、领悟古诗中蕴含的不同的美，学习诗人所追求的高雅情趣，丰富学生的精神世界，培养健康的审美意识和正确的审美观感。在朗读和运用古诗的过程中，发展学生表达美、创造美的能力。

（五）基于文化传承的教学目标

在古诗课堂教学中，传承传统文化是"部编版"小学语文5～6年级古诗教学的主要目标之一。"部编版"小学语文教材中选编了不同朝代、不同诗人的古诗作品，学生在学习古诗的过程中，继承和弘扬中华优秀传统文化。在"部编版"小学语文5～6年级教材中选编了有关中华传统节日的古诗，比如《乞巧》《寒食》《十五夜望月》等。在学习古诗的过程中，加深了对中华传统节日的认识。除此之外，还选编了一些托物言志的古诗，比如《蝉》，诗人以"垂缕"来暗示身份显贵的人，"清露"暗示洁身自好，最后借蝉来表达自己不媚世俗、高洁清远的品行，这些写作手法不由得让人赞叹。要读懂古诗需要具备一定阅读量和知识储备，学生必须多读书，好读书，在古诗学习和课外阅读中认识到中华文化的丰厚博大，吸收民族优秀文化的营养，增强文化自信。

四、"部编版"小学语文 5～6 年级古诗教学策略

教师在进行古诗教学时，应有效利用"部编版"小学语文 5～6 年级教材，基于小学 5～6 年级古诗的教学目标，运用有效的教学策略，不断提高小学 5～6 年级古诗教学的质量。下面笔者主要从注重以读为主、充分利用注释和图片、多种方式创设情境、注重古诗语言运用四个方面对 5～6 年级古诗教学策略进行分析。

（一）注重以读为主，给予朗读指导

"读"是语文课堂教学的主旋律，是学生深入文本、理解文本、与文本对话的重要方式之一。学生可以通过多样化的诵读来感受古诗中蕴含的音韵之美和汉语之美。[7]在诵读过程中，教师应该对学生进行字音、节奏、感情基调的朗读指导，促使学生读得正确、顺畅、有感情[8]，在朗读声中了解诗意、进入诗境、感悟诗情。

1.引导学生采用多种方式诵读古诗。学习古诗要反复诵读，小学语文古诗教学应以诵读为主，古诗课堂应当多一些朗读和吟诵。[9]在古诗教学中，教师可以采取多种形式进行朗读：教师范读、名家范读、学生个人朗读、小组合作朗读、男生和女生比赛朗读、全班齐读……在朗读的基础上，对古诗进行个性化的理解和表达，进而能够沉浸式诵读，甚至唱读。在诵读过程中，逐步加深学生对古诗内容的理解，引导学生领会诗人的思想感情[10]，不知不觉将古诗内化于心，达到积累、背诵的目的。[11]

2.给予学生多方面的朗读指导。在朗读古诗的过程中，教师应给予学生多样化的教学指导。这种朗读指导主要体现在三个方面，分别是读音的指导、节奏的指导、感情基调的指导。

一是古诗读音的指导，教师应注重 5～6 年级古诗中容易读错的字，在学生进行诵读时提醒字音并分析原因。比如，龚自珍的《己亥杂诗》中"我劝天公重抖擞"的"重"应该读"chóng"，在古诗中意为"重新"；陆游的《观

书有感（其二）》中"此日中流自在行"的"行"应该读"xíng"，在古诗中意为"游行、漂浮"；翁卷的《乡村四月》中"才了蚕桑又插田"的"了"应当读"liǎo"，在古诗中意为"结束"……这样的朗读指导可以引导学生掌握正确的阅读方法。

二是古诗节奏划分和韵律的指导，在朗读指导过程中，教师应注重学生的节奏划分和韵律停顿。[12]朗读古诗讲究抑扬顿挫，如果不能对古诗进行正确的节奏划分，就会影响学生对古诗内容的理解，割裂古诗的韵律。比如，在朗读于谦的《石灰吟》时，教师应当引导学生对古诗进行节奏划分：千锤/万凿/出/深山，烈火/焚烧/若/等闲。粉骨/碎身/浑/不怕，要留/清白/在/人间。教师应指导学生在朗读中注重停顿，反复朗读，提高学生的朗读能力。

三是感情基调的指导，教师在进行古诗教学时，可以根据古诗的内容和诗人表达的情感，通过语言描述、音乐导入、动作演示等来营造朗读古诗的氛围，使学生有感情地朗读，这样有助于学生在朗读中体会古诗的内容，走进古诗的意境，感受古诗的情感。比如，清华大学附属小学的特级教师窦桂梅在教授《游园不值》一诗时，在朗读时就引入《让我们荡起双桨》的美妙旋律，在朗读中，通过动作演示"小扣柴扉久不开"中的"扣"，体会诗人"扣"时的心情，使学生领悟诗人对园主的尊重和对春天的怜爱虔诚之心。在不知不觉中，提升学生的诵读水平，培养学会有感情地朗读。[13]

（二）充分利用注释和图片，深化对古诗内容的理解

领会诗意是小学语文古诗教学的目标之一，针对这一目标，教师应当利用好"部编版"小学语文教材中的注释和插图，引导学生掌握古诗学习的方法，使学生能够借助注释和课文插图等具体方法，把握古诗的内容。

1.借助古诗注释，调动学生的主动性和创造性。对古诗内容进行解释是小学语文古诗教学中必不可少的环节，这个环节需要借助古诗注释。教师必须明确自己在古诗教学中组织者和引导者的身份，对于古诗教学不能采用"一言堂"和"满堂灌"的教学方式，而是要尊重学生在古诗教学中的主体地位，引导学生在借助古诗注释的情况下，自主对古诗进行解释，在解释的过程中，把握古诗的内容。而古诗注释只是发挥学生自主性的契机，教师应当在学生自主理解古诗大意的基础上通过解诗题、知诗人等方式，帮助学生更系统、更深刻地理解古诗大意。比如，湖南省株洲市教育研究院的帅晓梅在教授《送元二使安西》一诗时，在自读环节对学生提出明确的要求："借助教材注释试着理解

诗句的意思，如果有不明白的地方，可以和同桌讨论解决。"这就营造了学生自主、合作、探究的学习环境，充分发挥了学生学习古诗的自主性。在此基础上，帅晓梅根据学生对古诗的理解情况，引导学生回归诗题，从古诗题目推测出古诗的题材，再联系"客舍青青柳色新"的"柳"，拓展了三首"折柳赠别"的古诗，促进学生对"柳"的意象的感悟，拓宽学生关于赠别诗的知识面，加深学生对《送元二使安西》内容的理解。

2.借助图画资源，欣赏古诗中的意象美和画面美。古诗的语言特点之一是精炼简洁，学生能在有限的诗中体会无限的美，这种美可以通过图画，具体、形象地呈现出来。教师可以借助教材中古诗的插图、欣赏相关的名人画作、引导学生自主进行诗画结合的方式，进而帮助学生对古诗内容的理解有了具象化的感知，能够深层次地把握古诗的大意，欣赏古诗中的意象美和画面美。比如，在教授王昌龄的《从军行》时，教师可以引导学生根据自己对这首古诗意象的理解来作画，学生对画作进行理解性的自评和互评，教师再结合课文中的古诗插图和语言描述，引导学生对《从军行》进行诗画结合的鉴赏，从"青海长云暗雪山，孤城遥望玉门关"的意象和描述中想象西域壮阔的塞外景色，参观戍边将士生活和战斗的地方，从"黄沙百战穿金甲，不破楼兰终不还"的图画和语言中感悟戍边将士决心破敌的英雄气概和坚定不移的爱国情怀。

（三）采用多种方式创设情境，体会古诗的意境美

1.补充诗人和时代信息，营造古诗情境在古诗教学过程中，教师可以讲故事的形式，补充诗人生平经历和时代背景信息，营造古诗的意境，引导学生将自己代入诗人的角色和所处的情境，体会古诗所表达的主题思想和诗人的思想感情。这一过程不仅可以吸引学生的注意力，还有利于学生积累文学知识，对古诗的内容有更深刻的了解。比如，南京市北京东路小学特级教师孙双金在教授《黄鹤楼送孟浩然之广陵》一诗时，通过语言描述，营造好友分别的氛围，引导学生对"孤帆远影碧空尽，唯见长江天际流"进行深入理解，让学生站在诗人的角度，思考并且猜测诗人李白在目送友人孟浩然时站了多久，从中体会李白送别孟浩然时的惜别深情，以及李白和孟浩然的深挚情谊。2.借助多媒体课件，创设古诗情境教师在古诗教学的过程中可以适当运用多媒体，增加古诗教学的直观性和趣味性，通过多媒体教学中音乐渲染、语言描述、静态图片、动态景象的融合，调动学生耳朵、眼睛等感官共同参与古诗学习，为学生创造出意境悠远的古诗欣赏环境，有助于学生更快地进入古诗的意境，体会诗

人的情感。比如，当学习《乡村四月》时，教师可以播放多媒体课件中与《乡村四月》相关的影像视频，江南乡村初夏时节的山水美景和农民养蚕插秧的劳动画面，吸引学生的注意力，调动课堂氛围，引导学生再次朗读，在朗读声中体会劳动人民的辛勤和欢乐，感悟诗人在其中的怡然自得和赞颂向往。教师运用多媒体技术，通过画面和语言的结合，让学生感受古诗中的意境美，分析诗人表达的思想情感，提升课堂教学效果。

3. 品味古诗语言，展开联想和想象在古诗教学的过程中，教师应该注重教授学生学习古诗的方法。古诗具有语言凝练的特点，诗人用简短的语言就可以描绘出丰富的画面，因此教师在古诗教学中可以引导学生提取关键字词和意象，进而展开大胆地联想和想象，通过仔细分析体会诗人想要表达的深刻含义。教师可以引导 5～6 年级学生在已有的古诗知识的基础上，对所学古诗的关键字词进行联想和想象，还原诗人所见、所闻、所感，唤醒学生的情感体验，使学生产生移情和共鸣。[14] 比如，在教授《山居秋暝》时，教师可以引导学生从"明月""清泉""竹林""荷叶""渔船"这五个关键意象进行想象和语言描述，教师再通过提问、换词、对比等方式，引导学生加深对意象的印象，从色彩、形状、动态、静态等方面进行创造性的想象，最终将自己置身于古诗意境中，感受诗人想要表达的思想情感。

4. 设计角色表演活动，领悟诗人情感在进行古诗教学时，为了能够让学生更好地进入古诗情境中 [15]，教师可以引导学生联系生活实际，将自己代入古诗中，进行角色扮演，引导学生创造性地演绎古诗。通过这种古诗教学方法，学生可以深入理解古诗内容，体会诗人的思想情感，从心理上拉近与诗人的距离，提升古诗教学效果。但是需要注意的是，角色扮演必须符合古诗中人物的性格特点，情节必须符合古诗的内容，不可以胡乱改编。比如，在教授《黄鹤楼送孟浩然之广陵》时，教师可以设置一个短剧本，通过语言描述来营造友人离别的氛围，学生通过扮演李白和孟浩然，设身处地地体会其中的离别之情。教师进一步分析古代友人送别和当代友人送别的相同点和不同点，教师引导学生了解古代友人远隔千里难以联系的情况，进而了解古代友人分离时的不舍，把握诗人的思想情感。

5. 拓展其他古诗，把握古诗主题。通过拓展其他古诗，对学生体会古诗的文化意蕴有积极作用。教师可以采用主题拓展的方式，以一首带一首或一首带多首的方式进行古诗解读。通过拓展不同诗人创作的同一主题的古诗，引导学生对题材相似的两首古诗进行分析，深入理解和把握古诗的主题。比如，在学习《迢迢牵牛星》时，教师可以引导学生回忆之前学习的《乞巧》，两首诗都与我国传统节日七夕节有关，可以比较两首诗在写作上的不同点，进而体会中国文化的源远流长、博大精深，感受中华民族文化魅力；通过拓展同一诗人创作的其他古诗，加深学生对这个诗人写作风格的了解。比如，在教授朱熹的《春日》时，教师可以引导学生回忆朱熹的《观书有感》，进而了解朱熹"寓理于景"的创作特点。以诗学诗、以诗解诗的教学策略可以提高古诗教学的质量，帮助学生积累古诗的同时提升学生鉴赏古诗的能力。[16]

（四）注重古诗语言运用，让古诗贴近生活

古诗教学应当渗透到学生的生活中，教师应该鼓励学生将古诗融入日常生活的表达中，将古诗引入学生习作的内容中。在这样的古诗教学过程中，学生不仅能达到鉴赏古诗和背诵古诗的学习目标，还能提升学生古诗的运用能力。网上有一篇文章叫《背完唐诗三百首，我收获了什么》，里面有一段话是这样说的：最大的改变就是在看见某种事物、某个场景的时候，心里会不自觉浮现出某一句对应的诗。[17] 比如，当学生在学习中有所懈怠时，可以用"少壮不努力，老大徒伤悲"来激励自己，在心里为自己加油打气；当学生因为特殊原因，暂时与父母分开，晚上观月时，可能会发出"今夜月明人尽望，不知秋思落谁家"的感叹；当与自己的小伙伴分别时，他可能会用上"劝君更尽一杯酒，西出阳关无故人"的引言，玩笑话地进行道别；当欣赏自然风光时，他不是感叹一句"真美！"而是能根据不同的季节和场景，脑海里展现出匹配的诗句进行赞叹，真正地让古诗贴近学生的生活。

在古诗教学过程中，教师不仅可以鼓励学生在日常生活中引用古诗进行表达，还可以引导学生在习作过程中引用古诗进行写作。教师可以鼓励学生在写作中引入古诗，比如写到与春天有关的作文时，学生可以联想到朱熹的"等闲识得东风面，万紫千红总是春"，并且将其引入写作中，既丰富了写作的内容，又增添一些趣味性；教师可以鼓励学生进行古诗的改写，比如五年级下册第一单元第一课《古诗三首》有一个课后选做题："根据古诗内容，展开想象，选择其中一首改写成短文。"在改写的过程中，学生应充分发挥自己的想象力和创造力，对古诗进行个性化的理解和改写。

综上所述，以小学阶段5～6年级古诗为研究内容，一是从选编古诗的数量、选编古诗的形式以及选编古诗的特点三个方面分析了"部编版"小学语文5～6年级古诗选编情况；二是从语言运用、思维能力、情感体验、审美鉴

赏、文化传承五个方面阐述了古诗教学目标；三是结合文献资料与古诗教学课例分析了小学语文古诗教学的策略，也就是注重以读为主、充分利用注释和插图、补充诗人时代信息、借助多媒体课件、品味古诗语言、设计角色扮演、拓展创设情境、读写结合等。相信这能在一定程度上为小学语文古诗教学提供某些启示和帮助。

参考文献

[1] 杨伟 . 尊重新教材 理解新教材 用好新教材：统编本语文教材总主编温儒敏教授访谈 [J]. 语文建设，2018（7）：4-9.

[2] 李宝娟 . 小学语文古诗词教学研究 [D]. 安庆：安庆师范大学，2020.

[3] 王玮 . 小学语文古诗词选编与教学研究 [D]. 重庆：西南大学，2020.

[4] 王婧 . 基于核心素养的小学语文古诗教学设计研究 [D]. 喀什：喀什大学，2020.

[5] 于强 . 古诗教学学段目标的思考与重构 [J]. 教学与管理，2016，（2）：26-27.

[6] 温儒敏 . 温儒敏语文讲习录 [M]. 杭州：浙江人民出版社，2019.

[7] 张清芬 . 诵读品味 链接融通 积淀运用：探寻古诗之美的教学策略 [J]. 福建基础教育研究，2021，（9）：44-45.

[8] 张曼曼 . 分析小学语文古诗教学的策略 [J]. 天天爱科学（教学研究），2020，（3）：69.

[9] 王小环 . 小学语文古诗教学策略探究 [J]. 新课程研究，2021，（28）：93-94.

[10] 陆梦娇 . 浅谈小学语文学科中的古诗教学策略 [J]. 新课程，2021，（43）：93.

[11] 李秀桃 . 读诗题 抓诗眼 赏诗境 品诗韵：在古诗教学中提升学生鉴赏能力的策略探析 [J]. 福建教育学院学报，2019，20（12）：81-82.

[12] 朱洁 . "妙语童趣" 的古诗教学策略研究 [J]. 小学教学参考，2022（1）：63-65.

[13] 窦桂梅 .《游园不值》课堂实录 [J]. 福建论坛（社科教育版），2006（6）：11-18.

[14] 王雅玲 . 情境教学法在古诗教学中的应用策略分析 [J]. 考试周刊，2021，（48）：53-54.

[15] 王凌，杨千子 . 小学古诗教学策略浅谈 [J]. 湖北教育（教育教学），2022（3）：55-56.

[16] 王小环 . 小学语文古诗教学策略探究 [J]. 新课程研究，2021（28）：93-94.

[17] 张晓华 . 小学古诗教学的解读策略 [J]. 四川教育，2021（20）：27-28.

第三章　新阅读·新教学

第一节 阅读借鉴与启示：戴建业的魔性诗词教学新探

阅读提示：

戴建业的魔性诗词教学好评如潮，近两年来通过教育文化类短视频的传播日益受到人们的关注。幽默风趣是戴建业解读古诗词的一大特点，他跳出古诗词常规教学的主题、思想分析和品词品句的鉴赏的局限，另辟蹊径，以口语化的讲解和对诗人机智巧妙的调侃性讲述，翻新解读古诗词，深受学生的喜欢和网友的追捧。从戴建业的魔性诗词教学中，可以挖掘成功教师身上风趣幽默且不失深度的古诗词教学内涵，从而展现教师的专业素养和突显古诗词的独特魅力。

一、问题的缘起

在我国悠久灿烂的历史文化长河中，传统诗词始终散发着无穷的魅力。它是中华文化几千年来文明积淀的结晶，一代又一代华夏儿女从传统诗词的丰富内蕴中获得了无限的教益。自 2017 年 9 月份开始，全国各中小学统一使用"部编版"语文教材。笔者初步统计发现，选入"部编版"初中语文教材的古诗词共有 85 篇，其中就涵盖了 62 首古诗，可见古诗占很大比例，同时反映出古诗在初中语文教学中的重要地位。那么，"部编版"语文教材中的古诗应该怎么读？应该怎么教呢？目前乃至以后，学术界不可能存在一种固定的教学模式，但成功的经验总是可以借鉴的。华中师范大学教授戴建业，是这样教读古诗的：他打破常规的古诗教学方式，另辟蹊径，翻新解读，令人耳目一新。他在课堂上"手舞足蹈"，用接地气的语言和口语化的表达解读古诗词，其跌宕生姿的讲演方式让课堂变得生动有趣，充满活力。戴建业以深厚的古代文化功底及其对某些问题的独到见解，还有独特的机智巧妙、真诚率真的语言风格和人格魅力，为古诗词赋予了新的内涵。他在古诗词教学过程中从不装腔作势，从不居高临下，而是重视还原古诗的现场感，一字一句讲解，自有特点，魅力无限，加上他不时插入的那些幽默风趣的"小段子"，直令学生拍手叫好，海量点赞，"圈粉"无数。

北京联合出版有限公司 2020 年 5 月出版的《戴老师魔性诗词课》一书，

集中展示了戴建业魔性诗词教学的精华，对解决初中古诗教学中的实际问题具有启发意义。如果能从戴建业的古诗词教学中汲取有效的方法，将其应用于当前的初中语文古诗课堂，对于培养学生学习古诗的情趣、启迪学生心智和接受优秀文化的熏陶产生积极影响，从而推动语文教育的发展和中华文化的传承。

查阅相关资料不难发现，德国汉学家沃尔夫冈·顾彬和英国汉学家理雅各，对中国传统诗词的研究较为深入，其影响也较为规范。顾彬于1967年在德国明斯特大学由神学改学汉学，其间他以《论杜牧的抒情诗》获得博士学位。论文着重分析了杜牧古诗作品中隐含的政治观、历史观和自然观，深入挖掘了杜牧诗歌中深层次的内涵和诗人的精神境界。更重要的是，顾彬的著作《中国诗歌史——从起始到皇朝的终结》则透过作品本身，站在文学时代精神发展的高度，从独特的宗教起源出发，论述了中国诗歌在社会的演进中展现出的个人化的人生解释方式。国汉学家雅理各是国外完整翻译《诗经》的第一人，他从翻译我国第一部诗歌总集开始，十年内先后出版了《诗经》英译本三版，其译本除了忠实翻译原诗以外，还从创作者的角度出发，增加了详细的解释和全面的评注。另外，加拿大籍学者叶嘉莹教授以及美籍学者孙康宜教授，对我国古典诗词的研究也取得了重要的成就，颇受学界关注。

为了把握初中古诗词阅读和教学方面借鉴戴建业魔性诗词教学的精华的研究现状，笔者通过中国知网和万方数据库检索到近五年来研究初中古诗教学的学位论文7篇，期刊156篇。这些研究文献主要从初中教材古诗词的选编、名家理论运用和文化传承等角度进行讨论和分析。笔者通过中国知网和全球学术快报，检索到专门研究戴建业魔性诗词教学的硕士论文2篇，期刊文章1篇。冯晓婷于2018年发表的《人教版初中语文教材古诗选编与教学有效性研究》，主要论述了人教版初中语文教材古诗选编与教学的有效性。朱琳于2019年发表的《朱光潜诗学理论对初中古诗教学的启示》，主要以朱光潜严谨的读诗方法为切入点，分析了其方法在初中古诗教学中运用的五点建议。陈榕清于2020年发表的《初中古诗教学传承传统文化的有效策略》，则从编写古代诗歌校本教材出发，尝试在初中古诗教学中构建系统的传统文化校本课程。更进一步看，笔者通过中国知网和全球学术快报，检索到专门研究戴建业魔性诗词教学的硕士论文1篇，期刊文章9篇。研究者主要关注的是戴建业解读古诗词的短视频以及他在课堂上讲古诗词呼之即出的"小段子"等。南京大学王静颖发表的《头部文化教育类抖音号调查报告》，主要研究了自2018年以来戴建业诗词解读短视频在网络上热播而走红的现象。黄传慧发表的《浅析小学语文古诗词教学生活化策略：以戴建业教授古诗词讲解为例》，力图从戴建业魔性诗词课中汲取经验，通过更具趣味化、生活化的诗词教学方法来指导小学语文诗词教学课堂。刘黎发表的《高校教师"日常口语体"运用特色分析：以戴建业教授的网红课堂表达为例》，则主要从教师课堂语言表达方面进行论述，着重分析了戴建业讲课时用聊天式的日常口语的特征。

上述文献梳理情况表明，国内学者专门研究中学古诗教学的学术论文还不够丰富，对戴建业及其魔性古诗词教学的研究相对较少。也就是说，在整理并分析前人研究方法和研究成果的基础上，对戴建业魔性诗词的内涵教学进行分析和借鉴，从中提取有价值的教学方法，从而为初中古诗教学提供借鉴和参考。

二、"魔性教授"戴建业及其魔性教学解析

客观地讲，古诗词教学课堂中不缺少受学生钦慕与爱戴的老师，戴建业只是其中之一。戴教授有着做学者的深厚学术功底和教育教学的专业眼光，他采用云淡风轻的方式，将学术研究融入大学古诗词选修课教学中，吸引了无数学生的关注，他的课堂常常爆满；他发布的社会文化教育类短视频，也引得上千万网民好评、点赞。那么，他是如何把生涩难懂的古诗词讲得如此受欢迎呢？笔者先从戴建业本人的经历与他的古诗词教学的魔性之处做一些探讨。

（一）内涵丰富的戴建业

戴建业生于湖北麻城，在华中师范大学任教，他是一位潜心钻研古代文学的学者。他是《华中学术》的主编，也是湖北古代文学学会的理事，还是一位专栏作家……除了在学术界被认可的官方头衔之外，在互联网高速发展的时代，广大网民和媒体还赋予了他一系列的雅号，如"国民教授""别人家的老师""宝藏老头"等。如果归纳他被赋予的诸多头衔，不难发现其在本质上具有四种身份：学者、教师、丈夫和父亲。他的生活始终离不开这三件事：研究古代文学、教授古代文学和做一位好男人。

首先，戴建业是一位兢兢业业并对古代文学研究颇有建树的学者。《戴建业作品集》中包含了戴建业近30年来撰写的6本学术专著和论文集，还有2本文学史论和1本随笔集，一共9册。他在其作品集中指出："古代文学研究的真正突破应当表现为，对伟大的作家、伟大的作品、重要的文学现象，提供比过去更全面的认识、更深刻的理解，并做出更周详的阐释、更缜密的论

述。"[1] 他阐述了研究古代文学的突破点，使读者能从其整套作品集中窥见戴教授扎实深厚的学术功底，也能看到一位大学者严谨治学的态度。在其作品集之中，戴教授带领读者畅游《世说新语》《老子》《六朝文学史》的美妙世界，深度剖析庄子、陶渊明、李白的情怀与智慧，娓娓揭示苏轼、李清照、陆游等伟大文学家的心灵世界。显得那样才识过人，那样有情有趣。

其次，戴建业是一位勤勤恳恳并把讲课当作生活中拉家常的优秀教师。课堂上，戴建业讲的是一口"麻普"——湖北麻城普通话，独特的麻城口音成了他的一大特色。他风趣幽默的语言和生动活泼的动作相得益彰，得到华中师范大学学生的一致好评。戴老师巧妙引用诸如"找仙人、采仙草、炼仙丹"等风趣诙谐的桥段，把唐诗作品融入诗人的交游经历中，赋予了唐代诗词新的生命力。

最后，戴建业还是一位重情重义的模范丈夫和可亲可敬的父亲。戴教授原本是个特别低调的老头儿，除了在学校教书，闲暇时就喜欢在小书房里看看书、做点研究。后来他的爱人得了肺癌，高昂的抗癌费用打破了他原本平静的生活。从 2018 年开始，他学着录视频、开直播、做演讲，希望通过这种方式筹集经费，救治老伴。据戴建业回忆，有一次他爱人吃药时把药瓶打翻了，两粒药滚到床底下找不到了，急得他和爱人直掉眼泪（抗癌药太贵了）。后来，戴老师因此成了"网红教授"。戴建业身负筹集费用救治爱人的重担，虽然网上的流言蜚语和质疑此起彼伏，但课堂上的戴教授依然从容不迫保持着以往的风度，真诚地讲着那些浪漫而又有趣的古诗词，从未有丝毫的敷衍。

（二）魔性诗词教学中的"魔性"

2012 年戴建业开始接触网络，开始在微博上发表文章，但影响不大。从 2018 年开始，他录制视频上传到网络后，受到网民关注。张琦在《戴建业：有趣的灵魂穿越时光》一文中指出："坐拥 500 多万名粉丝的网红教授戴建业和别的网红不同，戴建业走红既不靠颜值也不靠噱头，而是靠着满腹的古典文学知识和极具魔性的麻城普通话。"因此，听过戴建业讲古诗词的学生在佩服他才华的同时，送给他独具特色的称号——魔性教授。

戴建业及其魔性诗词教学到底有何魔性，他的魔性具体体现在哪些方面呢？

一是魔性的语言。在华中师范大学的课堂上，他的"麻普"和层出不穷的口头禅让听课的人忍俊不禁。在这里，"麻普"指的是带有湖北麻城口音的普通话，其中为学生所熟悉的口头禅就是"你听懂了没有"。教师在课堂上的讲授既是临时的口头语，但也需要教师从已准备的语言中提取，在课堂上来体现它的正规性。时下，想要成为一名语文教师，普通话的过级要求比其他学科要高，课堂授课也要规范教师语言，而戴建业的课堂用语只符合口头性，与正规性这一要求还有一些差距，但却有意想不到的教学效果，这样的语言确实有魔性。

二是魔性的肢体动作。梁实秋在《记梁任公先生的一次演讲》中说："他真是手之舞之足之蹈之，有时掩面，有时顿足，有时狂笑，有时叹息。"寥寥数语将梁任公于1921年在清华大学做演讲时声情并茂的样子，以及代入感极强的画面呈现出来。戴建业在讲课时除了他特有的麻城口音外，其丰富的肢体语言不难让人回想起当年做演讲的梁任公的风采。一个64岁的老教授，头发苍白，面容清瘦，说着一口需要仔细辨析才能听懂的"麻普"，讲到兴起时手舞足蹈，起承转合，话语间饱含情感，甚至不自觉模仿古代诗人的动作，举手投足间既有古人的雅度，又有教师的气度。这样的画面的确具有魔性。

三是魔性的诗词解读方式。戴教授对古代文学有30余年的研究，对古诗词有独到的见解，对诗人的内心有深处的探索，古诗词解读方式也足够魔性。王志蔚在《戴建业走红背后的教学思考》一文中说："这样无拘束的聊天，即兴式的洒脱，口语化的俗评，确实别具一格，富有魅力，难怪征服了大批学生。"诚然，王志蔚切中了戴建业古诗词解读的要点——语言表达接地气，聊天式的解读拉近了诗人、作品以及教师与学生的距离。另外，戴建业对古诗词解读不局限于传统视角，跳出主题思想、历史背景的分析，带着调侃的语气还原古人的生活现场，机智巧妙地揶揄诗人，以妙趣横生的小段子讲述诗人的经历，将古诗词讲得通透易懂，让人意犹未尽、印象深刻。比如，"狂得要死，浪漫得要命"出自《戴老师魔性诗词课》，这是他对唐朝诗人的评价，这本书中他对李白和杜甫的解读充分体现了他对诗词魔性的解读方式。

三、戴建业的魔性诗词教学方式分析

从以上论述可知，戴建业以口语化的翻译以及对诗人机智巧妙地揶揄反而使学生喜欢古诗词、爱上古诗词，在古诗词课堂教学中成为一股清流。通过上面对戴建业及其古诗词教学中魔性之处的论述，下面从古诗词教学中的情感挖掘，幽默风趣的语言表达和空手走上讲台、课堂上旁征博引三个方面来介绍戴建业的魔性诗词教学方式。

（一）以情感发，深入浅出

叶嘉莹在《给孩子的古诗词》中说："有感觉、有感情、有修养的人，一定能够读出诗词中所蕴含的真诚的、充满兴发感动之力的生命。"在叶嘉莹的简短描述中，除了把诗词中所蕴含的生命与人的感觉、感情和修养联系在一起，还在这句话中提到了早期的诗词研究理论"兴发感动说"。对此笔者的理解是，诗词中出现的意象所引发的联想与想象触动读者的内心时，会自然而然地流露出感动之情。读诗有情，讲诗才会有情，而戴建业便是一位"以情读诗、以情讲诗"的优秀教师。

古诗词不同于散文和小说等其他文体，一字一句都蕴藏多层情感，韵味盎然，引人入胜。《将进酒》是李白的名作，戴建业在讲授这篇佳作时一来便以高亢有力的语调高呼："君不见黄河之水天上来，奔流到海不复回。君不见高堂明镜悲白发，朝如青丝暮成雪。"一开一合，张弛有度，收束有致。从中可以看出戴建业在读这首诗是带着感发的力量，用自己强烈的情感表达来激发学生的情感体验。在解读"人生得意须尽欢，莫使金樽空对月。天生我材必有用，千金散尽还复来。"时，戴建业仿佛喝酒喝上头的李白上身，仿佛将军发号施令时意气风发的样子，挥手直指，吼道："喝，给老子赶紧喝，不要怕我没钱，喝就是了。"[2]此时的戴老师已经完全融入作品，与诗人合而为一，仿佛李白就是他，他就是李白。此时，戴老师的情感早已充满心胸，不吐不快。这样的古诗词教学，与其说是在读诗、讲诗，不如说是与诗人联合出演，作品便是剧本，亦是台词，走进诗人的内心，帮诗人隔空喊话，喊到谁，谁就得答应。比如，喊到曾夫子、丹丘生时："兄弟，酒要么不喝，一喝就要喝三百杯，喂，你们俩别停啊！赶紧喝。"[3]《将进酒》活脱脱地被戴建业演绎成一首劝酒歌，李白对酒毫无节制，并且还要劝别人一起来喝。部分学生没喝过酒也在饭桌上见过长辈喝酒，经戴建业饱含情感且有代入感的讲授，能有效激发学生的感情，产生情感共鸣。

那么，戴建业的情从何而来？一方面，对古诗词本身的深入和对诗人生平经历的研究，并将诗人的情绪与作品的情感拿捏到位；另一方面，在教学中关注学生需要和未来发展的人情味。

戴建业在古诗词解读中没有老生常谈，而是另辟蹊径，翻新解读。比如，陶渊明《归园田居》的讲解，陶渊明远离官场世俗，归隐田园，以及表现其洒脱与欣悦的情感之中。以上诸如此类的讲解是从小学至高中讲授陶渊明的诗离不开的思想解读，如果大学老师重复已有的观点，实属兴味索然。戴老师则打破传统观点，对"种豆南山"翻新解读："（陶渊明）第一句写得特别隆重，种豆南山下，你以为他种得蛮好，他突然来一句，草盛豆苗稀，种的个鬼田。要是我种的这个水平，我绝不写诗……"[4]戴建业打破了传统思维定势，他的目的在于打开学生的思维，引导学生解读古诗词不要拘泥于已有的视角，可通过相关资料分析，发现一些被忽视的东西。这是基于学生长远发展的古诗词教学，启发学生敢于挑战权威，大胆求证，勇于研究。

（二）幽默解读，妙用趣讲

课堂上，戴建业以跌宕生姿的讲演方式从作品中寻找能体现诗人个性的点切入，以聊天的形式传达诗人的经历，再以学生的口吻揣摩诗人情感，解读幽默自然，引用妙不可言。例如，评价李白时，他说："在唐代，自我感觉较好的人就是李白，总觉得自己有股子仙气，他其实是个挺搞笑的人，在40岁那年接到了唐玄宗的诏书召他进京：哇！仰天大笑出门去，我辈岂是蓬蒿人！一看这德行就知道当不了官。"[5]课堂上，戴建业就像一位与古人抬头不见低头见的老朋友，把老朋友的生活经历如拉家常一般聊了起来，偶尔也能八卦一下，并且感染力十足，因此把古人讲活了，也尽可能把作品还原了。这样的画风自然让学生觉得轻松且饶有趣味，那趣味在教育中到底有多重要呢？梁启超对趣味教育颇有研究，在我国教育变革之际，是他率先提出"趣味教育思想"，他认为教育事业在于唤起趣味，不可以摧残趣味，并指出现代教育应该紧紧围绕学生的"趣味"来展开实施。

学生对艰涩难懂的古诗抱有抵触情绪，要把古诗讲出趣味来实则不易，培养学生学习的兴趣更是难上加难。而戴建业就是一个幽默风趣的老师，他带给学生的幽默是临场发挥，是讲课时无意间的灵感乍现，把古诗词讲得妙趣横生，带给学生轻松有趣的课堂体验。就如刘黎在《高校教师"日常口语体"运用特色分析：以戴建业教授的网红课堂表达为例》一文中的分析："用词用语生活味、烟火气、现代化；用短句、段子且多对比、排比；从心出发，快人快语；别出一格地颠覆，意味深长地补充。"刘黎从四个方面来概括戴建业课堂上的语言表达特点，并且指出戴建业讲课的魅力在于幽默。那什么是幽默呢？字典上的解释是给人带来快乐。当然，传播快乐自然不是老师的本职，那么戴建业是如何趣讲古诗，能让学生在学习知识的同时乐在其中呢？

戴建业对古诗的讲解自然真切，如同日常聊天，从不把诗词放在高雅神圣之处，讲解中渗透着他自己的生活思考和人生感悟，幽默不失内涵，风趣不失雅度。他尝试以现代人的身份走进诗人生活的时代，将自己的经历糅合到诗人的经历中，感受盛世、体验苦难、获取希望。戴建业摆脱传统的解读方式，与诗人进行心灵的对话，揭开他们困顿和振奋的天窗，进而把他们的诗掰开、揉碎，再以幽默轻松的表达捏合起来呈现给学生，学生在一定程度上与诗人感同身受，诗的情感与意境便清晰了。比如，讲到李白与杜甫、高适的交友时，他妙用"朋友圈"来概括："在李白的朋友圈中，杜甫是他的超级粉丝，他去拜见李白，李白就忽悠他一起去访山采药，中途还遇见个流浪汉高适，从春天访到秋天，啥也没找到，后来杜甫醒悟了，不干了。"[6] 在他的课堂上，诗人成了像你我一样的普通人，李白也有自己的交友圈子，不用过多解读，自然就亲近易懂了。

真实与共情是幽默的本质，课堂中戴建业明白诗人的好恶、交友、挫败、理想，所以他能够能进入并感受诗人的内心世界，能将心比心地体会诗人的感受，跟诗人共情。所以他在讲古诗词"段子"的过程中能够带给学生欢乐，这就是他的幽默。

（三）空手上台，旁征博引

空手走上讲台是戴建业的常态，在课堂上旁征博引，信手拈来便是一段值得玩味的古诗词解读。那么，戴老师是如何做到在课堂上这般挥洒自如的呢？

一是手空脑不空。戴建业在其《戴老师魔性诗词课》中打破了对杜甫忧国忧民这一刻板印象，用"找仙人、采仙草、炼仙丹"的幽默片段给杜甫一个全新的形象，而在幽默的背后是脑袋里有着大量的史料支撑。"杜甫是李白的粉丝，跟着李白一起，从河南洛阳出发，夏天到河北、山东，半路上又遇到了高适，三个人从夏天搞到秋天，三个人搞得蓬头垢面，都没有成仙，听懂了没有？"在这段讲解中，戴建业将古人的交友、游历用现代社会中生活化且接地气的语言传达给学生，生动地交代了杜甫年少时期的交游和创作情况。经整理分析，大致如下：天宝三载，李白被唐玄宗赐金放还，李白到了洛阳，杜甫慕名求见。两人相约同游洛阳采仙草，于是有了杜甫五言古诗《赠李白》。诗句中的"瑶草"即仙草，"梁宋"即河南洛阳。之后，两人又同游河北、山东，杜甫熬不住了，就给李白又写了一首七言绝句《赠李白》，"秋来相顾尚飘蓬，未就丹砂愧葛洪。"就是在说两人在"学道"方面没有任何成果，没炼成仙丹，愧对炼丹家葛洪。十年磨一剑，不是虚心岂得贤，空手走上三尺讲台的背后都是长期的阅读积累与治学研究的体现。

二是旁征博引。戴建业魔性诗词教学的精彩之处还在于课堂上旁征博引，侃侃而谈。他不仅自己评点古诗作品，还加入名家的观点作为佐证。比如，在讲授李白的"抽刀断水水更流，举杯消愁愁更愁"时，戴建业先提到严羽的《沧浪诗话·诗评》，再笼统说清朝人的点评，又说曹聚仁评价李白，最后又说，读李白的诗还想到了弗洛伊德所说的话。简单的一段解读，便提到四个人，可谓信手拈来。除此以外，戴建业还涉猎中国的历史、哲学，国外的诗歌文化等，这让他在古诗课堂上大放异彩。在灵活多变的课堂上能够旁征博引需要在平日的备课中从新的角度挖掘古诗词中别出心裁的内容和观点，对已有的资料进行系统的整理分析，才能得出既新颖又客观的教学内容。另外，还要取其精华去其糟粕，归纳总结出合理可靠的信息，讲授时才能成竹在胸，有理有据。

四、戴建业魔性诗词教学对初中古诗教学的启示

上面的论述表明，戴建业的魔性诗词教学方式主要表现在三个方面：一是注重古诗词的情感教学，用情感发，深入浅出；二是关注课堂语言表达，风趣解读，妙用趣讲；三是手空脑不空，空手上台，旁征博引。很显然，这对初中语文古诗教学具有不容忽视的学习及借鉴价值。

（一）挖掘情感，渐入古诗意境

在"部编版"初中语文教材中，古诗占有很大的比例。选入初中语文教材的古诗词共85篇，其中涵盖了62首古诗。另外，《义务教育语文课程标准（2022年版）》在附录部分要求初中学段学生背诵的古诗、古文以及词共有61篇，其中古诗就有31首，占了一半，可见其重要性。在新课程改革的背景下，《义务教育语文课程标准（2022年版）》对古诗词教学提出了明确要求："诵读古代诗词，能借助注释和工具理解基本内容。注重积累、感悟和运用，提高自己的欣赏品味。"从中可以看出，古诗词教学需要将诵读、感悟和欣赏作为教学的重点，将这三点分开来看：诵读需要情感代入、感悟需要情感体验、欣赏需要情感升华。因此，三者都离不开情感的挖掘，以丰蕴教学内容。线面将紧扣戴建业魔性诗词教学方式中情感的深入着手，分别论述初中古诗教学中诵读、感悟和欣赏三个层面与情感的契合点。

1.用情感研读古诗。戴建业在讲授《将进酒》时将深沉而不乏激昂的语气融入其中，从头到尾以一口"麻普"诵完，情感一触即发，进一步表现出李白的奔放和豪迈心境，加之富有喜感而不夸张的肢体动作，借此还原出诗人饮酒时劝酒的气势。戴老师诵读时情感此起彼伏，学生的内心也会有所触动，正如叶嘉莹在《吟诵，让古典诗歌生命延续》中指出："读诗时应具有一种感发的能力，只要心动，就会兴发，就有感动。因此，教学应先要培养出一种兴发感动的能力。"那么教师在诵读时感情应与声音相应和，灵活自如地运用，此时教师进入状态，进而才能引导学生入情、入诗。语文教师在讲授古诗时要情动而辞发，在古诗教学中教师要有感情，这样在讲授的时候才会以情托声，因为饱含情感的讲授是会感染学生的。从中可见充分发挥教师语言的感染力，以情通情，以情感情，带领学生以情读诗、以情入诗。那教师怎样才能先有情后感发呢？第一，可以先把生硬的文字转换为灵动鲜活的画面或场景，这需要适当的联想与想象；第二，结合诗人当时的创作背景对画面或场景进行品味，进而体会诗人的情感；第三，在诵读时可以加上适当的肢体动作来带动学生。以情读诗，教师动情，学生也需要动情，那么初中生在诵读古诗时，教师应如何引导呢？

对于初中生而言，熟读并背诵不是一件难事，但要让学生在诵读时带入情感才是学习古诗的关键。因此，教师既要以情读诗来感发学生，又要求学生以情读诗来理解作品。在诵读时，教师应提醒学生注意语速和停顿，这一点看似不足为奇，如果做到位，却能从基本的诵读要领中体会到富于变化且层次丰富的情感。语速方面：一般来说，快速是表现热烈、欢愉、高兴的内容；中速是表达内心平静、祥和、无束的内容，感情没有突出变化；慢速则是表现郁闷、沉寂、悲苦的内容。以李白的《早发白帝城》为例，读开头两句"京口瓜洲一水间，钟山只隔数重山。"和最后两句"春风又绿江南岸，明月何时照我还。"的语速有所不同，前两句感情没有明显变化，宜用中速；后两句语速要慢，才能把对家乡思念的情感表达出来。除此之外，还要注意停顿，诵读古诗向来讲究抑扬顿挫，教师可以从基本的语法停顿着手教学。停顿即情感变化的拐角，这个拐角是学生思考古诗内容、回味古诗情感、掌握停顿的关键，便于学生理解和接受。以陈子昂的《登幽州台歌》为例，其中"念天地之悠悠，独怆然而涕下"中出现虚词"之"和"而"，一般来说，虚词处需停顿，在这句诗中，第一个虚词"之"处停顿较长，以此来表现诗人无奈长叹的情景；第二个虚词"而"处停顿较短且应重读，以此表现诗人泪洒的情态和内心的愤恨。

全诗前后句长短不一，情感抑扬变化。

2.用情感体悟古诗。"知人论世"是古诗鉴赏的主要方法，可通过诗人的生活经历和古诗创作背景来理解诗人表达的情感和把握作品的思想内容，透过语言文字等外在表现来感悟诗人的情感内涵。从戴建业对多篇唐诗的解读中可以看出他"去主题，去思想"的古诗教学特点，而对诗人的情感体验和作品表达的感情也有深入浅出的认识。比如，在《戴老师魔性诗词课》中讲李白的《早发白帝城》时，戴老师先是对李白当时作为叛军的一员被抓捕下狱的凄惨处境做铺垫，点明李白在流放到三峡的白帝城时正好遇上了唐肃宗大赦天下。李白被赦免后的喜悦溢于言表，激动之余写下这首诗。戴老师先带领学生了解诗人创作的背景，引出诗人的情感后，简明过渡到作品隐含的思想。戴建业说："读这首诗，就能看出李白当时高兴的程度，我们好像听到他在喊、在叫，其中船速之快真不可想象，这哪是在乘船，分明是坐火箭。"经戴老师这样讲解，明确李白在写这首诗时的处境，内心的喜悦无法掩盖，便流露在字里行间。诗人和作品的情感自然流出，情感显而易见，学生容易理解和接受。

学生对古诗作品中蕴含的情感把握是由表及里，由浅入深，进而走近诗人，体验诗人的情感世界的过程。欧运波在《在语文里安身立命》一文中对初中古诗课堂存在突出问题的章节中提道："情感是需要体验的，情感体验是需要过程的，要让学生认同古诗所蕴含的情感，一定要带领学生体验情感。"欧运波意在表明初中教师应带领学生在古诗学习中循序渐进地体验情感，有情感体验才会有情感共鸣。诗人所处的社会环境及其个人遭遇大都能体现在每一篇作品中，因此应了解作品产生的社会背景和诗人的性情，从中体验古诗情感。以孟浩然的《望洞庭湖赠张丞相》为例，教师在教学时，首先，带领学生了解诗人当时的处境及遭遇，与诗人产生共鸣。当时孟浩然官场失意前往长安，不甘落寞但又无人引荐，于是给张丞相写了这首诗。其次，通过品词品句寻找意象，如对颔联"气蒸云梦泽，波撼岳阳城"中表现洞庭湖水气势磅礴之势的"蒸"和"撼"的品味，进而抓住这两个意象：壮观的岳阳城被壮阔的洞庭湖水所拥抱。最后，从颈联"欲济无舟楫，端居耻圣明"来看诗人的心意：他想渡过气势磅礴的洞庭湖，但苦于找不到船与桨，心里羞愧难容。这样学生对情感的理解层层递进，体验不断生成，逐渐进入诗人的情感世界。从带领学生了解古诗的创作背景，到品析古诗的字词，再到寻找其意象，都是为了让学生深入体验诗人丰富的内心世界，与诗人产生情感上的共鸣。

3.用情感赏析古诗。欣赏古诗，品味古人的喜悦欢愉、感伤落寞，进而徜徉于古诗的情感美中，从中受到熏陶，滋养性灵，获得教益。

要让学生沉浸在古诗所蕴含的情感美中，初中语文教师可以创设有利于放飞想象力的课堂，这样的课堂要求教师要有想象力。戴建业古诗词教学中善于将想象妙用在情景交融的诗句描述中，在教授李白的《渡荆门送别》时，将第一句"山随平野尽，江入大荒流"的景物描写与最后一句"仍怜故乡水，万里送行舟"的情感抒发通过适当的想象进行串联，解读时情感一触即发。戴老师是这样讲的："一眼望不到头的平野，江流莽莽，平原苍苍，景象是那样新奇、那样刺激，李白不仅没有一点乡愁，还特别激动，他觉得前程似锦，满眼都是新奇、满心都是兴奋、满脸都是冲动。"戴老师将自己对古诗的理解融入了适当的想象，以古诗的语言为依托，展开联想和想象，把没有生命的语言符号转换成视觉、感觉形象，为学生做了很好的示范。那么，教师应如何指导学生进行想象，为初中古诗课堂构建放飞想象的环境呢？

著名教育家杜威认为，审美的经验是想象性的。学生对古诗的欣赏不是被动的，而是主动创造的过程，这个过程需要想象的参与。胡经之在《文艺美学》中说："想象力是结合作品里的一切因素的能力，它把各个不同的因素造成一个整体，我们在其他经验里，着重表现和部分实现出来的因素，在美的经验里都融合在一起。"胡经之认为，没有想象就难以将审美主体与客体调和成一个整体。学生欣赏古诗是想象的过程，是将自己与古诗作品交融在一起的过程，所以欣赏古诗中的感情，实际上是将想象赋予作品，深入体验诗人的内心。例如，欣赏常建的《题破山寺后禅院》："清晨入古寺，初日照高林。曲径通幽处，禅房花木深。山光悦鸟性，潭影空人心。万籁此都寂，但余钟磬音。"整首诗由一些自然景物组合而成，意象于无形之中对应诗人的心境，教师可引导学生由诗中出现的自然景物展开联想与想象，由此描述出一幅丰富多彩的画面。对于初中生而言，相比辞藻华丽的古诗，这样有多种简单意象组合在一起的作品更容易进行创造和想象。通过以上方法，让学生在想象中尝试描述"采菊东篱下，悠然见南山"的画面，得出的情感体验也不只停在悠然恬淡的闲居之情上，还有更多出乎意料，但又符合初中生情感体验的感受。欣赏古诗，就是与五味杂陈的心情和截然不同的遭遇共鸣，丰盈学生的内心世界和丰富学生的情感体验，感受古诗的情感之美。

欣赏古诗，应由浅入深，由对字词的品味到意象的寻找，再到情感的把握，注重语言的妙用，激发学生对语言多方面的想象，在理解和运用文字的基础上欣赏古诗的情感美。

（二）提升表达，丰富古诗意蕴

相对于晦涩难懂的古诗词，让学生轻松愉快的感受古诗的魅力是初中语文古诗课堂教学中所追求的，这需要教师在古诗教学中注重课堂表达，尽可能展现语文教师的语言风采。陈娥在《浅议初中语文教师的语言艺术》一文中认为："含情、蕴美、幽默是语文教师课堂语言的艺术境界，语文教师应该以此为目标不断提高自身语言水平，让语言艺术走近语文课堂。"从这三方面提升表达能力和艺术境界对激发学生的兴趣、提高教学效率和启迪学生语言表达有一定影响。

一是含情。戴建业的课堂自由随性，而且教学效果颇佳，主要因为戴建业在古诗词教学中融入教师个人对当下社会的情感体验，以情传情。比如，在《戴老师魔性诗词课》中讲到李杜诗篇时，他说："李杜诗篇向来被视为诗歌典范，可是，进体既不考写诗，甚至也不用吟诗，只要会编程、会炒股、会赚钱……要是只想一辈子打工混饭，还真是用不着去读李杜诗篇，假如你还有点创造，有点聪明，有点想象，有点细腻，还真应该多读点李杜诗篇。"戴老师的"情"体现在为学生长远发展做点拨，在教授知识的同时将期望不留痕迹地传达给学生，目的在于加深初中生对祖国优秀文化的了解，使思想品格得到提升，陶冶身心，从而培养健康向上的情趣。古诗教学既要入乎其内，又要出乎其外，尝试拉近学生与古诗的距离，让诗人的情感与学生的情感遥相呼应，在课堂上与诗人产生心灵的对话，含情教学，体现古诗的意蕴所在。

二是蕴美。古诗本身蕴含着语言美、意境美、情感美等，教师通过美的语言文字和艺术形式，如何把古诗讲出美来呢？戴建业在教授李白的《听蜀僧濬弹琴》时，以"余响入霜钟"为例，他是这样描述的："琴声飘洒在天空，余韵和着寺庙的晚钟，在山谷间缭绕回荡，把人们的想象带向远方。久久沉浸在缥缈的琴声中，不知不觉中青山罩上了暮色，秋云一层层暗了下来。"戴老师这般富有语言美、想象美、散文美的描述给学生一种美的体验。教师富有美感的语言在一定程度上能调动学生的积极性、主动性和创造性，使学生在语言表达上感受美的熏陶。在初中阶段，学生的认知能力有限，古诗教学中教师可以通过提升语言的美感来吸引学生的注意力，彰显语文学科的特色。古诗的语言具有凝练和生动的特点，这就要求教师的教学语言也要凝练而生动，教师可以在读诗和讲诗方面提升教学语言的美感。教师在诵读古诗作品时，要进入角色，在理解作品内涵和把握作品情感的基础上才能进行，把自己当作诗人，看成诗中的抒情主人公"我"，再根据古诗的内涵来把握停顿、重读、语调和节奏等；在解读古诗作品时，课堂用语要凝练且生动，在表达流畅的基础上提炼出精彩之处，再加上优美的词语创设，让学生在听讲中体会古诗美，体会教师语言美。教师的语言富有美感，在古诗教学中具有锦上添花的作用，用语言美打造课堂美，带学生走近美。

三是幽默。要想每堂课让学生有笑声，那老师就必须让自己的课堂语言幽默起来，学生的积极性才能被调动起来。学生在快乐的氛围中学习古诗，培养对古诗的兴趣，这就是教育的价值所在。相对于小学来说，进入初中阶段的学生在学习自觉性和主动性上有所增强，但对于部分学生来说还不能持久保持。对此，教师在语文古诗课堂上，应抓住学生的注意力，着眼于学生的兴趣和课堂教学的高效，尽可能让学生在课堂上掌握所学内容。代伟在《也论教师语言的幽默性》中说："幽默的语言是不断提高课堂效率的需要，在提高学生注意力方面，幽默的语言比刻板的提醒要有效得多。"他认为高效的课堂与教师幽默的教学用语紧密相关。戴建业在解读古诗词时，除了基础知识的讲授，就是用幽默提高学生注意力，强调古诗精彩之处。幽默且不失文人风度的个人魅力让他在三尺讲台上谈笑风生，博得学生的喜爱。戴建业幽默的突出表现在出口成章的"段子手"，《戴老师魔性诗词课》这本书的扉页上写着："浪漫得要死，狂得要命""找仙人，采仙草，炼仙丹"等小段子，听上去有点好玩，有点好笑，也有深意，目的在于吸引读者的注意力。对于初中古诗教学，教师语言的幽默可以把典故或者复杂的故事改编成学生喜闻乐见的小段子，典故和故事是隐含在古诗中的深层次内容，也是初中生学习古诗的兴趣点，这样讲古诗，既接地气，又很有趣。例如，提到古诗作品中晦涩难懂的典故时，戴老师更乐意给学生讲他潜心琢磨出的诗人交游的故事。比如，在教授《渡荆门送别》时，他用简洁明快的语言告诉学生："李白这个四川佬，二十五六岁时离开了老家，突然来到楚国，他的感觉好极了，在巴蜀盆地，睁眼闭眼都是山。"寥寥数语交代了全诗的背景，激发了学生的好奇心。教师要在深入把握古诗内在的基础上，与学生的兴趣点相结合，抓住学生的注意力，使古诗课堂生动有趣。

（三）备学结合，彰显古诗魅力

古诗的魅力在于隐含其中的精神财富和积淀已久的文化智慧，那么初中语文教师应如何彰显古诗的魅力呢？从戴建业的魔性诗词教学来看，课堂上的戴老师解读古诗词展现出与时俱进的教学观念和渊博的知识储备。由此，初中语文教师在古诗教学中应从潜心备课和虚心学习两方面来打造古诗课堂，彰显古诗魅力。对于备课的理解，学术界还未有较为明确的定义，从教育教学的角度来看，研究者对备课的见解主要集中在备学生、备教材、备教法、备教学过程等。而本书基于对戴建业魔性诗词教学方式的认识，结合初中语文古诗教学，把备课分为备和学两个层面来论述。

一是潜心备课。选入"部编版"初中语文教材的古诗是文化与文学的结晶，其语言生动凝练、内涵意蕴丰富，既是古人的精神财富，又是民族文化的智慧。初中语文教师要把这些历经锤炼的名家名篇教授给学生，就必须在备课中吃透古诗作品。首先，对古诗烂熟于心，才能将教学内容与个人的情趣表达、生活态度、精神气息合拍。比如，戴建业在教授《将进酒》时，课堂伊始便是对古诗全篇背诵，他打着节拍，带学生回到欢畅的喜宴现场，空手站在讲台讲授随意挥洒。其次，对古诗作品花心思，下功夫。刘黎在《高校教师"日常口语体"运用特色分析：以戴建业教授的网红课堂表达为例》一文中指出："戴建业用词用语生活味、烟火气、现代化，用短句、段子且多对比、排比，用鲜活语言还原事实现场。"可见，戴教授有着足够的积累，并且在课堂教学中思维敏捷，还有良好的语言功底。单看"杜甫才露尖尖角，早有李白立上头"这个小段子，看似简单，却也难以为之，其中蕴藏着精深的语言文字功夫。因此，把古诗讲好需要打磨课堂讲授语，既要花工夫，又要下心思。最后，长期的阅读积累。戴建业之所以能在课堂上挥洒自如，是因为他30年来长期的阅读积累，这一点在课堂内外都有体现。因此，教师在教学的同时要长期读古诗、品古诗，在阅读积累中走进古人的日常生活，在课堂中把古人讲活，把古诗讲透，从而引导学生多读古诗，在实际生活中运用古诗。戴建业在教学中不把古人放在高不可攀的位置，而是像聊天一样讲诗词，八卦诗人的经历遭遇，这样的教学方式深受学生喜爱。学生听课听的不单是知识，还是老师讲授中字里行间流露出的人生态度，眼界格局。对于语文教师来说，情怀不可少，个性也不可或缺，课堂中教师的教学方式、言谈举止、态度风格都会对学生产生影响。

二是潜心学习。教师要教好古诗需要进行研究性学习，研究性学习的前提是树立终身学习的意识，对新知保持长久的好奇与敏感，才能适应学生与社会的需要。另外，教师的魅力还在于通过把长期积累的知识和当前更新的知识活化到课堂教学中，文化熏陶下所形成的个性、气质、风度、幽默感对教师成长和学生成才有至关重要的作用。对于初中古诗，教师除了研究情感、内容和韵律等，还可以研究诗人与诗人之间的联系，作品与作品之间的联系，以此来为初中生构建学习古诗的小系统。初中生相比小学生学习古诗要更深入，而且小学阶段有大量的古诗积累，将诗人与作品联系起来讲授，更符合初中生当前和未来的学习需要。研究性学习是教师专业成长的重要途径，体现着教师对真理的追求与敬畏。语文教师的成长与专业素养联系紧密，专业素养的提高源自教师对教学内容和学生反馈的思考，可以反思古诗课堂教学过程中的成功与不足，也可以思考同行的古诗课堂教学，从而总结得失，指导新教师教学。戴建业在《戴老师魔性诗词课》一书的后记中提道：将课堂实录整理成文字后进行了多次修改，同时邀请同行和他所带的研究生多次审读。严谨治学的他为教师进行研究性学习做了很好的示范。教师的教学和研究是相辅相成的，做研究既能让教学内容由肤浅走向深刻，也能让教学形式由刻板走向创新，这样才能展现课堂的精彩，教师的精彩。课堂上教师传授给学生的知识仅是沧海一粟，因此持之以恒地学习，且博览群书，才能在三尺讲台上成竹在胸，侃侃而谈。戴建业对古诗词的魔性解读，是他潜心钻研的成果和深厚学养的体现。

《戴老师魔性诗词课》中提到，语文教师讲古诗要对教学内容十分熟悉，对所讲的作品基本能够背诵下来。对所讲内容熟稔于心，又不被教案所羁绊，教态自然，举止从容，这样站在讲台上才能胸有成竹。也就是说，初中语文教师在阅读和思考中多研究古诗，多一些生活的沉淀，才能提升教师的专业素养与彰显个人魅力，才能在古诗课堂中多一些激情、多一些精彩。

综上所述，从戴建业教授成功的古诗词教学方式中，提取出有价值的内在因素，对初中语文古诗教学具有很强的启发意义。戴建业教授的魔性诗词教学方式内涵丰富，值得反复学习、研究和借鉴。语文教师应从戴建业的古诗词教学中汲取有效的教学方法，将其积极应用于当前的初中语文古诗课堂教学，能让学生从古人的智慧和情怀中感悟生活，启迪心智，更好地接受中华文化的熏陶，从而促进学生的成长，推动语文教育的发展和中华文化的传承，提高语文教学质量，增强文化自信。

参考文献

[1] 戴建业. 戴建业作品集 [M]. 上海：上海文艺出版社，2019.

[2] 戴建业. 与伟大诗人对话 [EB/OL].（2019-09-15）[2021-04-03].https：//pro. superlib.com/web/video/video/play?vid=8079997.

[3] 戴建业 . 大诗人系列之：幽默陶渊明 [EB/OL].（2019-11-05）[2021-04-03]. https：//pro.superlib.com/web/video/video/play?vid=8079655.

[4] 戴建业 . 盛唐：最狂的就是李白 [EB/OL].（2019-02-07）[2021-04-03].https：// pro.superlib.com/web/video/video/play?vid=8079567.

[5] 戴建业 . 大诗人系列之：三个人的旅行 [EB/OL].（2019-10-17）[2021-04-03]. https：//pro.superlib.com/web/video/video/play?vid=8079659.

[6] 戴建业 . 戴老师魔性诗词课 [M]. 北京：北京联合出版公司，2020.

第二节　再论阅读教学中的语感教学观

阅读提示：

在中小学语文阅读教学中，语感教学"中心说"和语感教学"非中心说"观念，实际上代表了语文阅读教学中对语感问题的两种价值取向。前者侧重学生语文能力的培养，后者侧重强调学生对语文知识的掌握及理解。目前，虽然语感教学"中心说"和语感教学"非中心说"孰是孰非很难评判，但从实践的角度对这一问题进行仔细辨析，对在现代语境下开展语文教学及提高小学语文教学质量无疑很有帮助，应该引起重视。

《全日制义务教育语文课程标准（实验稿）》中明确要求，教师在阅读教学中，要指导学生正确理解和运用语言文字，丰富语言积累，培养语感，发展思维。这一前沿性表述引起了语文教学领域对语感和语感教学的高度重视。进入新时代以来，新一代语文教师努力以语感和语感教学为核心，试图建立一整套语文教学的新体系。他们把语感教学看作语文教学的本质，看作语文教学的核心，重视学生语感能力的训练和培养。这在某种程度上意味着，教师在语文教学中淡化了语文的工具属性，强化了语文（学习文本）与学生（学习主体）融为一体的人文属性，旨在培养学生良好的语感能力，从而提高学生的语文能力和文化素养。

实际上，在中小学语文阅读教学中，语感教学"中心说"和语感教学"非中心说"观念，代表着语文教学的两种价值取向。从理性的角度讲，语感培养显然不可能涵盖语文教学全过程，将语感教学视为语文教学的"中心"或"核心"，似乎有些偏颇。同理，一味排斥语文教学中的语感教学，认为语感教学不是中心，不必强调，似乎也有些偏激。

基于上述思考，笔者或许会按照逻辑思维继续追问，语感教学在中小学语文教学中究竟应该怎么定位？中小学语文教师应该坚持语感教学"中心说"，还是应该坚持语感教学"非中心说"？下面我们抛开烦琐的逻辑和生硬的理论不讲，主要从语文教学实践的层面，对这两种似乎不可调和的观点做一些初步的辨析，以期对提高语文阅读教学质量有所帮助。

一、从教学实践的角度理解语感教学"中心说"

（一）语感教学有助于提高语文教学质量

从根本上讲，语感教学反对知识至上，不太看重语文课程的工具属性，反对像训练工具一样训练学生。语感教学一方面，批评"工具 - 训练说"忽视人性、忽视学生言语能力建构的弊端；另一方面，主张引导学生更好地领悟和把握语言的形象、语境、意境、美感等要素，力求以语感为切入点和突破口，促进教学方法的创新和教学模式的完善，提高语文教学效率。

基于对从传统的语文教育中培养语感的经验及做法的研究和分析，为了使语感教学在语文教学中发挥其独特的作用，谷晓凯等语文教学研究专家认为，"要达到语文教学的终极目标，要紧的不是通过语言知识的传授来让学生运用所学知识去进行说话、写作，而是训练学生的语感，培养学生的语言习惯。始终把培养、训练学生的语感、语言习惯当作语文教学的中心任务。这就是语感中心教学法的要义"[1]。换句话讲，谷晓凯等语文教学研究专家虽然高度认同和强调语感教学"中心说"，但不认为它就是语文教学方法的创新，而是在新的时代背景下对语文教育教学思想的矫正。从教学实践的角度看，语感教学"中心说"不是一种具体的教学模式，而是语文教学的一种指导思想和教学观念。它的起点是，语感教学是实现中小学语文教学目标应该优先采用的教学策略；它的归属是，在中小学语文教学中实施语感教学，是强化语文教学的质量及素质培养的重要策略，有利于融合语文教学中的智育、美育和德育等因素，有利于解决语文教学中知识学习、能力培养和思想教育相脱离的问题，能有效推动和深化语文教学改革，切实提高语文教学质量。有人甚至认为，只有真正确立语感教学在语文教学中的"中心"地位，语文教学及改革才可能走上

健康发展的轨道。

（二）语感能力是构成语文能力的核心

王尚文在《语感：一个理论与实践的热点》一文中认为，语感实际上是左右听、说、读写、等言语活动的质量和效率的杠杆，在所有的言语活动中起关键作用。也就是说，他认为语感在语文能力结构中应居于核心地位，在语文教学活动中也应强化语感教学"中心说"的观念。王尚文等人进一步解释说，强调语感的核心地位，并不意味着排斥或轻视语文基础知识的教学，因为语文本身就是感性和理性的统一，理性的语文基础知识是提高语感教学质量的前提。

如果从逻辑思维的层面看，在语文教学及学习活动中，语文基础知识通过大量的言语对象反复作用于学生的大脑，从而循序渐进地促使学生建立起个性化的言语认知结构，这种言语认知结构影响和规范着学生的言语实践，对学生语感能力的养成和内化具有重要作用。因此，很难说哪一个因素在这一过程中起决定作用或处于"中心"。可以明确的是，对学生而言，掌握语文知识不是语文学习的最终目的，语文知识的吸收应该服从或服务于语文能力的培养和语感素养的提升。因此，语文教师的教学是否能通过对教学内容的恰当处理和对教学方式的合理运用，有效地作用于学生的感觉，从而促使学生不断提高语文能力和语文水平，是检验教学成败的重要因素。进一步讲，中小学语文教学应以学生的语言实践活动为中心，以语文教材为言语范例，以生活为"大教材"，以教师的教学活动为主导，以语言训练为主线，才能最大限度地达成教学目标，提高教学质量。

（三）语感教学是渗透德育和美育的有效方式

从理论上讲，语言能力和语言知识在一定意义上处于共生状态。一般而言，学生掌握的语文知识越多，精神世界越丰富，其语言能力就会越强，反之亦然。在中小学语文教材中，语句或文本都表达着一定的思想内容，思想内容都通过一定的语言方式来呈现给学生，对语言的学习和感知，就是对思想的感知和理解，准确地感知语言，就是准确地理解某种思想感情。也就是说，"语言、知识、思想是一个统一体，语言的习得伴随着知识的增长、思想感情的形成，语言的使用伴随着知识的传播、思想感情的表达。因此，语感素质就不是简单地对语言的一种感觉，也不是对语言的感知能力和笼统、抽象的无意识言语活动，而是一种'社会的人对具有认识、情感内容的言语对象的全方位的反应'"[2]。对于中小学生而言，他们是言语学习的主体，他们可以依据老师、家长的指导或者凭借自我的感觉，主动、自由地去选择适合自己学习的言语内容和形式，从而接受和理解内生于语言对象（文本）中的思想内容或情感要素，有效提高和完善自身人文素养。对古今中外文质兼美的文学作品的反复感知、深入理解和鉴赏认同，有助于学生求真求美，有助于语感的培养。基于上面的阐述，中小学语文教师普遍认为，语感教学是渗透德育和美育教育的有效方式。因为对于语文学科而言，不论是渗透道德教育还是实施审美教育，都要通过培养良好的语感来完成，学生语感能力既决定着道德教育的成效，也决定着审美教育的效果。从语感入手进行德育和美育，符合学生的成长需要，让学生在潜移默化中成长成才。

二、从教学实践的角度理解语感教学"非中心说"

基于丰富的语文教学实践，笔者从两个方面来理解这个问题。

（一）语感教学涵盖不了整个语文教学

语感教学"中心说"认为，语感的认识结构是表象系统而非语词系统，似乎只有阅读文学类的作品才能形成敏锐的语感。[3]实际上，语文教学的目标和任务是一个充满活力的开放世界，不仅仅局限于对

文学类作品的理解和把握。对学生来说，也不是只要有了敏锐的语感，就能解决所有的语文学习问题。

从根本上讲，语文学习既是一个综合复杂的过程，更是一个需要不断往前推进和完善的认知系统。它既有严密的归纳和演绎，也有审美的愉悦和追求，不加甄别地片面强调对文学作品的阅读，一方面会将语文学习狭隘化，另一方面会对学生口语交际能力和写作能力的培养产生不利的影响。也就是说，语感教学涵盖不了整个语文教学，贬低语文基础知识在语文教学中的作用，片面抬高语感教学的做法不可取，语感教学"非中心说"更有道理。

（二）语文教学中真正有效的语感训练始终比较匮乏

有人认为，语感教学"中心说"理论虽然听起来比较吸引人，长期以来却未被广大中小学语文教师在教学实践中充分运用，语文教学中真正有效的语感训练手段一直比较匮乏。[4]从纵向发展的角度看，一种教学理论或观念的提出，如果没有相应的教材体系、教学手段、教学形式、教学方法来具体支撑和

配套实施，那么这种教学理论或观念必然会因大家的认同度不高而得不到充分的发展。[5] 比如，对语感教学"中心说"理论持有者比较看重的"语感分析"和"语感实践"这两种具体的语感培养操作方法，在坚持语感教学"非中心说"论者看来并不新鲜，它实际上就是以学生为主体的阅读观的延伸，并没有多少新意。进一步讲，语言的形式与内容是血肉般交织在一起的，我们无法把它截然分开，更无法只用内容或形式中的某一个要素来培养学生的所谓语感。阅读是阅读主体对语言形式所包含的思想内容、情感等因素的全方位理解和把握，不可能仅停留在形式分析的层面，也不可能仅强调所谓的"语感实践"操作。

显然，语感教学"中心说"的存在感并不是很强。反之，语感教学"非中心说"似乎更有市场。

三、关于语感教学"中心说"和语感教学"非中心说"的几点感悟

客观地讲，语感教学"中心说"和语感教学"非中心说"只是两种不同的语文教学观念，两者之间并没有高低之分，也没有优劣之别，它们代表的仅仅是语文教学中对语感问题的两种认识和倾向。

首先，在讨论语感教学问题时，用不着故作神秘地提升到语感教学"中心说"还是语感教学"非中心说"的层面去阐述，而应直接针对学生语文能力培养这一关键，以问题为导向，以学生为中心，以未成年人的健康成长为指向，讨论如何培养学生的语感、如何提升学生的语文水平等实践性、根本性问题，既不应在观念的争论上空耗精力，也不应在术语的阐释上钻牛角尖。

其次，语感教学的关键在于实施，不在于讨论。坚持语感教学"中心说"的人认为，语感教学是深化语文教学改革、提高语文教学质量的有效途径。坚持语感教学"非中心说"的人认为，语感教学不仅是一种教学思想，还是一种教学模式，不存在所谓的语感教学"中心说"。这既不是和稀泥，也不是不讲原则，只能说笔者的关注点是如何提高语文教学的质量，而不是无聊的观念争论。

语感教学"中心说"认为，语感能力是语文能力的核心，语文知识教学的内容应该服从语感教学的需要。实际上，语感是一种能力、一种状态，是构成语文能力不可或缺的因素，但语感能力是否是语文能力的核心，因无实验依据，不宜乱下定论。无论是《义务教育语文课程标准（2022年版）》，还是教学大纲和教师指导用书，都重视语感的教学，要求培养学生良好的语感，但这

并不意味着语文教学要服从语感的培养，也不意味着语感教学就处于语文教学的中心位置。正如坚持语感教学"非中心说"的老师所批评的那样，盲目地把语感视为语文教学的终极目标，与语文课程标准中规定的语文教学目标存在明显的错位[6]，并不可取。

最后，语感教学观念是传统语文教育思想的合理延伸，不必过分夸大其理论创新成效。在中小学语文教学活动中，语感和语感教学是无法否认的事实和存在。在这一前提下，只要认真梳理和回顾语感培养从最初局限于阅读教学，到后来发展到以语感的人文性来反对语文的极端科学化训练这一历程，也许就会进一步确认，语感教学观念实际上是在现代语境下对传统语文教育思想的回归，旨在提高当下的语文教学效率。从这个意义上讲，语感及语感教学的提法值得肯定，但不要盲目夸大其作用。

需要进一步说明的是，语感教学具有可操作性，这一点毋庸置疑。笔者熟知的"语感分析"和"语感实践"只是目前所使用的和传统语文教学区分度不算太大的两种操作方法。无论是洪镇涛主张的"感受语言，触发语感—品味语言，领悟语感—实践语言，习得语感—积累语言，积淀语感"的训练方法[7]，还是张大文坚持的"题题相扣，练练相生，寓教于练"的语感训练因无法量化而难以落实的看法[8]，都有其存在的价值和意义。与其空耗精力去争论语感教学"中心说"和语感教学"非中心说"这两种不同的语文教学观念孰是孰非[9]，不如心平气和地认同这两种教学观念的客观存在，然后合理地用它们去指导语文教学实践。

综上所述，在中小学语文阅读教学实践中，语感教学"中心说"和语感教学"非中心说"观念，仅仅是语文阅读教学中对语感问题的两种价值取向。前者侧重学生语文能力的培养，后者侧重强调学生对语文知识的掌握及理解。不用去争论语感教学"中心说"和语感教学"非中心说"观念的孰是孰非，也不用去评判这两种观念的优劣。客观地讲，在当下的语文教学实践中，它们都有其存在的价值，从不同的角度发挥着不可替代的作用。或许对中小学语文教学而言，更应强调的是语感教学与语文教育的内在联系。进一步讲就是，要使中小学语文教学真正落实好培养学生语文核心能力的要求，要通过语文教育真正落实好"立德树人"的根本任务，必须由注重对课文思想内容的学习及理解，转向重视对语言材料的感受和领悟；由注重对篇章结构的剖析和解构，转向对语言内涵的推敲和品味；由注重静态的教学元素和材料，转向注重动态的自主学习和领悟；由单纯重视语言的表达和形式，转向重视学生对语言运用的

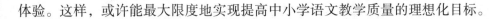

体验。这样，或许能最大限度地实现提高中小学语文教学质量的理想化目标。

参考文献：

[1] 谷晓凯 . 小学语文新视角 [M]. 南京：江苏教育出版，2006.

[2] 毛光伟 . 语感：语文教学的支点 [J]. 语文学习，1993（5）：2-3.

[3] 赵乔翔，张文海 . 试论语感和语感教学 [J]. 中学语文教学参考，1996（Z2）：7-9.

[4] 张国兵 . 教育学理论 [M]. 北京：人民出版社，2006.

[5] 程良焰 . 语感的"外延"到底有多大 [J]. 语文学习，1995（1）：11-13.

[6] 殷德才 . 语感教学刍议 [J]. 语文教学之友，2008（4）.

[7] 曹有国 . "语感中心谈"献疑 [J]. 语文学习，1995（1）：9-11.

[8] 张大文 . 语感训练是寓教于练的主体所在 [J]. 上海教育，2001（4）：46-47.

[9] 朱知元 . 语感教学 [M]. 长沙：湖南师范大学出版，2005.

第三节　从《人生》看"整本书阅读"教学

阅读提示：

整本书阅读的目的在于，让学生通过整本书的阅读发展各种综合能力，从而促使学生全面发展。当前，部分学校对小学生的整本书阅读不够重视、部分教师缺乏对小学生整本书阅读的指导以及小学生对整本书阅读缺乏兴趣和毅力等问题。结合路遥的中篇小说《人生》的阅读实践，建议采用积极营造阅读氛围及搭建平台、提升阅读指导能力并切实加大阅读指导、结合学生的身心发展特点"对症下药"等措施，不断强化整本书阅读的实际效果，使整本书阅读真正为促进学生发展服务。

一、问题的提出

《义务教育语文课程标准（2022年版）》在课程目标与内容部分强调，小学6年课外阅读总量要达到145万字，并提倡小学生要少做题，多读书，读好书，读整本的书。从这里可以看出，国家教育主管部门对当下小学生整本书阅读非常重视，由此也引发了广大教育工作者对整本书阅读多角度、多方式的反思及研究。这些研究大多聚焦于整本书阅读的方法、价值等理论层面，结合具体作品就小学生整本书阅读的相关问题进行研究的为数不多，而从路遥的中篇小说《人生》看小学生的整本书阅读教学的研究更不多见。因此，笔者以小学生的整本书阅读教学为主题，以小学中高段年级学生为研究对象，从小学生的年龄特点和身心特征出发，联系小学教师和家长的实际情况，通过理论和实践相结合的方式讨论小学生在整本书阅读过程中其自身以及教师指导存在的问题，并结合中篇小说《人生》的阅读实践，提出切实有效的整本书阅读指导策略，从而有效推进整本书阅读教学在小学语文教育中的实施。

笔者通过国家哲学社会科学文献中心网站，输入整本书阅读进行检索，检索出相关文献 452 篇，在对主题、作者、日期、摘要、关键词和参考文献等数据进行整理分析后，笔者发现，关于整本书阅读的研究如火如荼，汇集了一大批教育工作者和理论研究家，他们就整本书阅读的价值作用、问题对策、阅读方法、教学策略、阅读能力以及核心素养等主题进行了广泛而又深刻的探讨。其中，教育家叶圣陶在整本书阅读领域有较大影响力，率先提出了整本书阅读教学。1941 年，叶圣陶在《论中学国文课程标准的修订》中主张，要把"整本书作主体，把单篇短章作辅佐"的教材编写思路，把整本书阅读的价值和意义提到了很高的地位。进入 21 世纪以来，《义务教育语文课程标准（2011年版）》和《义务教育语文课程标准（2022 年版）》中明确提出，小学生要"多读书，读好书，读整本的书"；这直接把整本书阅读定位为小学语文的课程目标，引起了广大教育工作者的高度关注和广泛讨论。与此相对应，整本书阅读的原因、方法和整本书阅读所暴露的问题成了大家重点关注的问题。比如，叶开、余党绪对整本书阅读的价值和意义做了十分细致的分析。李相银、陈淮高则从书目、教学、评价、写作等角度为整本书阅读提供了思路和策略。这些都为我国在整本书阅读的研究方面打开了新世界的大门，同时明确了在整本书阅读研究中应该努力的方向。

换句话说，国内已有的对整本书阅读的相关研究文献，为我国中小学教师开展整本书阅读研究及教学指明了方向。需要再次说明的是，尽管近几年来关于整本书阅读的论文如雨后春笋层出不穷，但是具体结合当代经典文学名著来进行整本书阅读教学研究的文献却为数不多。基于此，笔者准备在上面所陈述文献的基础上，结合路遥的中篇小说《人生》的阅读，就整本书阅读教学的问题做一些深入的探讨。

二、中篇小说《人生》主要内容介绍

《人生》是我国著名作家路遥撰写的首部中篇小说，这部小说可以说让路遥在中国文坛有了一席之地，可以说它是路遥小说创作走向巅峰的里程碑，其一经发表，便获得了多个奖项，在 2018 年更是被评为"中国改革开放四十周年最有影响力的小说"之一。

小说主要讲的是 20 世纪七十至八十年代，主人公高加林读完高中后回老家当了小学教师，他对此志得意满，但世事难料，他很快就被人取代了，那个人是大队书记的儿子，他毫无办法，只能回到农村当农民，他很失落。就在此时，漂亮纯真的刘巧珍走进了他的世界，刘巧珍是个土生土长的农村人，她没读过书，却爱上了高加林这个读书人，她的爱直白而又无畏，她愿意为高加林忍受别人异样的目光甚至不惜与父母决裂。无疑，高加林就是她的全部，然而，她却只是高加林落魄时一种无奈的选择。高加林始终渴望到大城市去，后来一次偶然的机会，他如愿去了大城市。

城市充满机遇，高加林也因此取得了一定的成绩。他还遇到了黄亚萍——伶俐好动而又有些刁蛮的城市姑娘，他们曾经是同学，她那时就很欣赏高加林。他们的文化水平相当，兴趣爱好相仿，十分投缘。因此，高加林很纠结。一方面，巧珍那治愈人心的笑容和感人至深的爱意；另一方面，趣味相投而又让人充满征服欲的黄亚萍。终于，当巧珍因为怕他冷而带着自己喜爱的狗皮褥子去看他并且跟他讲家长里短的小事的时候，他做出了选择。他觉得巧珍不懂他的志向，而黄亚萍却深得他心，于是他选择了黄亚萍并含蓄地把自己的意愿告诉了巧珍，巧珍很委屈，但她还是接受了，她没有责怪高加林，她只是觉得自己没文化，配不上高加林，希望高加林以后要好好照顾自己。

后来，高加林与黄亚萍相处的也并不愉快，他们都是要强的人，常常因为小事吵得不可开交。屋漏偏逢连夜雨，高加林被举报了，因为他的工作是靠关系获得的，他别无选择，只得再次回家当农民。他觉得村里人肯定会嘲讽他，他也已经做好了被大家笑话的心理准备。然而，当他落魄地走到大家面前时，村里人都在劝他、安慰他，让他想开一些，他感动得说不出话来，于是把带着的烟发给大家抽。从大家的谈话中，他知道巧珍已经嫁人了，但她还是去求村支书，也就是她姐姐的公公，希望可以让高加林填补村里小学教师空位，继续当老师。德顺爷爷感慨地说道："多好的娃娃啊！"[1]高加林懊悔得失声大哭……他终于褪去了骄傲，认清了现实。

《人生》虽然属于中篇小说，全篇仅十万余字，但却倾注了作者路遥大量心血，小说人物塑造丰满逼真，宛如近在眼前，环境描写形象生动，仿佛身临其境，故事情节设计贴近现实生活，让人感同身受。全文没有大的矛盾冲突，却把当时农村青年的思想矛盾刻画得淋漓尽致，在一种平和的氛围中娓娓道来，给读者以智慧的启迪，契合小学生的年龄特性，是小学生整本书阅读的经典书籍之一。

三、小学生整本书阅读的价值

当下，强化阅读已发展为世界潮流。在我国，进行整本书阅读也已成为《义务教育语文课程标准（2022年版）》对小学生提出的目标与要求，整本书阅读的推进是时代进步的表现，也是国家发展的需要，对小学生身心健康发展更是有着不可忽视的重要作用。

（一）促进小学生的能力培养

阅读与教育息息相关，语文教育的发展离不开阅读。整本书阅读让小学生触碰到很多课本上没有的文学经典，不仅可以增长学生的知识、开阔学生的眼界，还能让小学生在阅读实践中领悟阅读的方法，提升阅读的水平与能力。除此之外，整本书阅读对小学生的思维发展也很关键。学生通过大量阅读，猜测故事情节、琢磨人物命运以及揣摩作者的写作意图等，获得大量的知识与经验，并不断内化吸收，在锻炼小学生思维的同时让小学生养成勤于思考的好习惯。当然，整本书阅读也是培养小学生语言运用能力不可或缺的途径之一。小学生进行整本书阅读可以体会到作者充满魅力而又灵活多变的语言，而小学生的模仿能力较强，所以小学生会自然不自然地进行模仿，这极大地促进了小学生语言的发展，对小学生的一生有很大的影响。

（二）健全小学生的人格培养

书籍是传承人类文明的重要载体，是人类智慧的浓缩与精华。整本书阅读不仅可以增强学生的精神毅力、塑造学生的人格品质，还能够提升学生的思想境界。通过整本书阅读，小学生受到了中华优秀文化的熏染，领略了中国古人的智慧与气节，增强了文化认同感和民族自豪感，使学生能够明辨是非、区分善恶、懂得美丑，从而形成正确的三观和独立的人格。同时，书中曲折的故事情节、生动活泼的人物形象以及绘声绘色的场景描写等也会吸引学生、冲击学生、感染学生，让学生尝尽酸甜苦辣，获得对人生和生活的间接经验，从而增强学生的精神毅力，为学生打下坚实的思想基础。

（三）促进小学生的社会性发展

人是社会关系的总和，人活在世上，就必须与周围的人沟通，只有通过沟通才能表达意愿并获取信息。因而，基本的听说读写能力就成为一个人在社会上立足的前提与基础。听说读写能力和人类的语言密不可分，而语言不是先天的遗传，需要通过后天反复的实践与积累获得，小学生正处于语言能力培养的关键时期，必须要牢牢抓住。整本书阅读让小学生通过"听说读写"等实践活动发展了其各方面的能力，为其以后的社会性发展筑牢根基。

当然，整本书阅读的价值远不止这些，整本书阅读的推进是语文教师链接语文世界和孩子内心世界以及现实世界的通道，推进整本书阅读，与经典作品相遇，为孩子构筑温暖而美好的语言学习环境，让孩子走向真善美的世界，是语文老师义不容辞的责任。[2]

四、小学生整本书阅读的现状分析

此次研究，笔者以观察法和问卷调查法为主，以云南省曲靖市麒麟区冯官桥小学四年级二班的学生为调查对象。通过抽查研究，笔者发现，当前小学整本书阅读的情况不尽如人意，还存在一些问题需要进一步完善：

（一）学校对小学生的整本书阅读不够重视

虽然《语文课程标准》在教学建议部分明确要求小学六年的课外阅读总量不得少于 145 万字，指出了读整本书对于小学生的重要性。但在现实生活中，整本书的阅读却没有得到人们足够的重视。[3] 根据问卷调查所得数据以及笔者对冯官桥小学整本书阅读条件的观察，发现学校无论是硬件还是软件方面对小学生整本书阅读的投入都还远远不够，具体表现在学校没有设置供小学生进行阅读的图书馆或是阅览室，也没有在课程表中安排又专门的阅读课，更没有举办与阅读有关的文体类活动，学校对小学生整本书阅读的关注度不够从而导致小学生的阅读风气十分低迷。

（二）教师缺乏对小学生整本书阅读的指导

我们在问卷调查、实践观察以及查阅相关资料的过程中发现，受传统应试教育的影响，现在小学语文的阅读教学功利性太突出，教师只是一味地关注学生的语文考试成绩，总是围绕教学的三维目标对一篇课文进行一遍遍的强调与讲解，教学方式陈旧落后，没有整本书阅读的概念。

还有一些老师虽然知道整本书阅读对小学生的成长很重要，但由于整本书阅读需要投入大量的时间和精力并且教师自身缺乏整本书阅读教学的经验与方法等从而导致整本书阅读教学的课型单调而死板，上课流程如零件生产一般千篇一律，万年不变，这些非但没有帮助小学生进行整本书阅读，反而让其对整本书的阅读产生厌恶和抵触的情绪，不利于小学生的健康成长。

此外，由于整本书阅读的效果难以评测，这让一些小学语文教师对于整本书的阅读教学态度漠然，其主要因为日常的教学工作任务已经比较重，再花费时间去指导小学生课外阅读增加了工作量。[4]但碍于现在整本书阅读大形势的需要，教师也会让学生去读书，或者向学生推荐书，但学生读得怎么样，他不管，而老师自己也不读。如此种种直接使得小学生的整本书阅读成为水月镜花、空中楼阁。

（三）小学生对整本书阅读缺乏兴趣和毅力

通过问卷调查以及与学生进行交流讨论后，笔者发现，当前小学生缺乏对整本书阅读的兴趣、主动性和坚持下去的毅力。他们更感兴趣的是电视、电脑、手机等可以直接刺激感官从而获得快乐的电子设备，王者、吃鸡、抖音等软件才是当代小学生空闲时的首选，而纸质书籍的阅读相对较为枯燥，不容易调动小学生对于整本书阅读的积极性，因此很少会有小学生主动去进行整本书的阅读。加之整本书阅读对小学生阅读的持久性有很高的要求，而很多小学生缺乏毅力，所以在阅读时往往采取蒙混过关的态度，久而久之，他们对整本书阅读就越来越没有兴趣[5]，整本书阅读的效果就越来越差。

还有一个需要注意的问题是小学生在整本书阅读书目的选择上也比较的盲目和混乱，他们往往只关注一本书的趣味性，却没有考虑整本书阅读的实用性和文学性。所以，搞笑漫画和网络小说成了小学生们整本书阅读的最爱，男生大多数痴迷于玄幻小说，而女生大多沉迷于言情小说。这些网络小说质量不一、参差不齐，不仅不利于小学生的文化学习，还会给三观正处于起步阶段的小学生带来不好的影响，甚至对小学生的成长和发展起到反作用。

五、结合《人生》谈小学生整本书阅读教学的策略

《义务教育语文课程标准（2022年版）》在教学建议部分提出，教师要培

养学生广泛阅读的兴趣，扩大学生的阅读面，减少课后作业，让学生多读书，读好书，读整本的书。[6] 这些都在理论层面为小学语文教师的整本书阅读教学指明了方向。然而，在真实的教学实践中到底怎样采取行动呢？笔者结合路遥的小说《人生》，就小学生整本书阅读教学中相关的问题提出以下方法和建议。

（一）家校合作，为小学生阅读营造氛围、搭建平台

整本书阅读的基础是拥有大量高质量的书籍，如果没有适合小学生进行整本书阅读的材料，那么整本书阅读教学只能流于形式。[7] 所以，学校方面应该为小学生进行整本书阅读提供场所、搭建平台，要建立专门的公共阅读室和班级读书角，并积极采购各类符合小学生身心发展特点的书籍，为小学生的阅读提供资源。与此同时，学校要强化对小学生整本书阅读的统领，谋篇布局，把整本书阅读融进教学规划，使阅读课独立开展，并积极完善相关的制度，督促教师切实上好阅读课，并且为小学生的整本书阅读有意减少作业量。同时，要积极开展"好书介绍""亲子共读""读书笔记比拼""读书小博士""阅读小标兵""书店一日游"等整本书阅读文体竞赛活动和颁奖活动，充分调动小学生阅读的积极性，在全校掀起整本书阅读的热潮，从而促进整本书阅读的良性健康发展。

家长要主动加强与学校之间的联系，各个家庭之间也可以进行沟通。家长课利用节假日，带小学生前往书店让其自行选择购买想要阅读的书籍，在家里则通过自主阅读或亲子阅读等方式来引导小学生进行整本书阅读。小学生也可以将看过的书籍以及自己的想法结合生活经验，分享给老师与同学，让他们在听的过程感受书中的氛围和精神，从而激发小学生的阅读兴趣。

（二）教师应转变观念、提升能力，加大阅读指导力度

小学生整本书阅读教学不仅考验着教师的耐心与精力，还考验着语文教师的教学能力，只有教师读过足够多的书并且拥有整本书阅读教学的能力才能在小学生整本书阅读的教学过程中取得良好的效果。这要求教师主动转变自己的教育观念并通过不断学习来提升自己的教学能力以促进小学生整本书阅读的有效实施和良好开展。具体而言，教师可从以下几个方面入手。（1）辅助小学生挑选合适的阅读书籍。小学语文老师在指导小学生整本书阅读时，要加强引导，使小学生多接触文学经典。比如，老师可以推荐小学生读教育专家推荐的作品，也可以推荐自己认为适合小学生阅读的书目，如路遥的《人生》，篇幅短小而字字珠玑，言语直白而意蕴丰满，给人以无形的智慧和启迪，十分适合小学生阅读，使学生在经典作品的滋养下成长。

（2）传授阅读方法，让小学生主动阅读并进行个体辅导。每个人都是不同的个体，每个小学生也都有不同的阅读方法，小学语文教师如果强行把自己的阅读方法灌输给小学生，反而不利于学生的持续性阅读。由于小学生年龄小，思维等各方面发展不成熟，很难独立进行整本书阅读，因此教师要因材施教，并培养小学生的阅读思路。比如，在读路遥的《人生》这本书时，可以与其另外一部作品《平凡的世界》进行对比性阅读，分析高加林与孙少平、孙少安兄弟的不同点，刘巧珍与田润叶的相似性，等等；也可以使精读与略读相结合，精读高加林在面对巧珍与黄亚萍时的描写，以此体会主人公当时的心情，从而加深对作品的理解。[8] 同时，要注重与生活相联系，设身处地感受主人公的境遇，进而品味作品的内涵，以提高学生的阅读能力与分析问题的能力，进而完成整本书的阅读，获得独特的感悟和思考。

（3）在辅导小学生整本书阅读的同时培养小学生的写作能力。教师要知道阅读与写作息息相关，阅读是写作的基础，而写作则检验着阅读的成效。因而，小学语文教师在引导学生进行整本书阅读的过程中，必须将阅读与写作有机结合起来，引导学生边读边写，在深化学生阅读认知的同时，切实提升学生的写作水平及语文核心素养。[9] 以路遥的《人生》为例，无论是对人物的刻画、环境的描写还是对故事的叙述都十分成功，这给小学生写作过程中写人、写景和叙事都提供了很大的帮助。同时，《人生》中金句百出，对人生的分析鞭辟入里，淋漓尽致，学生多阅读、多积累，在写作时便可以旁征博引，行云流水，极大地提升了小学生的写作能力和语文素养。

（三）教师要掌握小学生的身心发展特点，对症下药

教育家卢梭在其著作《爱弥儿》中提出"儿童不是小大人"的教育观点，受到了众多教育工作者的认可。然而，在现实的教育工作中，很多教师还是会自然不自然地把小学生看作缩小版的成年人，从成年人的角度来看待小学生。值得注意的是，小学生的身心特点与成年人不同，无论是身体素质还是认知能力都有待发展。因此，教师应当把儿童看作"儿童"，把小学生当作"小学生"，顺从儿童的天性，也尊重小学生的特性。从当下小学生的整本书阅读相关问题出发，笔者觉得教师可采取下列措施。

1.制定阅读目标，不定期检查，为学生的阅读建立适宜的环境。科学的

阅读计划是高效阅读活动的重要前提，而一份可执行的阅读计划，是保障整本书阅读效益的基础条件。[10]小学生因为身心发展特点，自制力和专注力较差，而阅读一整本书需要投入很多的时间，所以教师对小学生整本书阅读的监督就显得十分关键。比如，在督促小学生阅读经典小说《人生》时，笔者建议教师督促学生分步阅读，将整本书阅读这个大目标分为许多小目标，逐一布置给小学生，同时进行不定期检查，让小学生的整本书阅读目标化、制度化。同时，人是社会的产物，人们很容易受到环境的影响甚至是改变，尤其是对于小学生来说，更是如此。由此，教师要着力于为小学生的整本书阅读建立适宜的读书环境，教师可以在教室放一些适合小学生阅读的书籍来满足小学生的阅读需求；还可以与家长协商，让家长为小学生布置专门的书房，使小学生时刻都有读书的材料与条件。同时，教师应该紧密结合小学生的竞争心理，在班级内开展读书竞赛活动，营造一种全班阅读的班风，让小学生时刻处于整本书阅读的环境之中，从而促进小学生养成持续阅读以及终生阅读的习惯。

2.讲求方法，投其所好，以调动小学生的兴趣为中心进行整本书阅读教学。兴趣是学生最好的老师，教师要激发小学生对整本书的阅读兴趣。所以，教师在进行整本书阅读教学时，要调动小学生的积极性，使小学生对老师所讲的阅读内容充满兴趣，这是小学生阅读整本书的前提，也是老师指导小学生阅读整本书的重点。同时，阅读是学生的个性化行为，不同学生的教育背景与思维有所不同，教师需要了解学生的个体差异，关注学生的学习困惑以及在阅读中遇到的困难，让学生结合生活经验，领悟作者的思想感情。[11]比如，在引导小学生阅读经典小说《人生》时，老师可以先向小学生提出一些问题，如你怎样评价高加林这个人？你会向他学习哪些品质？然后再由小学生选择书中的故事情节来与同学进行沟通交流，分析高加林的性格特点，并积极分析自己眼中的高加林。通过这一开放而有活力的系列活动让小学生了解书中人物特点的同时调动了小学生对整本书阅读的欲望与兴趣，为小学生进行整本书阅读筑牢根基。

从上面的论述可见，整本书阅读在小学生的能力培养、精神品质健全以及社会性发展方面起着无法替代的作用，对小学生的成长有着重要意义。结合路遥的中篇小说《人生》来看，小学生整本书阅读应采取的措施是，家校合作为小学生营造阅读氛围，提升能力加大阅读指导力度，充分掌握小学生的身心发展特点并对症下药，以此来推进整本书阅读教学，从而确保小学生整本书阅读的持续推进，有效提高阅读教学质量。

参考文献

[1] 张平.基于语文核心素养的群文阅读和整本书阅读 [J].科技咨询,2020,18(29):133-135.

[2] 刘芳.小学高年级语文整本书阅读方法存在的问题及对策 [J].甘肃教育,2020(20):136.

[3] 安文菊.小学教师指导学生整本书阅读的现状及对策 [J].学周刊,2020(16):61-62.

[4] 詹建宏.初中整本书阅读指导策略探究 [J].学周刊,2020(33):71-72.

[5] 徐留军.多策略、多课型,让整本书阅读"活"起来 [J].小学教学参考,2020(34):11-12.

[6] 马开华.小学语文整本书阅读教学策略 [J].华夏教师,2020(12):60-61.

[7] 柳文霞.插上阅读的翅膀,提高学生的阅读能力:培养小学生阅读兴趣的策略 [J].华夏教育,2020(20):17-18.

[8] 王晓萍,邹佳坤.新课标视野下中学生课外群文阅读策略与价值研究:以路遥小说为例 [J].名作欣赏,2020(24):153-154,171.

[9] 傅培琴.小学语文整本书阅读教学研究 [J].教学案例,2020(44):71-72.

[10] 蔡小琴.借助整本书阅读,促进小学语文教学 [J].文理导航(下旬),2020(11):61-62.

[11] 于倩.小学整本书阅读指导方法及策略 [J].教育界,2020(47):59-60.

第四节 小学语文阅读教学中的"导情悟文"

阅读提示:

阅读教学既是当前小学语文教学的重要板块,也是教师、学生和作者之间沟通情感的过程。在阅读教学中,教师一是应把每一堂课都当作情感交流的园地,充分挖掘课文中的情感因素,确定教学的情感基调;二是要以情引情,激发学生主动探究的欲望;三是要通过师生互动,感悟语言文字之美,体验课文中的情感,获得审美体验;四是应在学生情感有一定程度的升华之后,及时移情于生活实践及课外阅读，促进学生语文素养的提升。

阅读教学作为小学语文学科教学的主要板块和核心内容，一直备受社会各界关注。[1]《九年义务教育语文课程标准》中指出，小学语文阅读教学应让学生在积极主动的思维和情感活动中，加深对课文的理解和体验，注重感悟和思考，使其受到情感的熏陶，获得思想的启迪。

从本质上看，阅读教学是作者、教师和学生三者之间共同学习、沟通感情的重要环节和过程，是师生共同解读教材、领悟教材的有目的多边活动，也是一种内涵丰富的精神审美活动。[2]三者之间的情感如能融为一体，同频共振，就会激发学生的求知欲，促使学生主动探究、主动感悟语言文字之美。这是获得审美共鸣、培养学生高尚情操及其健康向上的审美情趣的关键，对促使学生通过阅读教学形成正确的价值观和积极的人生态度具有重要作用。

当前的小学语文阅读教学，在一定程度上存在着理性分析有余、情感熏陶不足的问题。要解决这一困境和难题，小学语文教师应该把每一堂阅读课都当作教师、作者、学生之间情感交流的心灵舞台，通过阅读教学，强化道情悟文，不断提升学生的审美能力。也就是说，在具体的阅读教学中，要合理引导学生，以文入情，由情入理，以情导情，培养学生的形象思维，使学生在阅读教学中最大限度体会和感悟文章的丰富内涵，达成读文悟美、读文学美、读文向美的目标。

一、充分挖掘课文中的情感因素，确定教学的情感基调

在小学语文教材及阅读教材中，绝大多数课文都是文质兼美的经典篇章，准确挖掘和把握每篇课文的情感内涵是抓好阅读教学的关键。教师在建构教学环节、组织教学过程时，要以"寻情"为重点，充分挖掘课文中的情感因素，从而确定教学的情感基调。

首先，要深入挖掘教材中蕴含的"情"。教材的情，既是作者之情，又是教者之情。同一篇课文，不同的教师有不同的认识，对其隐含的情感因素的挖掘也不尽相同。著名语文教学专家叶圣陶曾指出："知识不能凭空得到，习惯不能凭空养成，必须有所凭借。那凭借就是国文教本。"[3]这进一步说明了深入挖掘教材中蕴含的"情"的价值和意义。基于此，教师在钻研教材时，要善于体会作者的创作心理和创作情感，更要善于从文章的谋篇布局及行文表达之间挖出"情"来，为学生营造充满审美意味的情感世界，然后对学生进行春

风化雨般的情感熏陶或情感渗透，充分调动学生的积极性，根据环境描写、情感抒发、人物塑造等要素深入体验课文中丰富的情感内涵。例如，教师在教授《我的战友邱少云》这篇课文时，其重点和难点不应局限于领会课文中比较容易体悟到的严守纪律、顾全大局、不怕牺牲等伟大精神，更重要的是应引导学生从"不敢""不忍""忍不住""心如刀绞一般"等细节描写及精准用词之中，去挖掘和领会深藏于作者内心的战友之情与崇敬之情。也就是说，教师在钻研教材时，要仔细品味，深入推敲，努力把课文中所描写和抒发的情感内化为阅读主体的感情，使其产生情感共鸣，形成审美震撼。又如，教师在教授《白杨》这篇课文时，一方面，要从白杨高大挺直、生命力强、坚强不息的物性品质中，引导学生学习、感悟边疆建设者无私无畏、无怨无悔的奉献精神（精神品质）；另一方面，要培养学生的情感，实现情感内化，深深地折服于边疆建设者"献了青春又奉献终生"的英雄气概和崇高精神，从而激发学生为祖国富强而刻苦学习并立志报国的时代情感。

其次，要认真分析学生内在的"情"。教师应以深刻感知整本教材或某篇课文的丰富情感为基础，准确、深入地分析学生内在的心理情感，提前预知课堂中可能出现的某些情感现象。因而，教师务必抓住契机，争取在上课之初就唤醒学生的每一根神经，激发其浓厚的学习及自主探究的兴趣，然后再根据学生的需要，合理创设能激发学生情感的教学方式。比如，教师可运用开场白、导入语、小插曲、小视频、提问题等灵活多样的教学方法，把学生求知的情感触发点引向最佳状态。例如，教师在教授《十里长街送总理》这篇课文时，事先预想到课文中所描写和抒发的"情"当下的小学生可能很难真实感知的问题，充分考虑到学生之情与课文之情存在的差距，于是教师就在课前利用观看影视等方式，让学生最大限度地学习和了解课文的社会背景，巧妙进行情感铺垫，充分挖掘学生的情感这一要素，最终达到理想的教学效果。

二、以情动情，激发学生自主探究的欲望

众所周知，情感与认识互为作用，只有先动之以情，才能导之以行。许多富有感情的文章，教师开篇就应按照以情动情的逻辑，积极引导学生入情入境。在引导学生的过程中，教师要根据教学内容或课文抒发情感的思路，采用不同的方式引导学生的情感。有时以诗情画意拨动学生的心弦，有时以悲愤情怀引导学生领悟课文内容。也就是说，教师要善于借助富有情感的语言和行为，把引领学生学习知识与体验人物内心的情感结合起来，使其在学习过程中

充分感悟人物的情感之美，引起其强烈共鸣。

语文教育专家李吉林曾说过："教师的情感，对学生内心的体验、情感的诱发是非常重要的外部条件。"[4]从实证的角度看，李吉林在教授《珍贵的教科书》这篇课文时，通过有情有趣的阅读教学，使学生感受到了"教科书"的珍贵。在读到课文中的"我"扑到指导员身上大声地喊"指导员，指导员……"时，李老师自己也很动情，觉得自己也在全身心地呼唤着指导员。于是学生和老师一起进入了情境，他们读着读着，热泪夺眶而出。需要注意的是，教师在引导学生探究课文情感及其内涵的过程中，要始终以学生为主体，要激励他们自主探究，教师的主要任务是尽可能多地给学生创设自主探究的时间和空间，切忌喧宾夺主，更不能越俎代庖。只有这样，学生才能在阅读课文的过程中找到感动自己的语句，才能以有限的课文为"例子"，学会自读自悟，自我提升。

三、师生互动，让学生从课文中获得深刻的审美体验

由于小学生的认知水平较低，阅读能力较弱，他们在自主探究后获得的情感体验，往往比较肤浅。所以，教师要与学生一起互动交流，深入挖掘教材的丰富内涵，让学生在课堂教学中得到情感体验，继而内化为自己的情感。

首先，引导学生在咀嚼文字的时候体验情感。这里的"情感"，一方面是指语言文字本身，另一方面是指课文中蕴含的思想感情。只有引导学生抓住文章的关键词句、动人情节、标点符号等细节，指导他们反复、仔细品味，使文章蕴含的思想感情迸出耀眼的火花，照亮学生的心灵，悟出其美妙之处，才能体会出作品的意境，获得真实的情感体验。例如，《长城》这篇课文中的第一句："长城，是世界历史上的一个伟大奇迹，也是世界人民共有的文化遗产。"如果一读而过，就会错过一次体验情感的机会，如果引导学生从关键词中去认真品味，就能品味出长城所具有的历史价值，就能感悟到作者那强烈的民族自豪感与歌颂长城的激情。然后，以此展开对全文的分析，期间教师可以利用不同的教学手段，适时、适度地加以点拨、引导，从而让学生真正地感悟文章中的"情"，实现情感内化。这里需要引起注意的是，在师生交流时，教师要灵活把握互动的时机，不要生搬硬套地引入。

其次，尊重学生阅读时的独特体验，让他们在自读、自悟中体验情感。小学的阅读教材思想性强，感情色彩浓厚，情节感人，人物形象鲜明，语言文字优美，非常适合学生朗读。作为老师，应该以学生为本，引导学生用自己的

心去解读课文，感受震撼自己心灵的词句或段落，才能达到以阅读来体验情感的效果。例如，在《白杨》一文中，"白杨从来就这么高大，就这么直……那么坚强"这段话，除了介绍白杨树的特点及赞扬白杨树生命力较强外，还包含着赞扬边疆建设者用自己的意志和毅力去战胜困难、实现理想的深层含义。如果只是泛泛的阅读，很难体会到其中深刻的情感。在教学实践中，教师可用"导读—自学—再导读—再自学"的方法，引导学生联系上下文理解句子的含义，让学生用心阅读，使情感层层推进。这样的阅读教学，不仅读出了课文中情感的层次变化，还让学生真实体验了课文中作者想表达的情感。

最后，引导学生通过不断展开想象的翅膀来体验情感。小学生是天生的幻想家，具有极大的想象潜力，只要在教学中加以培养和激发，学生便可根据语言描绘和老师教学的激发，结合自己的生活经验进行想象，在头脑中形成新的形象，化静态为动态，化平面为立体，化无声为有声，悟文思美，从而进入课文的情境之中。

以《桂林山水》一文为例，当讲到"这样的山围绕着这样的水……真是舟行碧波上，人在画中游"一段时，教师可让学生来做导游，根据学生的预习情况，画出桂林山水导游图，教师可如导游般的加以介绍。然后，让学生闭上眼睛，展开想象，"你仿佛看到了什么？"通过这样的想象，学生得到了美的享受、美的陶冶，激发学生热爱大自然、热爱祖国大好河山的情感。

又如，《荷花》这篇课文中有这样一段内容："我忽然觉得自己仿佛就是一朵荷花，穿着雪白的衣裳，站在阳光里，一阵微风吹来，我就翩翩起舞，雪白的衣裳随风飘动。不光是我一朵，一池的荷花都在舞蹈……"这段话是作者在荷花池旁观看荷花时被美丽多姿的荷花所吸引、所陶醉而产生的想象，为了让小读者与作者一同陶醉，为了让学生从中受到美的熏陶，在教学时可以让学生闭上眼睛听课文的配乐朗读，学生在听的过程中可自然联想到以前看过的荷花和类似的跳舞的情形，从而产生联想和想象：仿佛闻到了荷花的香味，仿佛看到了荷花的形状、颜色，仿佛听到了荷花池音乐的旋律，仿佛看到了作者与荷花共舞的情景，仿佛置身于荷花池中，与这白色的、高洁的、出淤泥而不染的荷花融为一体。这样，孩子们的心灵受到了洗礼，灵魂得到了净化，沉浸在生活的海洋里，放飞想象的翅膀，健康、幸福、快乐地成长。

另外，还可以引导学生换个角度去体验情感。也就是让学生设身处地地去读、去想、去体验，主动把自己的思想感情融入课文之中，主动移情到课文的角色之中，换个角度去体验文本的情感。例如，教授《长城》这篇课文时，教师可以利用多媒体等教学手段让学生欣赏长城的风光，然后结合作者的情感表达方式，鼓励学生换个角度去体验："假如你登上了气魄雄伟的长城，你想怎样表达你的感情呢？"这样，通过学生转换角度时的真情体验的流露，激发他们热爱长城、为长城骄傲自豪及热爱伟大祖国的深厚情感。可以说，这就是通过课文的阅读和学习，渗入了情感、态度和价值观的教育，体现了语文教育工具性与人文性并重的教学指向和育人目标。

四、移情于课外，促进学生语文素养的提升

当学生的情感被充分激发后，往往会形成某种意犹未尽的"高峰"状态。教师如果紧紧抓住学生情感的余韵及回响进行引导，不仅能激起学生从课外阅读中继续获取知识的浓厚兴趣，还能让他们从感性体验走向理性认知，在生活实践中自主学习、自主探究、自主发展，甚至教育和影响其他同伴，从而成为富有激情、热爱生活、充满正能量的人。

首先，可把阅读中获得的情感体验移植于课外的生活实践之中。学生的情感在课堂上得到充分陶冶后，就会用已有的情感标准对生活中的景物、事件及人物倾注某些独特的感情，这是学生情感的又一次升华。因此，教师可以动员学生自制生活小卡片，让他们把看到的、听到的、亲身经历的、能触动心弦的事，用一两句话记下来，再用一两句话，抒发自己的感情，让学生在这一过程中充分运用情感、体验情感、升华情感。这样的阅读及生活小卡片，不仅给学生提供了广阔的情感空间，还为他们的写作打下了坚实的基础。

其次，可把课内阅读中获得的情感体验移植于课外阅读之中。对小学语文教学而言，教材中的课文不是阅读教学的全部任务。《九年义务教育语文课程标准》中明确指出，从 1～9 年级，"学生课外阅读总量应在 400 万字以上"。也就是说，义务教育阶段学生的课外阅读兴趣及阅读内容，不应只局限于教材，还要在课外广泛阅读中外优秀文学作品。

例如，学了《卖火柴的小女孩》这篇课文，学生还沉浸在为卖火柴的小女孩的悲惨命运而悲叹的情感之中的时候，可引导他们去读《安徒生童话》，走进安徒生那深刻丰富的童话世界。学生详细学习、了解了更多关于闰土的故事时，可以及时引导他们去读鲁迅的《故乡》等散文，去感受鲁迅及其作品的博大精深。当学生敬佩于课文中武松打虎的高超本领时，可引导他们去读古典名著《水浒传》。当学生浸沉于某篇古诗词优美的意境之中时，可给他们推荐更多的优秀诗文，让学生去学习、吟诵。这样，教师在引导学生获取课外知识的

同时，学生在课堂上获得的某些阅读上的情感体验也得到了进一步的延伸，而且在这种独特的迁移式课外阅读之中，他们又会体验到更多更丰富的情感。长此以往，学生不论是在语言文字的积累上，还是在情感的体验上，都能获得提升和发展。

《九年义务教育语文课程标准》中明确指出，"工具性与人文性的统一，是语文课程的基本特点"。小学语文教材中的每篇课文，几乎都是语言美和思想美结合的经典化的范文。因而，教师要紧紧抓住课本、教师、学生三者之间的有利因素，通过精心设计，努力引导学生去感受、体验课文中的丰富情感，最大限度地引导学生去求真、求善、求美。最终，让课本、教师、学生三者在多样化的情感交融中，共同互动、共同激发、共同影响、共同提升，使学生既能获取知识、开发智力、增长能力，又能在情感上得到陶冶、思想上得到净化，不断提高语文素养。

参考文献：

[1] 王燕骅.现代小学阅读教学 [M].北京：语文出版社，2003.

[2] 叶昂龙.小学教育论文撰写与例举 [M].宁波：宁波出版社，1997.

[3] 叶圣陶.叶圣陶语文教育论集 [M].北京：教育科学出版社，1980.

[4] 李吉林.训练语言与发展能力 [M].南京：江苏人民出版社，1984.

第五节　农村小学语文课外阅读实施策略

阅读提示：

目前，农村小学课外阅读存在着重视程度不够、阅读涉及的范围较窄、学生的阅读目的不明确、难以养成良好的阅读习惯等问题。要解决这些问题，必须促使教师、家长、学生实现观念的转变；帮助学生解决好阅读资源的问题，培养学生的课外阅读兴趣；实现课内、课外有机结合，指导学生学会积累和运用。课外阅读不仅是学生开阔眼界、储备知识、训练能力的重要手段，还是语文教学所强调的核心内容。组织学生进行自主、有序、有效的课外阅读，让课外阅读为学生的人生打好底色，为学生终身学习奠定坚实的基础。

一、引言

现代社会是一个信息社会，生活在这个纷繁复杂的信息社会之中，就要不断地获取信息。《九年义务教育语文课程标准》中明确指出："阅读是搜集处理信息、认识世界、发展思维、获得审美体验的重要途径。"由此可见，阅读或通过阅读获取信息在九年义务教育课程中尤其是在小学语文教学中具有十分重要的地位。可以说，引导学生在阅读过程中逐步养成良好的阅读习惯，为学生的终身发展打好底子，进而引导他们树立正确的世界观、人生观和价值观，是语文教育工作者的崇高使命。[1] 换句话说，对小学语文教学而言，课内阅读与课外阅读都非常重要，但鉴于学生和家长对课内阅读比较熟悉，对课外阅读则知之不足、知之不深的现状，笔者在此暂时放下课内阅读不讲，集中力量就课外阅读尤其是农村小学如何实施课外阅读教学做一些探讨。

二、农村小学课外阅读存在的问题及原因

我们对云南 35 所小学的实地调查表明，目前的农村小学在课外阅读方面存在着重视程度不够、阅读涉及的范围较小、学生的阅读目的不明确、学生难以养成良好的阅读习惯等普遍问题。下面分开陈述。

一是不重视课外阅读。具体表现是，在城区学校被誉为开启智慧之门的课外阅读在农村小学却普遍受到"冷落"，期待点燃智慧火花之门的孩子竟然与"读书之乐"无缘，只有约 50% 的学生认为课外阅读是相当有价值的，只有约 25% 的学生有坚持课外阅读的习惯。这一问题之所以形成大概有三个方面的原因：首先是学生的课业负担过重，面对考试的压力，每天都有做不完的作业，面对教育主管部门和学校对老师和学生的评价及考核，大家的眼睛都盯着学习成绩，教师轻易不敢让学生离开课本、离开考试去读那些似乎无用的课外读物。

二是阅读书源不足。在调查走访中，农村小学的大部分学生反映，家中没有适合自己读的课外书，甚至家中除了教材之外，基本没有其他藏书。大部分学生没有零钱去买书，即使偶尔有零钱也不会用来买书，而是用来喝（吃）几碗米线或买其他东西。有的家长虽然会主动去帮孩子买书，但买的也只是练习册、复习资料或作文书等。另外，学校虽然有一个不大的图书室，但藏书比较陈旧，没有专人管理，经常不开放，老师也不鼓励学生去图书室看书学习。有的学生甚至不知道学校有图书室，更没有进图书室去借阅过任何书籍。

三是家庭重视不够。除了受经济条件制约外，大部分家长都认为，孩子读书主要是老师教、老师管，家长只要让孩子吃饱穿暖就行了。大多数家长不支持孩子去买课外书，理由是看课外书会影响孩子的学习。孩子们回到家里看看电视、做做家务就行了，用不着整天看书学习；至于像城里孩子那样，花很多钱去学习琴棋书画，或是参加这样那样的补习班、读书班，农村孩子的家长想都没想过，更别说给孩子去花这些"冤枉钱"了。

四是课外阅读涉及的范围很小。少数条件较好的农村小学的孩子们虽然有一点课外阅读，但涉及的范围很小，学生课外阅读的书籍以作文类图书居多，还有少数的童话故事、寓言故事等，而与教材内容匹配的课外读物则较少，自觉进行阅读者则更少，有目的、有计划进行课外阅读的学生几乎没有。究其原因，主要是在部分老师、家长和学生头脑中，所谓课外书就是各类练习册、复习资料以及作文选，学生把课外阅读《作文选》当成提高作文分数的法宝。当问及学生最希望读哪类课外书时，他们只能笼统地回答出童话、故事等类别，很少说及自然、历史、地理、科学、科幻小说等丰富多彩的书籍。另外，各类图文并茂的少儿读物印刷都比较精美，几乎都是彩色印刷的，因而价格较高，超过了农村学生的购买能力，这也是他们很少阅读绘本、动漫、图画书等图书的一个重要原因。

五是学生阅读目的不是很明确。我们在走访调查中发现，农村小学的大部分孩子看书前没有计划，没有目的性；不少学生还反映，老师从不会告诉他们应该读哪些课外书籍，而是常常强调学好教材最重要。对于"你认为为什么要读课外书、读课外书有什么好处"等问题，大部分同学的回答比较含糊，指向不明或者指向高度同质化，要么不回答，要么答案大部分是"阅读课外书，有利于提高写作水平"，等等。也就是说，教师、学生、家长对课外阅读的指向和目的都不是很明确，都没有充分认识到课外阅读的重要性，更谈不上有目的、有计划地指导学生博览群书，使其不断增长知识、提升素养。

六是学生未养成良好的读书习惯。从平时了解的情况看，许多同学看书时浮光掠影，走马观花；看书后不会做标注，更不会摘抄或写读书笔记。不少学生会带着似乎是很自豪的神情说："我没有课外阅读的习惯，放学回家后我除了吃饭、睡觉，几乎都在看电视或打游戏，即使看一会书，大部分也是为了应付差事，完成老师要求完成的任务，随便摘抄几个词、几句话，便算是读书笔记，以便应付老师的检查。造成这一现象的原因主要在以下两方面：一方面是教师及家长对孩子的阅读指导不够，这使得学生甚至是小学高年级学生面对调查提问时，对"你如何有效地阅读课外读物"这类问题几乎无法回答。随意阅读的情况居多，习惯性阅读的现象十分罕见，因为教师在平时的教学中，把大量精力放在让做题及练习上，关注的是各个知识点的复习，机械枯燥。这样做的好处是，学生的考试成绩不会影响老师的激励及晋升，坏处是忽视了学生的终身发展，忽视了通过课外阅读的指导促使学生养成良好的阅读习惯这一重要问题。家长对孩子的课外阅读关注得也比较少，大多数家长尤其是父亲出外打工，孩子与母亲或爷爷奶奶在一起生活，他们根本无力去关心或指导孩子的课外阅读，也无法给孩子提供可以借鉴和学习的阅读榜样，有的只关心孩子的学习成绩，有的甚至连孩子的学习成绩也很少过问。有的家长说，我们的烦心事都忙不完，哪有闲心管什么孩子的课外阅读哟！

事实上，《九年义务教育语文课程标准》对课外阅读有明确、具体的要求，许多专家学者也一再呼吁教师和家长重视孩子的课外阅读，语言大师吕叔湘先生甚至说过："少数语文水平高的学生，你要问他们的经验，异口同声地得益于看课外书。"[2] 但这一切的一切，仿佛与农村小学孩子们所面对的现实都隔着十万八千里，老师、家长、孩子都没时间去管什么课外阅读，反正天也不会掉下来，用不着大惊小怪！

三、农村小学生课外阅读的实施策略

笔者认为，要解决上述问题，就必须重视学生的课外阅读，实现教师、家长、学生观念的转变；帮助学生解决好书源问题，培养学生课外阅读的兴趣；实现课内阅读与课外阅读的有机结合，指导学生学会积累和运用。

（一）要实现观念的转变

著名教育家张立公说过："以我自己学习语文的经验来看，将课内与课外三七开"[3]，是比较理想的选择。教师不应把学生局限在课堂里自我封闭，要按照"课标"的要求，把教材作为"例子"，引导学生切实开展课外阅读，从而在阅读中不断提升综合素质。首先，社会要创造一种课外阅读蔚然成风的大环境。其次，教师要转变观念，不被当前的"应试教育"环境及各种评价考核方式所困扰，关注学生的终身发展，充分认识课外阅读对提高学生语文素养的重要作用。最后，各级教育主管部门要主动开办家长学校，有针对性地培训家长，让家长不再只看重孩子的成绩，不再认为读课外书是不务正业，并且能积极支持和指导孩子进行课外阅读。

（二）要解决好阅读资源不足或单一的问题

对农村小学来说，"要想孩子能够正常地进行课外阅读，解决好书源是关键"[4]。首先，教师要指导和帮助学生选择合适的课外读物，当下有效的做法是配合教学进度有针对性地给学生介绍有益的课外书，多给孩子们讲解课外阅读的好处，让开卷有益的观念深入学生的内心。其次，可以根据学生的兴趣、喜好及其生理、心理年龄特点，给学生推荐合适的课外读物。例如，在学生提出很多为什么的问题时，向他们推荐《十万个为什么》《蓝猫淘气三千问》《动脑筋爷爷》等书籍。又如，若学生喜欢看《脑筋急转弯》等益智类书籍时，及时给他们推荐科普读物、科幻小说类书籍，引导学生不断扩大阅读范围。需要注意的是，教师要关注学生的阅读情况，如果学生在游戏类书籍、武侠类书籍或言情类书籍中过分沉溺时，教师要合理引导，使其阅读更有效益。最后，要动员各种力量，帮助学生多渠道筹集课外读物。除向家长宣传课外阅读的重要性并让其支持学生购买课外读物外，还可以定时向学生开放学校图书室，根据学生的借阅分析数据，有针对性地充实图书室的藏书。除此之外，还可以指导各班建立班级图书角，鼓励学生把自己的有益课外书拿到班级图书角让大家共享，以一个班50人计算，一人带一本书，学生就可以读到50本书，何乐而不为呢？

（三）要持续不断地培养学生课外阅读的兴趣

"兴趣是最好的老师"[5]，学生只有对课外阅读产生了浓厚的兴趣，才能以积极的心态投入课外阅读中去。因此，教师要持续不断地激发、培养学生的阅读兴趣。

第一，要通过引导学生赏析片段，激发兴趣。即结合学生喜欢听故事的特点，有意识地挑选一些精彩、生动的儿童读物的故事片段，在课外或课堂上讲给学生听，当学生听得津津有味时，来一句"欲知后事，去看书上的分解"，从而激发学生对阅读这篇文章或这本书的兴趣。

第二，可以有意识地给学生介绍一些古今中外热爱读书的名人、伟人，如高尔基、毛泽东、爱因斯坦等，以榜样的力量引导学生阅读；也可以通过奖励那些课外书读得多、知识面广的学生，这样既激发其继续努力向上，也为其他同学树立榜样。

第三，要为学生搭建平台，鼓励他们大胆展示自我。根据学生的心理特征，利用其通过课外阅读渴望得到别人赞同的心理，搭建介绍我喜欢的书、分享读书心得等各类活动性展示平台，鼓励学生登台表演，大胆、自信地展示自己课外阅读的收获及成果。具体讲，可采用"讲""展""赛"等形式进行。"讲"即讲述，可采用读书汇报会、故事会，阅读心得交流会等形式；"展"即展评，就是展评优秀的读书笔记、剪贴册、手抄报等；"赛"即竞赛，可采用知识竞赛、查阅资料比赛、朗诵比赛、辩论赛、演讲赛等形式进行。这种"讲""展""赛"的测评或展示方式，既能有效地检查学生课外阅读的情况，巩固其阅读成果，又能激发他们的阅读兴趣，调动其阅读积极性，推动课外阅读步步深入。

第四，奖励激趣。德国教育家第斯多惠说："教学艺术的本质不在于传授本领，而在于激励、唤醒、鼓舞。"[6]在指导学生课外阅读的过程中，教师要善于运用各种奖励手段，激发其课外阅读兴趣。奖励可分头衔类，如授予学生"阅读之星""小高尔基""故事大王"等荣誉称号；"特权"类，如给成功者一些"特权"，如担任本周升旗手、掌管图书柜的钥匙、"无限制借书"等；物质类，如奖励阅读优秀者一本有趣的书、一本求知笔记本或是一块橡皮等。当然，教师采用哪种奖励形式奖励学生不重要，重要的是要确保其充分发挥激励激趣的作用。

（四）课堂教学要与课外阅读有机结合

教师除了持续不断地激发、培养学生的阅读兴趣之外，更重要的是要教会学生一些常用的读书方法，帮助学生掌握基本的阅读方法和技巧。学生阅读能力的提高，往往是"得法于课内，受益于课外"，这也就是人们常说的"授人以鱼，不如授人以渔"的道理。[7]教师在平时的教学中可以教给学生一些阅读方法，如标注法、浏览法、泛读法、精读法、摘抄法等。教授学生阅读方法的最终目的是要使学生掌握基本的读书方法，养成良好的阅读习惯。

首先，要指导学生"学会制订自己的阅读计划"。学生自由阅读的时间有限，引导学生学会合理安排阅读时间，显得尤为重要。读什么书，什么时间读；零碎的时间读什么，整块的时间读什么；文学名著什么时间读，报纸杂志什么时间读；这都需要有长计划和短安排。制订长计划，是为了有长远的目标；有短安排，是为了适应可能随时变化的情况。制订阅读计划能大大提高学生的阅读效率。

其次，要注意引导学生，在进行课外阅读时要投入自己的情感。读书时，能否将自己的情感投入进去，是能不能读好书的关键。因为语言文字，除了

"达意"，还有"传情"的功能；在大量文质兼美的文章里，既有鲜明生动的形象，又凝聚着强烈的感情，渗透着深刻的理性，学生从认知入手，借助形象，引发感情，在感情的陶冶中，展开想象，启动思维，从中感受、体会、感悟、理解并提高语文能力。这就是由情感驱动，升华到情感共鸣，再进入一种物我两忘、如痴如醉的境界。

最后，要注意引导学生，在进行课外阅读的过程中，要善于在书本上圈点标注或做读书卡片、写读书笔记，养成"不动笔墨不读书"的良好习惯。小学生写读书笔记，要求不应太高，也不能拘泥于某种形式，可以摘抄佳词妙句，也可以摘抄精彩片段；可以写出读后感，也可以评点图书内容，切忌自我束缚，画地为牢。例如，阅读记叙文、说明文时，可以要求学生厘清文章思路、摘抄佳词妙句或精彩片段，为作文积累素材；也可以指导学生概括文章大意，归纳中心思想，培养其分析归纳能力。阅读名言警句时，可以要求学生摘录、评注，以陶冶其情操；阅读整本文艺作品时，可以要求学生讲一讲故事梗概，说一说人物的性格特征，或从某方面评点某个人物；等等。

（五）要指导学生通过阅读提高语言运用能力

多读，是学习语文的传统经验；只有多读，才能有较丰富的积累，才能形成良好的语感；只有多读，才能形成"独特的阅读能力"，才能提高语言运用能力。

第一，阅读的品种要多。诗歌中的韵律美、节奏美及其优美的意境、深邃的哲理，让人流连忘返、不断回味；散文中的语言美、意趣美给人独具魅力的精神享受；小说中的人性美、人情美及其情节美、节奏美、叙事美，给人带来无限的遐想；知识性、科普性作品的作者以形象生动的笔调，描绘科学奇观，揭示自然奥秘，给孩子们以思想的、科学的启迪。也就是说，不管什么作品、什么书籍，只要有利于学生的身心健康发展，不论古今，不问中外，都可让学生多读、多看。教师有意识地引导学生阅读各种书籍或作品，不但可以拓宽学生阅读的视野，使其从多方面汲取精神营养，而且可以提升学生的人文素养，使其未来的人生变得更有色彩。

第二，要特别强调诵读。诵读也是我国语文学习的优良传统。对于一些精彩片段、名篇佳作，要鼓励学生多吟咏、多诵读，这样才能积累大量写作素材，养成良好的语感，提高自身语文能力。小学阶段是社会意识及价值观形成的重要阶段，教师要引领学生从朗读中获取成长的精神营养。朗读是由多种心理因素组成的复杂的智力活动，它不是机械地重复原文，而是要通过阅读主体对语言和文本的某种重构，把原文内化为自己的体验，从而在理解和掌握原文的基础上形成自身语文能力。对于小学生尤其是低年级的小学生来说，他们的有意注意的稳定性较差，不可能对看书这个目标和任务保持长期稳定的注意力，因而教师应先培养他们朗读课文的能力，要带有强制性地集中他们的有意注意，然后再逐渐使其脱离这种被动式的有意注意，最终走向主动式的无意注意，学会自己约束自己，学会自主诵读。朗读是基本的阅读方式之一，既是阅读的起点，也是理解课文的重要手段，有利于发展学生的智力，使学生获得思想的熏陶；学生通过反复朗读经典篇章，可以获得更丰富的感性经验和理性认知，从而促使自我不断成长。与此同时，学生在教师的引导下，有感情地朗读课文，深入地理解课文，会自觉或不自觉地对课文中描写的人物或事物产生强烈的情感共鸣。例如，课文中战斗英雄不屈不挠的斗志、劳动模范忘我的劳动态度、科学家废寝忘食的工作、医生救死扶伤的人道精神、运动员勇夺金牌的拼搏精神等，会对学生产生强烈的震撼和感染，内化为学生健康成长的强大精神力量，有了这种力量的滋养，学生必定会茁壮成长，成为新时代中国特色社会主义事业的建设者和接班人。

第三，"纸上得来终觉浅，绝知此事要躬行。"多读多练，是提高小学生语文能力的有效方法。苏联教育家克鲁普斯卡娅曾经说过："儿童阅读在孩子的生活中起着重大的作用。童年读的书可以让孩子记一辈子，影响孩子进一步的发展。"[8] 因此，无论从世界观、人生观、价值观的养成还是从知识的迁移、拓展等方面来看，在农村小学中开展课外阅读及培养学生的课外阅读兴趣，百益而无一害，具有重要的意义。需要注意的是，学生通过阅读积累的语言素材及其能力一定要合理运用，通过各种语言实践活动，把这种能力外在地、显性化地表现出来。比如，写作文时，要鼓励学生敢于通过运用语言文字提高自己的语文能力，要在运用语言文字的过程中不断提高自己的语文核心素养。

（六）要通过加强指导使学生养成终身阅读的习惯

要使学生保持对课外阅读的浓厚兴趣并使阅读成为一种习惯，需要一个长期的过程。在这一过程中，小学生由于年龄较小，注意力持续时间不长，对某件事的专注度不高，许多孩子只有三分钟的阅读热度，因此教师必须长期加强指导。

首先，要指导学生选择合适的读物。小学生年龄小、知识少、阅历浅，鉴别能力和免疫能力较差，需要在老师或家长的指导下进行课外阅读。也就是说，农村小学老师对选择合适的读物起着关键作用，各级教育主管部门要利用寒暑假，进一步加强对老师的培养，使他们肩负起向学生推荐优秀课外读物的时代使命。云南某山村小学的一位老师在这方面就摸索出了一些经验。为了开拓学生的视野，丰富学生的知识储备，培养和提高学生的读写能力，这位老师积极进行阅读教学，向学生推荐与课文内容密切相关的读物，为学生架起了从课内阅读向课外阅读延伸的桥梁。比如，学生学习童话类课文时，这位老师便向他们推荐《格林童话》《安徒生童话》《一千零一夜》等孩子比较喜欢的读物；学生学习科普类课文时，就推荐他们阅读《十万个为什么》《大自然的奥秘》《科学的历程》等适合小学生阅读的科普读物。学生学完《草船借箭》《石猴出世》等课文后，这位老师便兴致勃勃地指导学生们去读《三国演义》《西游记》等经典名著。另外，这位老师每月坚持给学生上一堂"好书大家看"的课外阅读指导课，主要由老师或学生推荐一本好书给大家看。阅读是一场心灵的对话。因此，找到适合学生阅读的课外书籍尤为重要。

其次，要根据学生的阅读实际对学生进行有针对性的指导。具体讲，除了指导学生选择合适的读物外，还教给学生阅读方法，采用辅导、讲座等形式点燃学生阅读的火花。比如，指导某些不得其法的学生使用工具书，指导某些不得要领的学生学会怎样精读和略读，指导某些浅尝辄止的学生边读边想，学会深入思索问题，指导某些懒得动手的学生学会写读书笔记，指导学生学会制作读书卡片，等等。借此机会，笔者重点谈谈读书卡片的制作问题。卡片虽小，作用却很大。人的记忆是有限的，为了把自己学习过的知识长久保留下来，就需要对这些资料进行收集、整理、分类，并制成资料卡片，以便日后的学习。也许有的人会说，在信息泛滥的时代做资料卡片会不会有些多余。笔者认为，对正处于成长关键期的小学生来说，养成制作读书卡片的习惯，不仅掌握了一种阅读方法，还培养了一种好的阅读习惯，更重要的是从小培养孩子研究问题、解决问题的能力，从而使学生养成良好的阅读习惯。

学生如果能制作出独特的、有价值的、知识性较强的读书卡片，就会改掉粗心大意的坏习惯。要相信孩子的阅读能力及动手能力，他们制作的读书卡片，形式多样，可能有动物形、植物形、水果形、人物形，也可能有动漫、绘本、卡通等形式。有一次，笔者在一所农村小学看到了很多读书卡片，有的绘上了精美的图画，还有的根据所读书籍的内容独出心裁地设计出了很有特点的读书卡片，令人难忘。例如，有一位同学读完《飞得更高》这篇作品后，设计出了几张飞机形状的读书卡片，并在感受栏中写道："我相信只要有梦，就一定会飞得更高，要相信我们每一个人都有一双隐形的翅膀！"当老师问她，为什么要把读书卡片设计成飞机的形状时，她说："我的梦想是当一名飞行员，我希望自己早日实现梦想。"这样的设计，这样的回答，饱含着学生的渴望，承载着学生的追求和梦想，应该得到老师的点赞和鼓励！

综上所述，课外阅读不仅是学生开阔眼界、储备知识、训练能力的重要手段，还是语文教学所强调的核心内容。组织学生进行自主的、有序的、有效的课外阅读活动，让课外阅读为学生的人生打好底色，为学生终身学习奠定坚实的基础。

参考文献：

[1] 中华人民共和国教育部.九年义务教育语文课程标准 [M].北京：北京师范大学出版社，2001.

[2] 杨九俊.语文教学艺术论 [M].北京：中央广播电视大学出版社，2008.

[3] 贾晓波.小学语文教学应注意几点 [J].中小学教育，2009（7）.

[4] 章建跃.关于课外阅读的几个问题 [J].基础教育研究，2008（8）.

[5] 陆志平.语文课程新探 [M].长春：东北师范大学出版社，2002.

[6] 张春兴.课外阅读在小学语文教学中的应用 [J].小学生学习指导，2009（1）.

[7] 王荣生.新课标与"语文教学内容" [M].南宁：广西教育出版社，2004.

[8] 李运菊.课外阅读在小学语文教学中的中用 [J].小学教学设计，2009（4）.

[9] 韦国清，蒋成云.让课外阅读成为孩子的精神享受：小学课外阅读指导课探索 [J].小学教学设计，2004（34）：8-40，1.

[10] 吴立岗.小学语文教学研究 [M].北京：中央广播电视大学出版社，2004.

第四章　新文本·新解读

第一节　科幻小说《三体Ⅱ》的形象塑造及教育意义

阅读提示:

中小学语文课程标准高度重视学生对科幻课外读物的阅读。《三体》是刘慈欣的主要代表作品之一。由《地球往事》《黑暗森林》《死神永生》构成"三体三部曲"。《三体》科幻系列小说从出版以来便受到许多文学研究者的关注并在国内掀起了一股"三体热"。《三体Ⅱ》是在地球文明遭到了"三体文明"侵略的背景下,作者描绘了恢宏阔达的宇宙图景和想象奇特的未来世界图景中两个文明在宇宙中的兴衰历程。在这场生存战争中展现了个性鲜明且富有独特人格魅力的英雄群像,他们带着自己的信仰在灾难中不断抗争。在《三体Ⅱ》中,刘慈欣以其独特的文学表现力展现了作品中两个文明的人文情怀,引发了深刻的人性思考。小说中塑造了罗辑、章北海等人物形象,罗辑这一人物形象的特点是逐渐成长起来的,他成熟超脱,有责任心,具有奉献精神;章北海这一人物形象的特点是沉着冷静、信仰坚定,属于爱国的"军人形象"。此外,作品中还塑造了外表粗糙但内心细腻且待人真诚的警察史强等人物形象。这些人物形象蕴含着人与人要真诚相待、树立正确的世界观、养成良好道德品质等内涵,阅读这样的经典作品有利于促使儿童在阅读实践中健康成长。

一、引言

20 世纪 90 年代以来,随着我国科技事业及科学文化的高速发展,出现了诸多有利于科普及科幻作品创作的条件 [1],一些科幻小说爱好者也从读者群中分离出来,成为科幻小说作家队伍中的一员,刘慈欣就是这支队伍中的优秀代表之一。他不懈努力,创作了很多具有代表性的科幻小说,如《带上她的眼睛》《流浪地球》《鲸歌》等。其中,尤以《三体》系列科幻小说成就最高,获得了世界科幻文学最高奖"雨果奖"以及我国的"科幻文学奖""全国优秀儿童文学奖"等重要奖项。《三体》系列科幻小说的出版,无疑给我国已经有一百多年发展历史的科幻小说的传播和阅读带来了春天,在一定程度上化解了我国科幻小说在国内外的传播困境。[4]科幻小说作家郑文光曾强调,科幻小说必须写人,优秀的科幻小说不仅要有鲜明的人物性格和精彩的故事情节,还要有文学作品所应具备的因素。[5] 可以说，科幻文学的发展，让越来越多的人注意到了科学知识普及在少年儿童群体中的重要性和可能性，他们希望少年儿童通过阅读科幻小说，激发其对科学的兴趣和对科学未来的美好向往，同时以此对少年儿童进行某些思想道德教育。[6] 在刘慈欣的《三体Ⅱ》这部科幻小说中，作者塑造了一些个性鲜明且具有独特人格魅力的人物形象；在宏大的未来图景中，作者完美地把极端的想象与厚重的现实结合起来，同时注重表现科学的内涵和美感，充分彰显了人文关怀，引发了读者对人性的思考。基于以上思考，笔者以《三体Ⅱ》为主要研究对象，着重分析这部作品中比较有代表性的三个人物形象，解读其性格特征，同时研究这些人物形象对儿童的教育意义。

笔者查阅了曲靖师范学院图书馆的相关文献资料以及中国知网、维普网等网站上关于科幻小说研究的相关文章，发现国外对科幻小说的研究起步较早，文献也较多，但可能局限于翻译滞后等原因，目前国外对科幻小说《三体》进行研究的相关文献资料较少。

与此相反，国内学者对刘慈欣《三体》的研究成果则较为丰富。比较有代表性的研究成果是，2017 年葛瑞应以《三体》为研究对象发表的《论刘慈欣〈三体〉的空间叙事》一文，这篇文章主要以《三体》为例，运用空间叙事学的理论讨论了科幻小说的叙事结构；还有 2018 年王羽萌发表的《"历史"与"末日"：刘慈欣〈三体〉的叙述模式》一文，这篇文章以《三体》为研究对象，主要以"历史"和"末日"为主，对《三体》的叙述方式进行了研究，以分析刘慈欣作品的创作特点，体会作品的文学价值和艺术价值。另外，2018 年姜培培也以《三体》为例，研究了英国科幻小说家亚瑟·克拉克对刘慈欣科幻小说创作在科学性、文学形象种族性等方面的影响。[7] 稍加总结不难发现，近年来国内学者对刘慈欣《三体》系列科幻小说的研究，主要集中在探析《三体》的科幻性和艺术性这两大领域，另外也有少数研究关注具有中国特色的科幻小说的创作问题，还有人研究刘慈欣科幻小说中对人物形象的塑造和对作品中的人文性、道德性等问题的思考。这些资料表明，关于《三体》人物形象塑造对儿童教育意义的研究较少，这更突显了本书的研究价值。

二、科幻小说《三体Ⅱ》的内容概述

科幻文学具有未来性和双重入侵现实性等特征，它包含着启蒙、理性、进步和科学等大主题。在科幻小说中吸引人们的是其中的人物形象、故事情节等内容，而非科学内容。尤其是在科学幻想和尊重科学指导原理下创造的发展情节和人物形象及其对人性的剖析和对社会现实的反映，往往更加令人难忘。

刘慈欣的科幻小说《三体Ⅱ》在描绘了令人震撼的宏大画面后，也在细微的生活场景中塑造了很多具有人文性、道德性的人物形象。在科幻小说蓬勃崛起的当下，透过这些人物形象的表层去挖掘他们的深刻内涵，对儿童的教育及成长具有十分重要的意义。

科幻小说《三体》系列图书共由三部组成，本书主要以《三体Ⅱ》为例进行研究。《三体Ⅱ》主要讲述的是，为了生存，三体人意欲占领地球，于是三体人便利用科技封锁了地球的科学。地球人为了打破封锁，利用三体人思维透明的这个缺点，实施了"面壁计划"。联合国先选了三个世界上具有代表性的人物，最后选了一个普通平凡但却被三体人极为重视的罗辑作为"面壁者"展开了对"三体世界"的反击。对于"面壁计划"的实施，三体人虽然无法识别人类的计谋，但也在地球背叛者中选了"破壁人"实施"破壁计划"与"面壁者"进行智慧上的博弈。

莫名其妙被选为破壁人的罗辑利用特权找到了自己的梦中情人并在伊甸园过上了舒适的生活。几年后随着两位"面壁者"的失败，联合国再也按捺不住了，于是便用罗辑的妻儿威胁罗辑，让其加入"面壁计划"。于是在这场争斗中，罗辑从贪图享乐没有责任心的人逐渐变成有责任心成熟超脱的智者，并在挣扎中悟出了"黑暗森林法则"。为了证实"黑暗森林法则"，罗辑向离太阳系最近的一颗恒星发射了"咒语"。但在三体人的秘密暗杀中罗辑中毒，不得不选择冬眠到未来治病。与此同时，科研军官章北海想借一场陨石雨进行秘密谋杀来改变科研形式的研究方向。之后，被选为增援未来的章北海在受到"水滴"的攻击后成功带舰逃离。而罗辑在醒来后也证实了面对"黑暗森林法则"，被暴露位置的文明都会被毁灭。借助这一法则，罗辑对三体建立了黑暗森林威慑，暂时制止了"三体文明"对地球文明的侵略。

三、科幻小说《三体Ⅱ》中主要人物形象的塑造

科幻小说《三体Ⅱ》是三体三部曲中最精彩的一部，情节迂回，塑造的人物形象有血有肉，感情丰富，在宏大的小说情节下展示了人物独特的人格魅力。

（一）罗辑形象解析

罗辑是《三体Ⅱ》中的主要人物，刚出场时并没有详细描写他的外貌和

性格，与叶文洁简单的对话中也看不出他的形象，主要从他人口中和作者对其感情生活的大篇幅描写中了解。逻辑的形象可以分为前期和后期。划分罗辑前期和后期形象的一大分水岭，就是庄颜离开之前和庄颜离开之后。在作品中他扮演了大学教授、面壁者、持剑人、守墓者等多重角色。人物角色的多重转变和作品中情节高低起伏有很大关联，这不仅是个人成长蜕变的过程，还是人类命运发展的一大表现。

1. 哗众取宠，生活中的浪子。罗辑是大学教授，生活中他是个每周都换女朋友的浪子，甚至分手以后连她们叫什么名字都不知道。一次偶然的机会，在杨冬墓前，叶文洁遇见了罗辑，并无偿把自己的研究理论送给罗辑，暗示罗辑研究宇宙社会学，联系猜疑链和技术爆炸，推出黑暗森林法则，以拯救人类文明。当时的罗辑听完叶文洁的话，十分感兴趣，想以此来让自己名声大噪，没想到却给自己招来杀身之祸。在当时三体人封死地球科技时带来了智子以监控地球人的一举一动。而叶文洁与罗辑的会面当然躲不过智子。于是三体人便命令三体组织追杀罗辑，伊文斯为了不引人注目便谋划暗杀，以意外掩盖谋杀。在一场看似意外的车祸中，罗辑摔倒，躲过了暗杀，而罗辑的短期女友在这场暗杀中不幸身亡，一旁的罗辑竟想不起她的名字。

2. 玩世不恭，不思进取。在工作中，他靠着东拼西凑的学术论文混日子。他有着大学教授的头衔，却不做文学研究者该做的事，抄袭论文、贪污经费对他来说不算什么，他投身文学研究也只是为了生存。用萨伊的话来说："功利性强，爱投机取巧，哗众取宠，玩世不恭，没有责任心，自己没有使命感就算了，还对学者的使命感报以嘲笑的态度。"[8]

3. 文学天赋高，想象力丰富。在作品中，相较于其他人罗辑的感情生活描写是最多的。这与罗辑的人生转变密切相关。罗辑在遇到庄颜之前，还爱过白蓉。白蓉是一位优秀的文学家，在即将和罗辑结婚前，白蓉要求罗辑写一本书送给她。罗辑在她的要求下，便无奈答应。在白蓉的引导下，罗辑对文学创作有了兴趣，并深深爱上了自己小说中的女主角。也因为爱上了这个自己创作的虚幻人物，有过相同经历的白蓉知道，罗辑已经深陷其中无法自拔了，便果断与罗辑分手。虽说这听上去不可思议，但也从侧面说明了那些优秀的文学创作家创作境界的高明。虽然他没有责任心，表面光辉内心不思进取，有很多让人看不惯也不喜欢的做事风格，但不可否认，罗辑的文学天赋很高，自我认知很清晰。

4. 及时行乐，活在当下。成为面壁者后的罗辑，第一件事就是借用面壁者的特权，找到伊甸园，并让史强为他寻找自己虚构的完美梦中情人。联合国为了配合面壁者的工作，便为罗辑找到了小说中虚构的完美人设"庄颜"。面对眼前这个日思夜想的人，罗辑深深爱上了庄颜，并和庄颜育有一女，从此三人在伊甸园过上了美好悠闲的日子。但对世界末日的到来抱着事不关己高高挂起的心态，就算天要塌下来，照样好吃好睡。对于这种及时行乐的心态并没有什么标准去评定它的好坏。就像史强所说罗辑这种身处乱世，仍及时行乐、活在当下的态度或许才是面壁者真正的临危不乱。

史强曾评价过罗辑心理素质很强，一般人比不了，白蓉也夸过他文学天赋很高。可见，他虽然劣迹斑斑，但并没有一文不值。人的闪光点就像只要是金子总是会发光一样。真正成为面壁者之后的罗辑以全新的面貌再次出现。

自从庄颜母子消失后，他投入面壁者工作中，他一遍又一遍地想着叶文洁对他说的话，终于悟出了黑暗森林法则。恍然间，他发现人类在宇宙中是如此渺小同时他也达到了通透彻悟的精神境界。于是他向最近的恒星发送了"咒语"以此来证明"黑暗森林法则"是否正确。但三体人却趁机对罗辑下毒，罗辑不得不冬眠治病。

罗辑醒后，发现世界已经发生了翻天覆地的变化，自己当初向恒星发出的"咒语"却成了古代笑话，联合国也早已结束面壁计划。就在人们认为面壁计划和星星"咒语"是笑话时，那颗被诅咒的星星爆炸了，三体人见状便派出"水滴"封锁太阳，这时候什么信号都发不出去。罗辑因此被人们奉为"救世主"，面壁计划恢复。联合国为了让罗辑继续投身于面壁计划又一次以罗辑的妻儿为交换条件。为了救醒妻儿，罗辑只好参与雪地工程。这时候的罗辑渐渐从家庭责任转向救世责任。罗辑全身心投入却依旧没有进展，人们对罗辑感到失望。正在发高烧的罗辑在一个雨夜被无情地赶出了小区，不得已罗辑用摇篮系统的负触发控制起爆开关威胁智子，一旦自己没有生命体征开关便会开启，三体的坐标便会在宇宙中暴露。罗辑用枪指着自己以自杀来威胁三体人撤回"水滴"，解开对地球科技的封锁——黑暗森林威慑建立。罗辑的身份也由"面壁者"转变为"执剑人"。

后期的罗辑形象，冷静沉着富有责任感，认真理性，坚定执着，是有着钢铁意志的铁血战士。他的蜕变离不开爱的驱使，在爱的驱使下，他对家庭的责任延伸到了对社会的责任，在个人利益与社会利益不能同时得到时他放弃了自己的幸福，坚定地守护着这个世界。在经历了人生的起起落落和看透了世态炎凉后他仍然觉得这个社会值得拯救，而他也坚定不移地守护着，哪怕必须面对那一面冰冷的墙壁甚至献出自己的青春，他都没有怨言。

罗辑的一生都在成长，从大学教授到面壁者、执剑人、救世主。从花花公子蜕变到铁血战士，每一步他都走得很艰辛，驱使他向前的是人性中永恒的"爱"。

（二）史强形象解析

史强被人亲切地称为"大史"，在这本书中，史强是笔者最喜欢的人物之一。他长得五大三粗，一脸横肉，穿着件脏兮兮的皮夹克，浑身烟味，说话粗声大嗓。[9] 身材粗壮的中年人，脸上透出明显的疲惫。双眼炯炯有神，好像总是带着笑意，眼神中藏着一股无形的杀气，老练而尖锐。作者并没有把他描写成虚幻的高大形象，而是从真实的角度去展示他的放荡不羁，却又善良真诚，不斤斤计较，是一个有血有肉的警察形象。

1. 外表油腻，但心宽体胖。从作者对史强的外貌描写中，用现在的审美标准看史强可以说毫无美感，总结下来主要体现在长相打扮上"长得五大三粗，一脸横肉，穿着件脏兮兮的皮夹克，浑身烟味，说话粗声大嗓"。做事风格上随便，经常不分场合吸烟，一身烟味，有时还吸别人吸过的雪茄。说话随心，有时还会讽刺两句，喜欢提意见，在会上也是经常说些不合时宜的话，有时还会说两句脏话。很多人对他的第一印象都不好，有些人还会用不尊重的态度对他，但是他从不计较，在关键时刻还是会伸出援手不求回报和理解。虽然他很油腻，但是他的油腻恰恰表现了他不斤斤计较，心宽体胖。

2. 待人真诚，给人以安全感。在地球科技被智子封死后，叶文洁暗示罗辑研究宇宙社会学，罗辑也采纳了叶文洁的话，发表了一篇关于宇宙社会学的论文，三体人担心他研究出"黑暗森林法则"，于是暗中安排人手将他杀掉。罗辑与史强在第一次暗杀罗辑时相识，同其他人一样，史强给他的第一印象并不好。那时罗辑以为他只是审讯者，但是后来却成为保护自己的重要人物，在逐渐熟络的过程中，罗辑也越来越依赖史强。罗辑成为面壁者之后，他尽情享乐，贪图安逸，把拯救人类世界的大事抛之身后。而其他面壁者都在规划着自己的面壁计划并有条不紊地进行着。两者形成了鲜明对比，所以很多人当时并不相信罗辑能承担起面壁者的重任，甚至连罗辑都认为自己是个大骗子，是个笑话。而史强却从未怀疑过他。在这样的情况下，史强因为长时间辐射患上了白血病，他到未来世界去治病时对罗辑说："不孝有三，无后为大，罗兄，我史家四百多年后的延承，就拜托你了。"[10] 这充分表现了史强对罗辑的信任，无疑这份信任是让人感动的。罗辑对史强的依赖不仅来源于信任，还来源于危急时刻的不离不弃。

3.外表粗糙，但内心细腻谨慎。罗辑一直是三体人的眼中钉，在罗辑成为面壁者之后两人经过长时间的冬眠醒来，三体人也随之做出行动，多次谋杀罗辑，每一次看似是意外却暗藏谋杀。身处危险中的罗辑没看出异样，只觉得这真的只是意外，而史强却发现这是蓄谋已久的暗杀。也正因为有了史强细心敏锐地观察，罗辑才得以躲过暗杀。在这样的危险时刻，史强并没有远远避之，而是默默地帮助他和他一起面对。

4.侠骨虽粗，但其中尽是柔情。因为职业的特殊性，史强没时间经常去陪伴自己的儿子，甚至一次也没去过儿子的家长会，也没和孩子好好交流过。但是在史晓明因骗了钱要去犯罪培训班改造时，史强对儿子的嘱托让我看见了作为警察和父亲的无奈与关心。看着他离去的背影何曾想过作为父亲的他眼里尽是柔情与关怀，只是不善于表达。作为父亲他很少管教自己的儿子，对于儿子他很愧疚。还好儿子理解自己的父亲，因为史强对自己的儿子很真诚。

5.尽职尽责，不滥用职权。史晓明进入看守所改造后，史强并没有用自己的职权去保释自己的儿子，而是让儿子为自己的错误买单，这才是他作为警察和父亲应该做的。虽然史强看上去很随意但却尽职尽责，对上级派的任务史强都尽全力完成，有时甚至不顾自己的安危。

这个看似粗糙又不严肃的男子，在生活中其实是很幽默、很严谨细心的人，在生活中他不修边幅，但是一到工作中便气血方刚，拥有独特的思考能力，异于常人的思维方式，在工作中表现突出。

史强的人格魅力时刻吸引着笔者，哪里有史强哪里就有欢乐和安全感，每一次有危机的时候有他出现就不会害怕。这个普通人物，却时时刻刻带给笔者轻松和震撼。虽然他没有主角光环，没能成为拯救世界的大英雄，甚至在周围的朋友中，他显得平淡无奇，可是却又波澜壮阔，他乐观通达却又光景惨淡，心胸宽敞明亮却又总是遭到排斥、不被理解。或许，这就是作者心目中平凡的大英雄形象。笔者很喜欢生活中的他，随意随心，也很喜欢工作中的他，认真执着，做事踏实有创意，为人处世真诚、真实，一身侠骨，满怀柔情。他像人父，又像兄弟，更像知己。

（三）章北海形象解析

小说中的章北海是中国太空军政治部政委。作为书中又一重要角色，章北海与罗辑、史强的形象大不相同。章北海的父亲也是一名军人，从小受父亲的影响，章北海冷静话少，从小到大，父亲教育他都是用沉默而不是用语言，他们之间的沉默要比言语传递的信息更多，他和父亲谈话仅此几句便胜千言万语。因此，造就了现在的章北海，严肃深邃。

1. 失败主义深刻，信念坚定。在人类与"三体世界"对战时，章北海曾对这场战争做过剖析，这场战争的敌我力量差距是历史上前所未有的，太空军面临的风险就是失败主义。然而章北海就是个失败主义者。

当他看向正在建设的"唐"号海上航空母舰时甚至从他的眼神中看出了他对胜利主义的追求，但是基于当时智子封锁了地球科技，虽然地球各方面都在发展，但却没有实质上的进步与发展。在三体的科学海洋里，如果仅凭"唐"号来建立信念是多么荒唐。信念的建立是漫长复杂的过程，并且需要以科学和理性为基础，尽管真的需要胜利主义在心中发芽，但没有胜利信念的基础如何灌溉胜利信念的种子。章北海如此坚定不移的胜利信念究竟从何而来？没有人知道。直至章北海登上"自然选择"号选择向宇宙逃亡时，人们才知道章北海坚定的不是胜利主义信念而是失败主义和逃亡主义信念。

早在"三体"危机出现之初，章北海和父亲就已经认真探讨过这场战争。后来，受曾预言过大低谷和第二次启蒙运动、第二次文艺复兴的"未来史学派"的末日战争人类必败理论的影响，加上家族里三代军人在战争中用鲜血凝聚的教训下带来的技术差距的刻骨铭心，他就坚定了人类必败的失败主义信念，在失败主义信念的影响和作为军人的责任意识下，他坚定了逃亡主义。作为一名军人，他当然知道信念的建立是来自科学和理性，在看不到未来的发展前景时，"唐"号的建设给了他很大触动，在人类灭亡之日，他要为人类在宇宙中留下最后一艘舰船，这个决定在父亲最后的目光中更加坚定。为了实现这个计划，他一直伪装自己是有坚定胜利主义信念的军人，虽然被常伟思识破，但是由于含蓄的警告被忽视了，才让章北海有机会完成自己长达两个世纪的逃亡计划。

2. 有军人风纪，从不固守陈规。章北海作为家族的第三代军人，给人的感觉严肃有纪、信念坚定。人都有精力不足、颓废懒惰的时候，但是章北海却恰恰相反。说他像军人不如说他像铁血战士。无论做什么事他眼里都炯炯有神，会议上，认真有纪；管理上，认真严肃；技术学习上，认真苛刻。作为军人他遵守军纪但在关键时刻会根据情况变动行事。

3. 目光远大，冷酷干练。这主要体现在行事上，果断坚决……在总体战略规划中，航天界正处于核聚变系统和辐射飞船建设的争议中，章北海和丁仪等科学家知道辐射飞船在未来与三体的战争中会大大减弱军方实力，甚至有可能会重复当年甲午战争的悲剧。如果最后的决议走错了这关键一步，那么太空队就会在错误的基础上进行建设，造成资源浪费，到时候要想扭转局面是没有多大机会的。但是支持建设辐射飞船的三位科学家都是老航天员，决策最后很有可能会偏向辐射飞船的建设。为了避免不可挽回的损失，章北海决定在三位科学家在太空中拍合照的时候实施刺杀计划，以使辐射飞船建设走向正常轨道。为保万无一失，他制订了严密的计划，把谋杀变成了意外。

在谋杀成功后，章北海冷静无畏，因为他知道自己的决定没有错，这三个人思想禁锢，是未来发展的阻力，他们的死是为人类太空事业做出的最后贡献。在军人的责任下，他必须为了未来的发展做出这样的决定。

4. 敢于牺牲，无所畏惧。章北海一直都知道人类在这次战争中终会失败，为了播种人类最后一粒金属种子（自然选择号），并让它在宇宙中生根发芽把带有人类文明的信息再次成长为完整的文明，章北海甚至愿意放弃自己的生命为之奋斗，无所畏惧。

尽管章北海是失败逃亡主义者，但他从来没有背叛过人类，只是在看清人类命运的后，军人的责任让他选择了用自己的方式去挽救，为了人类的延续他尽了自己最大的努力。章北海信念坚定，眼光远大却又冷酷干练，行事冷静果断，为人通透明白，知道自己该做什么不该做什么。他平时严谨认真，但又随时会做出超乎寻常的事。这正是"三体世界"缺乏的人才，也是能让"三体世界"有危机感的人，相较于史强和罗辑，章北海是有拯救地球的英雄气概的勇者。

为同一目标奋斗，在使命面前他们自觉地扛起自己的责任，尽心尽力、无怨无悔。责任意识早已在他们心中扎根。

四、科幻小说《三体Ⅱ》中人物形象的塑造对儿童的教育意义

在不同的年龄、不同的人生阶段，都有着其自身的完美和成熟状态。[11]少年时期在人的个性的形成中是一个重要阶段。在这一时期，儿童的性格及其活动的内容为其意识行为奠定了基础，在形成道德观念和社会观点方面也呈现出总的趋向。[12]由此可见，儿童的身心发展对儿童的性格和道德观念形成起着重要作用。儿童在有意识以后就会形成自己的看法、想法和情感。这时候的儿童心理和身体发育都不成熟，世界观、人生观、价值观不能理性认识。所

以，教育者要了解儿童的发展规律，遵循儿童的发展规律[13]，根据儿童发展的特殊性分段教学，给予不同时期的儿童以阶段教育[14]，让教育与儿童的发展相互作用。

在科幻小说《三体Ⅱ》中，作者塑造的罗辑、史强、章北海这三个人物形象，个性鲜明生动，都有着自己独特的人格魅力。由于儿童身心发展尚未成熟和模仿心理，儿童文学的创作就会特别注重用教育性、形象性的手段来教育儿童，尤其是通过有趣的故事情节和塑造个性鲜明、充满正义的人物形象来激发儿童的阅读兴趣，在潜移默化中培养儿童良好的道德品质。正确引导儿童多读科幻小说以达到教育对儿童全面发展的要求。

（一）有利于儿童性格的发展

作为一名军人，章北海形象诠释了军人的精神品质。他的理性严谨、沉着冷静和坚定的信仰能让少年儿童对他产生敬佩之情。从他的行为和话语中能带给读者自觉的行为意识反思。作为一名警察，虽然史强颠覆了以往笔者心中严肃、有纪律的形象，但是他的幽默、亲切和对生活的乐观、豁达是一种治愈。随着社会的发展，人际关系变得复杂，为了能让儿童适应社会的变化，幽默和友好的性格对儿童的健康成长有很大影响。罗辑的前期和后期的形象变化非常大，成熟稳重阶段的罗辑是一个有责任心、仁爱之心的人。他的家庭观念非常深，也正是因为有对妻儿的小爱，最后才渐渐发展为对人类的无私的大爱。这些人物形象身上散发出的人格魅力，吸引着儿童读者对自己喜爱的人物形象的模仿，在感叹人物性格的同时，在心里有了一把标尺，这把标尺会使儿童性格朝着好的方向发展。

（二）有利于儿童思想道德的形成

在这部小说中，作者反映了珍视"爱"和"和平"的愿望，从作者所塑造的人物形象身上，可以看出强烈的爱国主义精神以及集体主义思想。不管是三体人还是人类在面对生存的问题时，都不能抛弃道德。在生存面前，每个人都有责任保护自己的家园。章北海、罗辑等人做到了。他们不仅承担起了自己作为一个男人或一名军人的责任，还承担起了保护自己家园的责任。在个人利益和人类利益冲突时，他们选择了奉献，他们对信仰的执着是少年儿童学习的模范和榜样。

（三）有利于儿童建立良好的人际关系

在生活中，人与人之间的相处是基本的活动方式，但处理好人与人之间的关系并不是一件容易的事。这不仅需要人与人之间的包容和真诚，还需要不断提升自己的人格魅力。史强就是一个非常有亲切感的人，不管对谁他都很真诚，他行为习惯上很随意但是在与他人相处时很上心，他会站在他人的立场去思考问题，会考虑他人的感受。在他人有难时总是会伸出援手，哪怕是曾经嘲讽过自己的人他也会毫不犹豫地去帮助他人。在洛克看来，好的教育环境会影响儿童人格的建立。洛克还非常重视幼儿时期教育的影响，哪怕极微小、小到察觉不出，都会有极重大、极长久的影响。[15] 所以，应该从小就要让孩子学会包容、关爱他人，不能斤斤计较，要培养集体意识，与他人建立良好的人际关系。

（四）有利于促进儿童想象力的发展

儿童想象力的发展是儿童教育中的重要内容。而阅读小说尤其是阅读科幻小说，就是培养少年儿童想象力的土壤。《三体Ⅱ》作为一部有影响力的科幻小说，具有强烈的未来性和幻想性，少年儿童通过阅读这部科幻小说，可以在语言中感受罗辑的成长变化，章北海的军人形象，史强不一样的形象内涵；可以在宏大的情境中，感受无穷的想象力赋予科幻小说的无限魅力。少年儿童可以通过小说中人物的语言、动作，在脑海里想象，最后形成对这个人物完整的表象理解，从而把一系列人物置身于作者描绘的巨大想象场景和故事情节中去理解和把握，这有利于少年儿童的抽象思维、逻辑思维及形象思维的发展，潜移默化地培养少年儿童的想象力。

综上所述，刘慈欣的科幻小说《三体Ⅱ》场面宏大，想象丰富。在小说中，作者塑造了逐渐成长为成熟且超脱的罗辑形象，表面随意但却细心谨慎、待人真诚的史强形象，还有冷静果断、信念坚定的爱国军人形象——章北海，这三个主要人物形象不但个性鲜明，而且富有人格魅力。

小说在创作中展现了科学性和人文性的结合，尤其是在人物塑造上，作者通过描写生活中的细节表现了人物的性格特征、思想道德、价值观念等内容。这些人文性的内涵对人的发展具有独特的引导性，主要体现为道德示范性、思想教育性、生活形象性和强烈的榜样示范性等，对少年儿童的道德引领、思想教育及其良好性格的培养等具有风向标的作用，应该引起中小学语文教师及广大教育工作者的重视。

参考文献：

[1] 孔庆东．中国科幻小说概说 [J].涪陵师范学院学报，2003（3）：37-45.

[2] 冯婧．刘慈欣《三体》获雨果奖为亚洲首次获奖 [J].凤凰文化 .2015.8.23（12）.

[3] 刘莹．《三体》荣获全国优秀儿童文学奖：学生都爱看 [N].南方都市报（14）.

[4] 邹德辉．科幻小说在我国的传播困境与发展对策 [D].长春：东北师范大学，2010.

[5] 吴岩．科幻文学理论和学科体系建设 [M].重庆：重庆出版社，2008.

[6] 陈军．换脑以后：外国青少年科幻小说选 [M].北京：北京出版社 .

[7] 姜培培．论阿瑟·克拉克对刘慈欣《三体》的影响 [J].黑河学院学报，2018，9（1）：53-154.

[8] 刘慈欣．三体Ⅱ［M］.重庆：重庆出版社 .2018.

[9] 刘慈欣．三体Ⅰ [M].重庆：重庆出版社 .2018.

[10] 刘慈欣．三体Ⅱ［M］.重庆：重庆出版社 .2018.

[11] 鲍里索夫．少年身心发育之路 [M].刘洪芝，译 .世界知识出版社 .

[12] 鲍里索夫．少年身心发育之路 [M].刘洪芝，译 .世界知识出版社 .

[13] 让·雅克·卢梭．爱弥儿 [M].彭正梅，译 .上海人民出版社 .

[14] 楚江亭．名家儿童观中教育之道 [M].华东师范大学出版社 .

[15] 楚江亭．名家儿童观中教育之道 [M].华东师范大学出版社 .

第二节　科幻课文《带上她的眼睛》的教学策略

阅读提示：

"统编版"初中语文教材增加了科幻题材的课文，这是值得关注的新动向。在七年级下册，特意设置了"科幻探险"单元，编入了科幻课文《带上她的眼睛》等。研究科幻课文的教学策略是落实语文新课标的教学要求的必然选择。从《带上她的眼睛》这篇课文来看，应当从课文概述、教学目标、教学策略三个方面进行深入研究。一是要阐述这篇课文的出处、主要内容、语言特点；二是要根据《义务教育语文课程标准（2022年版）》以及这篇课文的特点，讨论知识能力、提升思维、情感体验、审美鉴赏等教学目标；三是要以教学目标为依据，结合教材具体分析这篇课文的教学策略。首先，要借助"单元导读"，落实整篇文章的教学目标；其次，要创设教学情景，激发学习兴趣；再次，要反复品读文章，品析其写作手法；最后，要通过深入阅读课文，体会文中人物的精神内涵，通过课外阅读延伸，拓宽学生的视野，提高学生参与课堂交流与展示的积极性，提升教学质量。

一、问题的缘起

科幻小说是具有时代特征和前瞻性的文学作品，20世纪初引入我国后获得了一定的发展，但并不被学校认可，在20世纪80年代以来才开始受到语文教育界的关注。[1]国务院办公厅印发的《全民科学素质行动计划纲要实施方案（2016—2020年）》中明确指出，要"大力开展科幻、动漫、视频、游戏等科普创作，推动制定对科幻创作的扶持政策"。引起了社会各界的广泛关注，学校和家长也开始注重孩子的科幻阅读，这对于国内开展科幻小说教学有着重要的价值。

科幻题材与其他题材相比，在教和学方面都具有很大的挑战性。首先，从教师来说，科幻题材是语文教师一般不太涉及的领域，对教师如何教学并教好这类课文是一大考验。其次，对于学生来说，他们接触科幻题材一般是在偶然的课外阅读或科幻电影之中，得不到老师和家长的鼓励。事实上，科幻题材编入中小学语文教材中，能激发学生的学习兴趣，学生能在阅读过程中自发地走进另一个迥异的世界，引发其对科学知识的思考和探索，有助于开放他们的心灵，拓宽他们的视野，培养学生的综合素质。但由于受语文课课时与阅读空间的限制，传统的语文课通常会忽视丰富学生科学想象力和启发学生创新思维等方面的问题，对科幻课文教学的重视程度不够。

从国外对科幻小说的教学研究来看，何建荣在《初中语文科幻小说教学方法初探》中指出，美国"纽约城区的大学教授山姆·莫斯考维奇于1953年首创科幻小说课程，但在教育界影响甚微"。彭瑶在《初中语文科幻小说整本书教学研究》中也说，"直至2013年，索菲娅·布鲁克纳和丹·诺维老师合作开设了一门'从科幻到科学制造'的课程，内容包括阅读科幻小说、欣赏科幻电影，满足学生好奇心激发学生的想象力。"可见，国外比较重视科幻题材在中小学语文教学内容中的设置。[2]Roger在《Freedman and W. A. Little, Physics 13 : Teaching Modern Physics through Science Fiction》中表示，"英国格兰摩根大学开设'科学与科幻'课程，试图从社会与文化的角度来解读科幻文学，探讨科幻文学与科学之间的相关联系"。研究者付梦涵在《初中科幻小说整本阅读研究教学》中介绍 [3]，加拿大阿尔伯塔州的卡尔加里蒙特皇家学院专门开设了科幻小说的讨论课程，要求学生熟悉关于科幻小说的主要作家作品，了解科幻常识。[4] 他们认为，相关课程的设置能够有目的地培养学生对于科幻类课文的理解和掌握能力。

从国内的情况看，笔者通过"知网"等渠道，查询了近三年有关科幻课文研究的相关文献共 25 篇。通过整理发现，我国大学课程中非常重视科幻题材的引入，如北京师范大学吴岩开设了科幻文学选修课，还特别编写了《科幻文学理论和学科体系建设》一书，对"为什么开设科幻课程、什么是科幻小说、科幻教学的教学设计"等问题进行了深入研究。吴岩发表了《论科幻小说的概念》一文，从统计学的角度研究了科幻小说的相关内容，指出了"科幻小说所包含的六要素，并与童话、科普小说等区别开来，促使读者更加清晰认识科幻小说"。袁霞在《初中科幻小说整本书阅读的教学策略研究》一文中指出，"目前科幻小说教学存在着教学内容匮乏、教学方式不当、教学缺乏系统性等诸多问题"，并从教学目标、教学策略等分析了原因，提出了相应的解决方式，为科幻文学的教学提供了某种参考。汪迟在《科幻小说教学中叙事知识的渗透：以〈带上她的眼睛〉的教学为例》中认为，科幻小说的教学不同于传统的语文教学方式，指出教师要注重小说中悬念的设置，结合学生的经验和背景渗透叙事知识，才能对学生进行有效地指导。

毫无疑问，上述研究成果及相关文献，为笔者探析科幻课文《带上她的眼睛》的教学策略，提供了可资借鉴的材料。

二、科幻课文《带上她的眼睛》概述

自"统编版"初中语文教材使用以来，教师如何在教材中提炼内容，如何横向和纵向挖掘内容，如何使用教材丰富课堂教学形式，如何提高教学质量，如何培养学生的文学素养，这些都成了教师关注的重点问题。以科幻课文《带上她的眼睛》为例，根据教学目标分析这篇课文的教学策略，完善教学内容，同时使教学内容更加丰富，更有利于培养学生的综合素养，让学生不再只具备"应试能力"，而是学会思考、学会应用，能将书本上的知识与实际生活联系起来，能够解决实际问题，并且能在解决问题的过程中体会到作者想要传达的思想，领悟科学精神的内涵。对语文教学和学生的成长而言，这些追求或许更为重要。

在语文课程体系中，课文是承载课程和教材意图、理念的最小组织单位。《带上她的眼睛》的作者是我国著名科幻作家刘慈欣。他的这篇科幻小说，通过教材编者对其进行科学、合理的删减之后，被编入了"统编版"初中语文教材，由此可见它所具有的语文教育价值是相当高的。

具体讲，科幻课文《带上她的眼睛》的主要内容是，小说主人公戴了一副传感眼镜去旅行，这一行为使得这位生活在"封闭控制舱"里的小姑娘首次感受到了地面上的美好事物，体验到了全新的世界，"她"拥有了难得的幸福。然而，当回到现实时，"我"了解到了"她"所处的困境，因为地航飞船出了事故，导致"日落六号"飞船误入地核区域[5]，救飞船在地层中失去动力，只能通过传感器感受地面的生活，这使主人公陷入悲伤的回忆。

整篇小说故事曲折生动，具有很强的人文色彩。在描绘"沈静"的眼睛在"我"的带领下观赏地面的风景时，作者的描写手法非常细腻，使读者能够置身其中。在揭示"沈静"为什么被困在地心时，作者娓娓道来，描述了"沈静"因为飞船失事而陷入地心的故事，使读者能够切身体会到"沈静"所处的困境，从而能够真切地感受到"沈静"悲伤的情感，体会到"她"的无奈和心酸。

作者塑造人物形象时，没有用华丽的辞藻或者雄壮的情感表达，而是用平实的叙述手法进行描写，细节生动，语言真挚恳切，给读者以亲切感，引起读者的共鸣。

三、科幻课文《带上她的眼睛》的教学目标分析

教学目标是指"关于教学对学生发生何种变化的相关陈述，同时特指教师在开展教学时所希望学生获得的学习结果"[6]。教学目标指引着教学活动的方向，而教学活动也应该紧紧围绕教学目标来开展。教学目标共涉及三个层次：课程教学目标、教材教学目标、课文教学目标，三个层次的教学目标紧密联系。科幻课文《带上她的眼睛》的具体教学目标，可以从多个角度进行分析。

（一）基于提升知识能力的教学目标

一是要理解。科幻文学是基于科学逻辑创作的文学作品，不是凭空幻想和捏造的内容；学生通过科幻课文的阅读和学习，能够培养自身的科学素养，在将科幻知识与科学知识的有效对比中，获得更为客观、准确的认知。二是要

领会。在《带上她的眼睛》这篇文章中，作者塑造了一个丰满新奇的人物形象——"沈静"，课文中塑造的"沈静"，不仅是可以为全人类牺牲的"英雄"，同时"她"也是向往地面生活的"普通人"。三是要知晓。课文中涉及了一些科学知识，例如增强现实遥感技术以及一些地理常识，在学习时要能够将这些科学知识联系到现实生活中，提高自我的科学素养。科幻题材的课文能够使学生学到更多科学知识，丰富学生的知识体系；教师在教学方面要做到学科交叉融合，让学生的知识体系可以相互联系，并最终指向核心素养培养的目标。

（二）基于提升思维能力的教学目标

初中生活泼好动，对很多事物都充满好奇，而科幻题材的小说刚好能满足他们的心理特点，能够给他们带来不一样的阅读体验。在"统编版"初中语文教材中编入科幻课文，既能激发学生的学习兴趣，也能使学生对文中的科学知识有更深层的理解，有利于培养学生的科学素养和审美能力。例如，在课文中将主人公"她"的身体束缚、内心失意和"我"的身体自由、心灵荒芜进行对比，更能凸显某种人文情怀；同时，"我"作为一名科研人员，同样体会到了"她"深陷地心的心酸，使"我"对自己所从事的工作不再抱怨。也就是说，科幻小说中的科学的幻想，能够激发学生的思维，使学生不再拘泥于现实生活中的一些思维习惯，让学生跳出原来的思维模式，有利于激发学生的创造力和想象力，有利于培养学生的逻辑思维能力；学生在学习科幻课文时，能够突破传统的思维限制，创造更多的可能性。以上这些内容，都可以作为基于提升思维能力的教学目标来理解。

（三）基于提升情感体验的教学目标

科幻小说不仅要构造一个个引人入胜的科幻故事，还要将故事的主题意蕴贯彻到情节当中，使读者在阅读跌宕起伏的故事情节时，也能感受到作者想要传递的价值观念。科学性与人文性、文学性与艺术性、幻想性与预见性等都是科幻小说具有的显著特征，读者阅读科幻小说时，除了学习科学知识之外，还需关注其文学性、艺术性、思想性、人文性对塑造人的精神世界的独特作用。《带上她的眼睛》这篇课文，讲述了地底飞船失事的精彩故事，虽然主人公被永远困在了地心，将青春和生命永远留在了地球深处，但是"她"却依然保持着对生活的热爱，依然关注着人类的命运，甚至把人类的"大爱"发挥到了极致。"她"身上所体现的强烈的奉献意识和努力寻求自我价值实现的精

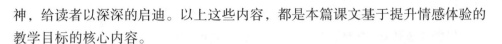

神，给读者以深深的启迪。以上这些内容，都是本篇课文基于提升情感体验的教学目标的核心内容。

（四）基于提升审美鉴赏的教学目标

如前所述，科幻小说不仅具有科学性，还具有文学性和人文性，科幻小说赋予人物丰富、饱满、鲜明的形象特征，这些形象中蕴含了人文科学精神。同时，科幻小说以一定的现实社会和现代科学知识为基础，但是仍然属于幻想性质的文学，所以教学中要避免仅仅引导学生关注科幻小说中神奇、幻想的内容，不去理解其中蕴含的人文情怀。从表面看，《带上她的眼睛》在描写主人公的精神品质时，没有直接描写"她"怎样的坚强，而是通过表现她"对地面世界的留恋"，成功塑造了身在地心却想着全人类的伟大英雄形象，主人公身上所蕴含的人文情怀和人文精神同样令人难忘。

四、科幻课文《带上她的眼睛》的教学策略分析

教学策略是为了实现教学目标而使用的相应的教学方法，是以某种目标为核心而采取的相应的教学手段，如制定目标、选择教具、采用办法、组织活动、积极反馈、界定成绩等。[7]初中语文教材中的科幻课文《带上她的眼睛》，将科学性与幻想性完美结合，具有鲜明的科幻色彩，在一定程度上体现着对人类未来科技发展走向的预测。根据本书前面所阐述的这篇课文的教学目标，笔者可以对其教学策略作更充分的探讨。

（一）巧借"单元导读"，落实教学目标

"统编版"语文教材的选用和文章的采编，必须依据国家颁布的《义务教育语文课程标准（2022 年版）》中的指导思想来完成。《带上她的眼睛》符合课程标准的设置要求，这篇课文所在单元设置的"单元导读"也很贴心，一方面，通过简单的引导和提示性话语，激发学生的阅读兴趣；另一方面，能够在某种程度上指导教师设计出符合教学需要的授课流程。

单元教学及学习目标中强调了"浏览""提取信息""对内容思考质疑"等要素，这是进行科幻课文阅读的方法指导。"浏览是对文章的通读，在读的过程中抓住作者想要强调的重点，从而提取出关键的信息：故事发展脉络、文章主旨思想，概括出中心思想后带入自己的想法，思考作者为什么要这样表达，想要传递的深层内容是什么，这是阅读策略。"[8]"体会文章伏笔运用的

精妙之处"[9]，"理解科幻作品的意义和价值"[10]，从而分析文章的写作手法，理解作者想要传递的价值观，这也是非常重要的阅读策略。韩贵杰发表在《语文教学与研究》杂志上发表的《＜带上她的眼睛＞教学设计》的文章中，在如何落实教学目标上，他是这样阐述的：先让学生快速浏览课文，提取文中的主要信息，并填写教师所设计的导学案，引导学生梳理文中的主要情节，通过设置问题（如"请大家回味一下，课文中的哪些情节能体现出科幻小说所特有的想象力"[11]）让学生去感受科幻小说构思的巧妙。这样的阐述很有启示意义。

从借助"单元导读"来构建《带上她的眼睛》的教学策略方面看，可以这样设计：首先，教师带领学生通读课文，引导学生提取课文中的有效信息（完成"导学案"并检查），理顺文章的思路（完成"导学案"并检查），找出文章的伏笔（完成"导学案"并检查）；其次，设置问题，让学生进行小组讨论，从文章中寻找问题的答案（完成"导学案"并检查），通过解决问题加深学生对文章内容和文章所表达的情感的理解；最后，将课堂上学到的知识运用在课外阅读之中，布置一些课外阅读作业（阅读科普或科幻作品），对课堂上所学到的方法进行巩固（完成课后作业并检查），从而有效提升学生的科幻小说阅读能力，有效提升其语文素养。

（二）创设教学情景，营造教学氛围

情景创设作为一种常用的教学方法，能够使学生在所创设的情景中对知识有更真切的体会，加深学生对内容的理解。也就是说，教师在进行科幻题材课文的教学时，应创设相应的教学情景，激发学生的学习兴趣，让学生深入其中，情不自禁地在情景中感受文章所要表达的深刻内涵。

首先，要让学生了解科幻课文的结构。科幻课文是基于科学基础上进行的艺术创作，其部分内容高于甚至超于现实生活，教师要帮助学生理解科幻课文的幻想部分是什么，作家为什么要这样构想，它与现实生活有什么联系，其中所蕴含的科学道理是什么。其次，要引导学生开拓思维，突破想象限制，基于生活经验进行联想创作。最后，要启发学生分析写作手法，并能够运用到自己的写作中。比如，N 市实验中学申老师在教学这篇课文时，借助课本的插图，引导学生对插图中小女孩的眼睛进行点评，并让学生对插图进行描绘，以这样的方式把学生带入文章所描写的情景之中。有学生说，"小姑娘的眼睛和地航飞船结合在了一起，睁开眼睛就可以透过飞船看到星空"。由此可见，这种方式能够让学生生成更有深度的阅读创意。笔者认为，在《带上她的眼睛》

这篇课文中，"我"可以带上小姑娘"沈静的眼睛"闻花香、看湖泊、清唱歌曲等，教师可以引导学生观察图中的事物，学生可以幻想自己就是那双眼睛，仔细感受文中的故事情节，使学生置身其中。然后再让学生大胆地去描绘自己所想象的科幻世界，这样做既使学生理解了文章的主旨，也拓展了他们的科学思维。最后，教师还可以通过比较阅读方法的方法，创设良好的教学情景。比如，《太空一日》和《带上她的眼睛》是两篇不同类型的科学课文，前者是纪实类的，后者是小说类的，虽然课文中的某些内容是作者的想象，不存在于现实生活当中，却没有虚假的感觉。这种"真实感"来自两部作品在人物形象的塑造上，打破了传统的"英雄人物"概念，他们不仅伟大，还有着普通人的情感，这样的人物形象更加丰满，更能引起中小学生的情感共鸣。

（三）反复阅读课文，赏析其写作手法

《带上她的眼睛》这篇科幻小说中的写作手法有很多值得读者去借鉴的地方。文中多处埋下伏笔，并且采用了独特的叙述视角。比如，开始"主任"让"我"带上一双"眼睛"去旅行，且隐瞒了这双眼睛的主人的身份，这里埋下了伏笔（作者应用了伏笔照应手法），营造了一种神秘的氛围。接着，写这双"眼睛"的主人对草原上的事物表现出很大的好奇心，有点不正常，又为后面的揭示真相埋下了伏笔，使文章的情节结构更为跌宕起伏。最后，"我"得知"她"原来是"落日六号"的成员，被困在地心深处，活动范围不到10立方米。这时，"我"终于理解了"她"之前所有的反应。文章的结局出人意料，却又在情理之中。

T市实验中学的陈老师，曾对文中内容提出质疑。例如，"'眼睛'还能被人带走？小姑娘的表现是否有些奇怪？"实际上，学生通过探究这些问题，能够更加深刻地理解文章中的写作手法。在叙述视角上，作者采用内聚焦的叙述视角，即从某个人物的角度进行叙事。课文借"我"的眼睛展现了一个在科幻世界背景中的悲剧故事，深切感人，既具有合理性，又具有可信度。让学生理解文中所采用的独特叙述视角，理解科幻小说的本质和特征，上面所说的陈老师所质疑的内容就好理解了。

（四）深入解读课文，体会人物精神

从科幻小说"软"与"硬"的方面看，刘慈欣的作品大多呈现出一种"外壳坚硬，内芯深软"的状态。"硬"表现在其科幻元素保持着科学的逻辑，不

会出现不合常理的"反科学"幻想;"软"表现在作者塑造的愿意为科学献身的"英雄人物"身上(有情感),从他们身上能够体现出科研的一种崇高境界。文章中没有出现科学漏洞,而是以地质科学(地幔、地核、莫霍界面与古腾堡界面等)与航天技术(飞船、雷达、中子材料与中微子通讯等)构建故事,利用科学的计算和数学知识对飞船失事的情况做了详尽的描述,不仅展示出了一种悲壮的宏伟大气,还具有科学的逻辑性和严谨性。

X市第八十九中学的教师张晓华通过一系列的问答形式实施教学,很有特点。"师:小说中,最让你感动的是什么?生:身处'地心'的'小姑娘',她太坚强了。[12] 在恶劣的环境中,没有亲人朋友,和外界失去了联系,不同于一般人,小姑娘表现出了异常的坚强。师:一起读一下……不错!人物描写方法是什么?表达了她怎样的精神品质?生:语言描写;表现了她坚强乐观、恪尽职守的品质。"在这样的问答教学中,引导学生体会作者想要表达的思想情感。[14] 另外,教师在授课中可以采用一些生动形象的工具辅助教学,如模型、影片等,这样学生能更直观地理解其中的科学内涵,激发其对科学的兴趣。比如,了解地球内部的结构,地心的密度、温度、成分等科学文化常识,使学生对飞船被封闭在地心有更深切的感受,从而体会主人公当时的无助,这样主人公的无畏精神才能被突显出来,学生对文章中心思想的理解才会更加深刻。教师要始终把握教学的基本方向——积极引导学生在深层次阅读中把握文章主旨,领悟课文内涵,体会人物形象的内在精神价值。

对《带上她的眼睛》这篇中学语文教材中的科幻课文而言,通过阅读让中学生体会"沈静"让人感动的精神,即使被困在地心深处,也相信"希望"永在。就像作者在《流浪地球》中所说的那样,"无论最终结果将人类历史导向何处,我们选择'希望'"[13]。这两部作品告诉读者,无论身处怎样的困境,都不要轻易放弃。在《带上她的眼睛》这篇课文中,主人公在被永久封在地心深处,却还是关心全人类的命运,能让读者感受到主人公大无畏的奉献精神,以及在困境中不屈不挠的精神,能激发读者的思考兴趣。

(五)课后阅读延伸,拓宽科学视野

有一位老师设计了这样一道课后练习题,请学生为《带上她的眼睛》写续集?学生要完成好这道作业题,不仅要理解文章的内涵,还要有一定的科幻写作能力。这道课后练习题能够使学生借鉴文章的写作手法并应用到自己的写作练习中,同时学生在创作中可以发挥想象力,精心设计故事情节,使学生的

创造力和逻辑思维能力得到锻炼。[14] 实际上，语文课的课堂教学就是要从各个角度引导学生主动阅读和思考。学习《带上她的眼睛》这篇课文，还可以启发学生扩大阅读范围，多读一些科幻类题材的作品。[15] 教师可以要求学生阅读相关的科幻题材文章，并从故事情节、人物塑造和思想内涵等角度对自己所阅读的文章进行分析，再以小组讨论的形式交流分析结果。最后，提炼文章中所蕴含的科学知识，并将这些知识用自己的语言讲述出来，使学生在提高语文表达能力的同时，学到科学方面的课外知识，拓宽科学视野。

总而言之，随着教育改革的不断深入，初中语文教育中也丰富了教材文体，"部编版"初中语文教材中不仅编入了科幻课文，还对科幻小说做了名著导读。初中语文教学中新增加科幻题材的课文，丰富了语文题材的教学内容，培养了学生的逻辑思维能力，提高了学生的学习能力，符合新课标对学生综合素质培养的要求。教师要引导学生从科幻题材的文章中进行科学探索，汲取科学知识，培养科学精神。科幻课文《带上她的眼睛》塑造了一个为了科学不惜奉献自己的伟大形象，"她"既有伟大的牺牲精神，也有对生活的向往，这使得这个英雄人物更加符合普通人的情感，给读者以亲切感，使得主人公的"英雄"形象更加丰满。笔者的讨论希望能够为科幻题材的教学提供一定的理论基础，使得科幻题材课文能够最大限度地发挥其独特价值，从而提升科幻小说的育人效果。

参考文献：

[1] 中华人民共和国教育部. 义务教育语文课程标准：2011 版 [S]. 北京：北京师范大学出版社，2012.

[2] 中华人民共和国教育部. 七年级语文下册(2016 年版)[S]. 北京：人民教育出版社，2016.

[3] 袁霞. 初中科幻小说整本书阅读的教学策略研究 [D]. 太原：山西师范大学，2019.

[4] 何建荣. 初中语文科幻小说教学方法初探：以威廉·科兹文克《ET 外星人》为个案研究 [D]. 武汉：华中师范大学，2010.

[5] 彭瑶. 初中语文科幻小说整本书阅读教学研究：以《海底两万里》为例 [D]. 赣州：赣南师范大学，2021.

[6] 付梦晗. 初中科幻小说整本书阅读教学研究：以《海底两万里》为例 [D]. 天津：

天津师范大学，2021.

[7] 温儒敏，王本华．统编初中语文教科书：教学设计与指导：七年级下册 [M].上海：华东师范大学出版社，2021.

[8] 吴岩．科幻文学理论和学科体系建设 [M].重庆：重庆出版社，2008.

[9] 吴岩．科幻应该这样读 [M].南宁：接力出版社，2012.

[10] 王泉根．现代中国科幻文学主潮 [M].重庆：重庆出版社，2011.

[11] 李琛，陈春晟，刘兵．"教"与"学"双主体协同互促教学设计方法研究 [J].黑龙江教育（高教研究与评估），2022（5）：48-49.

[12] 刘爱霞．部编初中语文自读课文教学策略初探 [J].新课程，2022（19）：120-121.

[13] 吴岩．论科幻小说的概念 [J].昆明师范高等专科学校学报，2004（1）：5-9.

[14] 汪迟．科幻小说教学中叙事知识的渗透：以《带上她的眼睛》的教学为例 [J].教学月刊·中学版（语文教学），2017（9）：9-12.

[15] 王本华．守正创新，构建"三位一体"的语文教科书编写体系：部编义务教育语文教科书的主要特色 [J].语文教学通讯，2016（26）：7-10.

[16] 陈恒舒．统编初中语文教材自读课文的设计思路 [J].语文学习，2017（11）：12-15.

[17] 温儒敏．"部编本"语文教材的编写理念、特色与使用建议 [J].课程·教材·教法，2016，36（11）：3-11.

第三节　科幻小说《超新星纪元》的艺术特色解析

阅读提示：

刘慈欣科幻小说让沉寂已久的科幻文学重新回到了大众的视野。作为我国新生代科幻创作者的领头羊，刘慈欣发表的经典科幻著作有《超新星纪元》《三体》《流浪地球》等，他曾多次获得中国科幻"银河奖"，并凭借《三体》斩获"雨果奖"，在学界掀起了一股研究刘慈欣及其创作的热潮。但是学界对刘慈欣科幻创作的研究大多是从宏观的角度进行的，缺少对具体作品的研究。对《超新星纪元》的出版时间、主要人物及故事情节进行梳理，再从诡谲残酷的氛围营造、虚实交融的情节结构和大胆新奇的想象色彩三个角度对这部作品的艺术特色进行分析，有助于鼓励中小学生多读课外科幻类作品，拓展自己的文学视野。

一、问题的提出及其解释

在中国，科幻小说属于西方"舶来品"，晚清时期传入中国。在这一百多年的时间里，科幻小说的发展非常曲折，虽然取得了一定的成就，但总体上仍处于中国文学的边缘位置。[1] 直到刘慈欣的《三体》系列引发阅读热潮后，科幻小说开始进入大众视野。刘慈欣是我国新生代科幻小说的代表作家，他的代表作有短篇小说《乡村教师》《地火》《赡养人类》等，长篇小说《超新星纪元》《球状闪电》及《三体》三部曲等，其作品曾多次荣获我国科幻文学的最高奖——"银河奖"，并在 2015 年凭借《三体》获得了世界科幻文学大奖——"雨果奖"。复旦大学副教授、《新发现》杂志主编严锋表示，"从《三体》开始，我毫不怀疑，这个人单枪匹马，把中国科幻文学提升到了世界级的水平"[2]。笔者认为，刘慈欣的科幻小说具有不容忽视的研究价值。

《超新星纪元》是刘慈欣早期创作的科幻小说，初稿于 1989 年完成，初版于 2003 年发表，其间五易其稿，被作者认为是其科幻创作生涯"社会实验阶段"的代表作之一，同时是"科幻创作上的青年时代彻底结束"的标志。[3] 这些说法对我们理解刘慈欣的作品是非常重要的，可能是解读《超新星纪元》的钥匙。基于此，笔者以《超新星纪元》为研究对象，希望通过对《超新星纪元》的解读，在一定程度上对刘慈欣的作品进行深入研究和解读。

笔者查阅资料发现，国外对刘慈欣作品的研究并不多见。例如，美国卫斯理学院东亚系副教授宋明炜的《弹星者与面壁者 刘慈欣的科幻世界》一文，这篇文章对中国科幻文学的发展和刘慈欣的大致创作情况做了简要的阐述，把刘慈欣在中国科幻小说界的地位比作金庸在武侠小说中的地位。可以说，宋明炜对刘慈欣的评价很高。宋明炜在文章中，还对刘慈欣的几部作品中所展现的科幻世界进行了分析，认为刘慈欣的作品具有用心构造的完整的世界景观和直击人心的现实感。[4]

在我国，自从《三体》英文版获得了"雨果奖"之后，关于刘慈欣作品的研究就出现了爆发式的增长。笔者在知网上以"刘慈欣"为主题进行搜索，共检索到 465 篇期刊文章，91 篇硕士论文，69 篇报纸文章。经过大致梳理，笔者发现，国内对于刘慈欣作品的研究大多集中在对刘慈欣创作的整体研究、美学风格的研究和与国外作家的对比研究三个方面。由于文献众多，笔者选取了几篇比较有代表性的文章略作概述。在对刘慈欣创作的整体研究方面，张诗悦的硕士论文——《刘慈欣科幻小说创作研究》比较有代表性，该文从刘慈欣科幻小说创作的特点、成因及刘慈欣科幻小说创作的启示三个方面，对刘慈欣的作品进行了整体分析。另外，学者程孝阳在《刘慈欣科幻小说论》中，对刘慈欣作品的意识生成、科技启蒙、艺术形象和叙事策略等进行了详尽的分析。在对刘慈欣作品的美学风格研究方面，北京师范大学科幻文学专业的吴岩和其研究生方晓庆在 2006 发表的《刘慈欣与新古典主义科幻小说》一文比较有代表性，文章从叙事特征、人物塑造、情感线索等方面研究了刘慈欣的科幻小说对古典主义科幻小说的承袭和超脱。在与国外作家的对比研究方面，比较有代表性的有蒋思玶的《刘慈欣〈三体〉系列与阿瑟·克拉克科幻小说比较研究》，这篇文章把刘慈欣的《三体》系列与阿瑟·克拉克的科幻小说进行了对比研究，从形象塑造、创作理念、人文关怀、叙事策略四个方面，分析了刘慈欣《三体》系列对阿瑟·克拉克科幻小说的继承，并且对它们的差异性进行了比较，最后阐述了《三体》系列的特点及其研究价值。

从上面的梳理及陈述中不难发现，国内对刘慈欣科幻小说的研究成果丰硕，但大多数研究是从一个较为宏观的角度进行的，对于除《三体》系列之外的其他小说缺乏细致的解读。因此，将刘慈欣的长篇科幻小说《超新星纪元》作为研究对象，对其艺术特色进行分析和解读，很有新意。

二、刘慈欣科幻小说创作概述

清朝末期，科幻小说随西方先进的科学文化技术被引进中国，这种新的文学样式非常受读者和作家的欢迎。但我国作家 1949 年以前创作的科幻小说，往往带有强烈的政治色彩，更多被作为开启民智、破除封建迷信的工具，再加上部分创作者急功近利，导致一些作品缺乏科学依据，只是生搬硬套某些科学名词，这使得科幻小说的发展逐渐陷入了低迷。[5]1949 年中华人民共和国成立之后，在对新技术、新思想的憧憬之下，中国科幻文学又焕发出新的生机，涌现出了郑文光、肖建亨、迟叔昌、童恩正等一批优秀的科幻作家。这一时期的科幻作品政治性、功能性依然很强，主要用来传播科学知识，科普启蒙功能较强。改革开放之后，我国的科幻小说进入了蓬勃发展时期。在这一时期，科幻创作的观念开始转变，科幻小说由科普工具开始逐步转向科学性与文学性相结合，题材和风格有了极大的拓展，创作风格也愈加多样。但是随后的一场关于科幻文学是姓"科"还是姓"文"的争论，让科幻文学再次跌入谷底。20世纪90年代以来，中国科幻文学再度复苏，出现了一大批优秀的科幻作家，如王晋康、韩松、何夕、刘慈欣等。其中，刘慈欣凭借《三体》系列科幻小说，一马当先，成为我国科幻文学领域的代表人物，其创作成果引人注目。

（一）刘慈欣创作科幻小说的原因

据刘慈欣本人陈述，他之所以走上科幻小说创作的道路，离不开他的童年经历。刘慈欣从小生活在太行山边罗山县的一个村庄里，但总是对太行山的另一边感到十分好奇。

他曾回忆说："我小时候生活在太行山区，那时远方的山脊线在我眼中是很奇妙的东西。看着那条以空旷的天空为背景的山脊，我总是好奇山的那边还有什么东西，渐渐地开始想象山那边有一个很神奇的世界。"在7岁那年，他亲眼看见了中国第一颗人造卫星"东方红一号"升空之后，更是无法抑制对未知世界的向往。这段小时候的经历，让刘慈欣的内心对这个世界充满了无尽的好奇心和天马行空的想象，在他的心里埋下了一颗科幻的种子。后来，他看了一套科普丛书《十万个为什么》，第一次知道了"光年"的概念，并为之震撼。他说："我想象着光线以每秒三十万公里的速度穿越那寒冷寂静的太空，用想象努力把握着那令人站栗的广阔和深远，被一种巨大的恐惧和敬畏所压倒，同时有一种快乐感。"[6]从那个时候开始，刘慈欣发现自己拥有将抽象的感受形象化的能力，那些在别人看来只是一堆抽象的符号的东西，他却能够把它们具象化，就像是自己能够碰触到的事物一样。正是这种对未知世界无穷的好奇、丰富的想象和独特的感受能力，让刘慈欣成为一名科幻爱好者，进而成为一名科幻作家，而这些也是他多年来坚持创作科幻小说的强大精神动力。

（二）刘慈欣科幻小说的创作成果

在走上科幻创作的道路后，刘慈欣的创作就从未停止过。从1999年至今，刘慈欣共发表了7部长篇科幻作品和39部中短篇科幻作品，比较有影响力的有《三体》《流浪地球》《带上她的眼睛》等。在这些著作中，长篇科幻小说《三体》获得了第十八届中国科幻"银河奖"特别奖、第二届全球华语科幻"星云奖"最佳长篇小说金奖等重大奖项，并在2015年凭借英文版的《三体》，获得了世界级科幻小说最高奖项——"雨果奖"最佳长篇小说奖。《带上她的眼睛》获得了第十一届中国科幻"银河奖"一等奖，改编后被编入了2016年人教版语文教材（七年级下册），后来又被编入了"统编版"初中语文教材。《乡村教师》被改编成电影《疯狂的外星人》，获得了 22 亿票房。《流浪地球》被改编成同名电影，上映后获得了 46 亿票房，并荣获东京国际电影节"金鹤奖"最佳作品奖和中国金鸡奖最佳影片奖。

三、刘慈欣科幻小说《超新星纪元》阐释

《超新星纪元》是刘慈欣早期创作的科幻小说之一，初稿写于 1989 年，但直到 2003 年才正式出版，在这 14 年间刘慈欣一共创作了五稿，2003 年作家出版社出版了这部作品的第五稿。本书研究的是重庆出版社 2009 年出版并于 2016 年再版的第四稿，第四稿也是作者认为最成功的一稿。在《超新星纪元》这部小说中，其主要人物形象有华华、严井（在书中被叫作眼镜）、晓梦、吕刚、赫尔曼·戴维、切斯特·沃恩等。其中，华华有远见、有气魄、有胆略，也有很强的感召力，是新纪元时期中国孩子的领导人之一。眼镜博学多识、冷静、理智、看问题深刻，对很多事情有自己独到的见解，也是新纪元时期中国孩子的领导人之一。晓梦稳重成熟，很有管理才能，且深得孩子们的信任，也是中国孩子的领导人之一。吕刚热爱武器和军事，有卓越的军事才能和坚强的品质。戴维是新纪元时期美国孩子的第一任总统。沃恩是美国国务卿，智力超绝，有丰富的社会经验和强大的洞察力。

《超新星纪元》的开头描绘了一颗位于御夫座的一颗超新星突然爆发，由于地球距离它太近，超新星的高能射线摧毁了人体细胞中的染色体，13 岁的孩子大概率可以自行恢复这种染色体，12 岁及以下的孩子完全可以恢复该染色体。不幸的是，其他年龄段的人因为这种染色体被摧毁，其寿命不会超过一年。因此，在未来一年的时间里，13 岁以上的人都会慢慢地丧生，整个地球将会只剩下孩子。为此，全世界都采用了一种非常规的方式——用模拟国家游戏来选拔领导人，以期短时间内挑选一批合格的国家领导人，中国也不例外。在北京近郊的山谷中，让 24 个班级近千人建立了一个个小国家，在观察了所有小国家中孩子们的表现后，确定了未来世界我们国家的领导集体。之后，全世界开始了"大学习"，所有的孩子都在不停地学习各种知识。一年后，大人们相继离世，孩子们接管了整个世界，超新星纪元正式到来。

新纪元初期，在没有大人的世界里，孩子们陷入了混乱，但在超级计算机"中华量子"的帮助下，孩子的领导者们恢复了国家的秩序。华华、晓梦和眼镜等一些通过非常规手段选出来的孩子，担任起国家的领导人。他们用屡弱

的肩膀担负起了领导国家的使命。在国家安定下来之后，小领导人们在虚拟网络上召开了超新星纪元第一次全国代表大会，并且通过了"建立好玩的国家"的决议。

随后，在经历了"糖城时代"之后，为了转嫁危机并争夺这个因超新星爆发而变暖的大陆——南极大陆，野心勃勃的美国领导者在南极洲发起了"世界游戏"。世界各国派遣部队驻扎南极洲，展开了一场诡谲而残酷的孩子战争。就在战争游戏愈演愈烈的时候，美国孩子却发现自己并没有如预期的那样成为游戏的霸主，于是他们在焦虑中陷入了疯狂，玩起了最后一个游戏：洲际导弹对射游戏。他们先是用玩具弹头攻击俄罗斯基地，然后突然用百万吨级的战略核弹头打击中国基地。中国基地被摧毁！在这万分危急的时刻，就在中国南极远征军被迫疏散之际，由特别观察组向孩子们的领导集体，递交了一封大人领导者留下的信件，并向他们移交了一枚带有400万吨级核弹头的洲际导弹，中国孩子用这枚导弹击发起核反击，摧毁了美国基地。这时，因为超新星爆发而升高的全球气温突然降低，南极的气候恢复到公元世纪的寒冷状态，对这块大陆的争夺已经没有意义，于是战争游戏结束了。但美国并没有放下野心，为了争夺霸主地位，又与中国玩起了交换国土的游戏，最终中国的孩子们同意了这个游戏，于是两国的孩子们开始了大迁徙，故事也在这里告一段落。

四、《超新星纪元》的艺术特色分析

刘慈欣及其科幻小说的爆火，让科幻小说也一度成为我国民众讨论的话题。正是长期写作的积累，让刘慈欣写出了一部现象级的作品——《三体》。这些构思奇特、想象恢宏的作品共同谱写了刘慈欣科幻文学创作的辉煌史诗。面对刘慈欣的成就，笔者仔细品读了他的作品《超新星纪元》，下面从诡谲残酷的氛围营造、虚实交融的情节结构、大胆新奇的想象色彩三个方面对其进行赏析，以便挖掘其中的文学审美价值。

（一）诡谲残酷的氛围营造

《超新星纪元》营造了一种诡谲残酷的氛围。在笔法上，作者有意营造压抑的氛围，开篇先用平实无华的笔法描写了小学毕业班的毕业晚会，读来有种淡淡的压抑，突然笔锋一转："就是在这个夜里，人类所知道的历史已走到了尽头。"[7] 就在读者心跳加快之际，作者以冰冷客观的科普笔法，描写了超新星辐射到达地球的景象，营造了压抑的气氛。而玫瑰星云的出现则是在压抑中增添了一丝恐惧，玫瑰星云形状酷似玫瑰花，散发出摄人心魄的蓝光，看上去甚是诡异，如此诡异的玫瑰星云却将永远伴随人类文明而存在，让小说的氛围怪异而诡谲。

在情节上，当超新星爆发后，全世界被悲观情绪笼罩，一些陷入绝望和疯狂的极端分子差点毁灭了世界。刚开始时，世界各地出现了种种不祥的征兆：植物产生了异常和变异，动物开始大批死亡，人类也出现了低烧、浑身乏力、原因不明的出血等。绝望的情绪弥漫在所有人的心头，越来越多的人失去理智，城市失去了应有的秩序，爆炸声和枪声此起彼伏，到处都是疯狂的人群。但在发现孩子们的修复功能后，疯狂的世界立刻平静下来，然后大学习开始了。从大学习到世界最终交接到孩子们身上，这部分情节渲染了一种紧张的气氛，大人们得脸上凝重而严峻，因为这是人类历史上最难上的课，他们生怕教错了。然后到了"糖城时代"和世界游戏时代，小说的氛围变得诡异而残酷。中国的"糖城时代"分为两个阶段，第一阶段是美梦时期，孩子们普遍旷工旷课，整日沉迷于吃喝玩乐，甚至在城市各处举行宴会点，堆积高高的食物山。美梦时期并未延续多久，孩子们便玩累了，对事物感到乏味。于是，"糖城时代"便迎来了第二个阶段：沉睡时期。在这一时期，孩子们处于醉生梦死的状态，每日除了吃饭便是睡觉和喝酒。

而相对于中国的"糖城时代"，美国的"糖城时代"更加血腥和残酷，全国都陷入了暴力游戏中，孩子们组成大大小小的军队在街道上玩着战争游戏，以枪械炮弹为武器，以生命为代价。美国领导者为了转嫁危机，以南极洲为饵鼓动所有国家玩起了世界游戏。"与动听的名称相反，游戏战争是人类历史上最残酷的战争，在这场战争中，武器的对攻变得前所未有的直接，所造成的伤亡居各类战争之首。世界游戏的每一场比赛结束时，无论胜负，双方的损失都惨不忍睹。"在世界战争这一情节中，小说的氛围无比残酷，孩子们对生命和死亡缺乏尊重，美国孩子甚至动用了核武器攻击中国基地，中国孩子不得不用一枚400万吨级的核弹头结束了这场世界大战。从情节和笔法上能感受到作者有意营造出的诡谲残酷的氛围。

（二）虚实交融的情节结构

在进行科幻小说创作时，刘慈欣非常擅长将幻想与现实交织在一起，让读者在阅读他的作品时能感受到强烈的对比冲突带来的审美体验。刘慈欣的大部分科幻小说都融入了自己对社会现实问题的思考，刘慈欣对现实世界的关注，增强了小说的真实性，使读者在阅读时出现一种小说中的科幻情节就是现实中会发生的事情的感觉，《超新星纪元》就是这样的作品。

《超新星纪元》的写作时间是 20 世纪末 21 世纪初，恰巧是世界动荡的时代，而在小说中，刘慈欣用冷酷的笔法描写了在孩子的世界里，孩子们为了争夺名利进行了残忍的斗争：美国领导者为了转嫁国内危机以南极洲为诱饵通过游戏的形式发动了新纪元的世界战争，这符合现实世界中美国的作风。同时，刘慈欣借助新纪元中美国国务卿沃恩之口道出了美国野蛮、侵略的本质："凭着一匹马和一支左轮枪，他们大笑着走进严酷的西部世界，创造着美国的奇迹，谱写着美国的史诗，争霸新世界的欲望是他们力量的源泉。"在小说中，作者还以讽刺的态度描绘了新纪元美国第二任总统上位时的荒诞滑稽场面：一个连数都不会数的小女孩，因为长得很像女明星秀兰·邓波儿，趁前任总统在南极洲打仗的时候，"在国内的媒体上卖弄风骚"，就成功登上了总统之位。如果只是书写现实，即使再生动真切，也不能称其为科幻小说。除了现实元素外，这部小说的科幻元素也很多。比如，离地球不远的一颗超新星突然爆发，高能射线彻底破坏了人体细胞中的染色体，13 岁以下的孩子可以修复，而 13 岁以上的人都要死去，于是这个世界就成了只有孩子的世界。而孩子世界中的"糖城时代"和"世界游戏"更是加重了小说中的科幻色彩。同时，作者将自己的思考蕴含在小说情节中，使科幻包裹住了现实的内核。因为它"意境更加空灵，也更加科幻了，但现实的内核是存在的，这部小说，如果把它切碎榨干，最后留下的可能只有现实了"。[8]

（三）大胆新奇的幻想和想象

在《超新星纪元》中，刘慈欣以奇特的想象把整个世界塑造成只有孩子的世界，用孩子的视角和口吻叙说新纪元的故事。在孩子的世界里，玩是最重要的，所以在大人们都逝去后，孩子们经过了短暂的混乱后，开始了"玩儿"。刘慈欣并没有按照大人的思想来写孩子的生活，而是以大胆的想象把"玩儿"贯穿整个故事。小说先描述中国孩子是怎么"玩儿"的：孩子们厌恶工作和学习，在上午的时候纷纷罢工弃学，成群结队地跑到大街上自由自在地玩耍、歌唱，并在城市里到处游走，左看看、右摸摸，仿佛对这个世界充满了好奇。下午，玩累后孩子们重新回到学校休息，晚上又继续狂欢。

第二天，孩子们更兴奋了，纷纷跑去商场任意玩着自己喜欢的玩具。随后男孩和女孩慢慢分成了两队，男孩里又分成了两派，大家拿着电动玩具如坦克、飞机、机器人、枪械等在玩具柜台上大战。女孩们则是玩着洋娃娃和毛绒玩具。而与美国孩子的"玩儿"相比，中国孩子的"玩儿"只能算是小打小闹。在美国的"糖城时代"，刘慈欣根据美国持枪自由的特点，大胆地想象美国孩子的玩具不是和中国孩子一样的电子产品，而是真正的枪械。他们拉帮结派，进行着游戏中的暴力行为，整个纽约都充斥着枪声和炮弹声。

为了能够让"玩儿"在孩子世界合理化，刘慈欣有了一个新奇的想象——玩儿原则，并不是单纯地"玩儿"，而是用"玩儿"来推动社会的进步。"玩儿原则比经济原则更具有开拓性和创造力，玩儿需要到很远的地方去，玩儿需要不断看到新奇的世界奥秘，玩儿将由低级向高级发展，最终像大人时代的经济一样推动科学的发展，而这种推动力会比经济大得多，最终使得人类文明实现爆炸性的飞跃，达到或超过在这个冷酷的宇宙中生存下去的临界速度。"这种奇特的想法也推动了整个小说的发展，因为"玩儿"，美国孩子在南极大陆发起了世界游戏，并且在世界游戏结束后和中国交换国土，最后两国人民开始了大迁徙。整部小说的情节设置，体现了作者在创作这部小说时大胆新奇的观点和无所不在的幻想和想象色彩。

综上所述，刘慈欣从孩子们的视角和特点出发，成功展现了孩子们"玩儿"的天性，虽然贴近现实，但也不缺乏科幻的元素，结尾部分也给读者留下了充足的想象空间。通过解析《超新星纪元》的艺术特色，即诡谲残酷的氛围营造、虚实交融的情节结构和大胆新奇的幻想和想象，可以更深入地理解这部小说的丰富内涵。刘慈欣之前说过："科幻小说的成功，在很大程度上取决于其幻想的奇丽与震撼的程度。"[9]初读这部小说时，笔者就曾被它大胆新奇的想象所震撼，从这个角度来说，笔者认为《超新星纪元》是一部非常成功的科幻小说。

参考文献：

[1] 程孝阳.刘慈欣科幻小说论[D].济南：山东师范大学，2020.

[2] 严锋.追寻"造物主的活儿"：刘慈欣的科幻世界[J].书城，2009（2）：57.

[3] 张泰旗.历史转轨与不断重释的"新纪元"：论刘慈欣科幻小说《超新星纪元》的版本演进[J].中国现代文学研究丛刊，2021（2）：38-51.

[4] 宋明炜.弹星者与面壁者：刘慈欣的科幻世界[J].上海文化，2011（3）：17-30.

[5] 刘畅.21世纪以来中国科幻小说出版现状分析[D].北京：北京印刷学院，2019.

[6]　刘慈欣.《三体》英文版后记 [J]. 山西文学，2015（2）：41.

[7]　刘慈欣. 超新星纪元 [M]. 重庆：重庆出版社，2016.

[8]　刘慈欣. 刘慈欣谈科幻 [M]. 武汉：湖北科学技术出版社，2014.

[9]　刘慈欣. 科幻小说创作随笔 [J]. 中国文学批评，2019（3）：69-71.

第四节　科幻电影《流浪地球》的人物形象建构

阅读提示：

　　《流浪地球》是 2019 年热播的一部科幻电影，这部电影累计上映 90 天，在中国内地累计票房为 46.55 亿元人民币，口碑和票房双丰收。这部电影受观众欢迎的主要原因是，人物形象建构比较成功。具体讲，这部电影中的人物形象可分为人工智能形象和实体人形象两大类，其中人工智能形象主要以对人类忠诚的莫斯为代表，实体人形象主要分析坚毅果敢的刘培强、聪明勇敢的刘启、有责任感的王磊等形象。笔者紧扣人物形象这个科幻电影的核心元素，以分析典型人物为重点，主要从人物形象构建的类型、人物形象建构的手法以及人物形象构建在影片中的作用等方面进行分析，挖掘这部电影蕴含的价值。

一、引言

　　科幻电影《流浪地球》改编自刘慈欣的同名小说，影片只截取了刹车时代和逃逸时代之间的局部内容进行再创造，具体讲就是围绕地球撞击木星这个重头戏构建故事。电影中的情节设置更为惊险曲折，人物形象更为饱满鲜明。这部影片可以称作中国科幻电影的代表性作品，它摆脱了以往科幻电影的束缚，以科幻的形式展示中国文化的内核元素。截至 2021 年 10 月 17 日，《流浪地球》跃居中国影史票房榜第五名。

　　《流浪地球》的热播令人瞩目，而其受观众欢迎的主要原因是人物形象建构的成功。因此，深入研究科幻电影《流浪地球》的人物形象是如何建构的就显得尤为必要。笔者多次观看《流浪地球》之后，对电影中的人物形象塑造产生了浓厚的兴趣。于是，笔者以科幻电影《流浪地球》中的人物形象建构分析为主题，在前人研究基础上，深入剖析《流浪地球》中人物形象的建构特点及其建构手法，同时归纳和阐释上述电影对人物形象构建的价值和意义。希望借此进一步研究这部电影的人物形象，并与读者和观众交流对科幻电影这一新型立体文本的解读方法和心得。

国外的研究表明，进入21世纪以来科幻电影的发展十分迅猛。关于科幻电影的研究，黑尔曼在1988年出版的《世界科幻电影史》中，引用了科幻文艺家赫伯特·W.弗兰克曾尝试对科幻电影所下的定义："发生在一个虚构的、但原则上是可能产生的模式世界中的戏剧性事件。"这说明科幻电影是科幻元素为题材，以建立在科学上的幻想情景为背景，在此基础上展开叙述的影视作品。也就是说，科幻电影是科学幻想与影视媒体的结合，不是单纯的相加或交叉，而是有机的综合与重叠，是真实与幻想的综合重叠，两者缺一不可。[1]虽然"科幻电影"一词出现于1926年左右，但早在科幻电影诞生之时，科幻片的雏形就已随之产生。由于受技术、工具等的限制，早期的科幻电影只能拍摄一些科幻性质的短片。例如，1902年的《月球旅行记》、1907年的《海底两万里》、1910年的《科学怪人》等。"二战"以来，人们对科幻电影进行了积极的探索，受到经济危机的影响，人们对未来的发展非常担心。这使得恐怖类和冒险类的科幻电影获得了快速发展，出现了如《科学怪人》《隐形人》《笃定发生》等科幻电影，这些都是当时十分优秀的科幻作品。20世纪七十至八十年代，科幻电影的叙事主题转向政治和文化方面，同时科幻电影与其他类型的影片有了交集，出现了如《星球大战》《E.T.外星人》《一九八四》等优秀影片。随着科学技术的进步，科幻电影在画面效果上也有了质的飞跃。今天，科幻电影有了更为发达的技术支撑，它的主题变得多元，内容逐渐丰满。例如，《复仇者联盟4：终局之战》传达了保护环境、和谐发展的人文理念，《生化危机》描述的是科技滥用导致的世界末日，等等。

我国近三年关于科幻电影的文献有1046篇，其中硕博论文有131篇；近三年关于《流浪地球》的文献有438篇。大多数研究者认为,2019年上映的《流浪地球》可谓是开启了"中国科幻电影元年"，推进中国科幻电影更进一步。[2]这部电影的热播原因，值得去探析。其中，宋高熙认为，从叙事时间上的末日设定、叙事空间上的多重交错、叙事模式上的交织对比进行表达是它的成功之处。[3]马俊锋等人认为，《流浪地球》的特色之处在于在全球观众所接受的灾难性书写的基础上进行民族化叙事。[4]周延伟认为，中国元素式的视觉特效具有独特的优势。[5]笔者认为，人物形象建构是科幻电影的核心，良好的人物形象建构可能是这部电影热播的真正原因。

电影中立体的人物形象塑造同样也引起了部分学者的研究。刘文瑄从人物设定角度对《流浪地球》中人物形象进行了分析后认为，叛逆英雄、长者形象等与好莱坞影片中的一些人物形象有共同之处。[6]闫玉华等人对《流浪地球》与国外《复仇者联盟》的人物形象进行简要对比后认为，《流浪地球》中的人物形象是一群有各自特点的普通人，而《复仇者联盟》中的人物形象是个性突出的超级英雄。[7]唐瑞蔓等人认为，相比《星际穿越》而言，《流浪地球》的英雄形象更多元化，这些多元化的平民英雄更有代入感。[8]

笔者认为，近年来科幻电影发展的势头十分迅猛，科幻文学创作的繁荣为科幻电影的勃兴提供了新思路。国内外对《流浪地球》的研究虽然较多，但近年的研究文献着重关注影片的叙事及影片所蕴含的文化价值等方面的内容，对人物形象建构方面的研究较少，即缺乏在人物形象建构方面的深入研究。而关注人物形象可以进一步理解影片的内容，因此进一步研究《流浪地球》对人物形象的建构，或许是一件更有价值的事情。

二、科幻电影《流浪地球》及其人物形象概述

2019年上映的科幻电影《流浪地球》，打开了中国科幻电影的大门，这部电影播出后受到了观众的热捧。

影片讲述了这样一个感人的科幻故事：2075年，太阳急速老化，持续膨胀，一百年后，太阳会膨胀到吞没整个地球。在困境面前，人类表现出了前所未有的团结。为了应对太阳的急速巨变，人类开始自救，开启"流浪地球"计划。

影片《流浪地球》中蕴含着深刻的主题，表现出了人类在困境面前更团结、更强大。同时，表现出人类对希望的执着。影片中的人们坚信，命运是可以改变的，未来的道路是光明的。"希望，是我们这个时代像钻石一样珍贵的东西。"这句经典台词说明，即使面对困境，也要心怀希望，这样才能有勇气踏过荆棘，到达彼岸。

笔者认为，人物形象是科幻电影的灵魂，人物形象的建构是决定一部电影能否成功的重要因素之一。影片《流浪地球》中共出场了一百多个人物，其中主要人物有十个左右，次要人物则有十多个。这些人物中，有活泼任性的韩朵朵，聪明勇敢的刘启，坚守岗位的刘培强，有责任心且果断坚毅的王磊队长，等等。这些个性鲜明的人物形象是这部电影的核心，他们展现了影片的主题，使这部影片备受欢迎。而其中的次要人物则衬托出了主要人物的精神品

质，强化了人物形象的建构。

三、《流浪地球》中人物形象建构分析

人物形象是指人的精神面貌、性格特征等内在特征的外在具体表现，能够引起他人的思想或感情活动。而对人物形象的建构则是用语言文字、音效画面等艺术手段塑造人物形象的过程。人物形象的建构是电影创作中的关键组成部分，同时是关系到电影能否成功的重要因素。例如，《鸡毛信》中的海娃、《少年英雄》中的王二小、《小兵张嘎》中的嘎子等这些性格鲜明、栩栩如生的人物形象，让影视作品充满了吸引力。下面笔者将从《流浪地球》中人物形象建构的类型以及人物形象建构的手法两方面进行分析。

（一）《流浪地球》中人物形象建构的类型

一是"机器人"形象。在科幻电影中，科技元素是必不可少的，而《流浪地球》中的科技元素主要表现在莫斯这一人工智能形象上。影片中作为领航员空间站的中枢控制系统——莫斯，它不仅能控制空间站的运行还拥有示警、广播、联系地球人员等权限，甚至可以说莫斯推动着"流浪地球"计划的进行。在电影中，这位声音平静没有起伏的莫斯，一直在刘培强进行各种操作时随时提供信息，提醒危险，虽然中间一度疑似叛变，就算被刘培强用酒瓶砸坏，它还是出现在刘培强的身边。最后，莫斯说出"让人类永远保持理智，确实是一种奢望"这句话时，包容力满满，虽然无法阻止刘培强的决定，但它一直在履行自己的职责。二是地球人形象。地球人形象是生活在地球上的人类的精神面貌、性格特征等内在特征的外在具体表现，能够引起他人的思想或感情活动。地球人形象包括男性形象和女性形象，其中男性形象主要有刘培强、刘启、王磊、蒂姆等，女性形象主要有韩朵朵和周倩。

一是男性形象。刘培强是坚毅果断的男性形象，在接到任务后，他果断去执行任务，即使与家人分离，他明白自己身上的责任，是一个以大局为重的人。在儿子遇险时，他不顾莫斯的休眠提示，一直在为儿子寻找生存的机会，他是在理性与感性间不断交织的矛盾体。在莫斯选择叛逃时，他醒悟并进行反抗，却发现莫斯并没有真正的叛逃，而是因为救援行动失败，火种计划启动。在这样的情况下他也束手无策。然而，在最后的救援中，他不放过一点希望，在发动机无法到达引爆点时，他牺牲自己冲击发动机火焰，引爆木星拯救了地球，这是他的私心，同时是他对地球的信念——地球，一定可以活下来。

刘启是坚强勇敢的少年形象，由开始的不愿见父亲的逃避、姥爷死去的痛苦到后面的为拯救地球而战，他不再是从前那个只顾自己的少年，而是蜕变成一名有担当、有责任的"大人"。在影片中这样复杂的人物形象建构使刘启的形象更加丰满、真实。

王磊是坚守岗位的男性形象，他是救援分队的队长，有着很强的使命感，他的工作是带领救援队去修杭州发动机，中途他们遇到了刘启一行人，于是一同上路。他们在上海遭遇了地震，他们费力爬上了大楼，然后汽车报废王磊几个人拖着火石来到了杭州，即使中途有队友牺牲他还是执着地运送火石。由此可见，王磊的责任感是非常强的，他不计一切代价只为完成杭州的任务。拯救地球需要重启发动机，重启发动机的任务完成之后，地面人员开始避难，这个时候王磊让自己的队友们先走，最终自己被砸死了。从中也能看到王磊的责任感，他知道自己是队长，有责任保护好自己的战友，所以他最终选择牺牲了自己。王磊队长在救援途中遇到很多的困难，一行人中虽然有人放弃，但是他依然坚定自己的目标，始终全力以赴完成任务。

电影中的蒂姆是热情健谈的少年形象，他的出场非常富有戏剧性，特别是他自称"中澳合资"，能讲一口流利中文，表面上，他性格懦弱，胆子很小，尤其怕死，当紧急救援队拦下刘启等人的车辆时，蒂姆吓得脱口而出："我发誓，前天那姑娘她，真是自愿的。"他虽然看上去非常不靠谱，实际上，这个角色在电影中发生了巨大的变化。在拯救地球的关键时刻，点火装置出现问题，在刘启差点被压死的时候，蒂姆纵身一跃救了刘启。

表4-1　《流浪地球》中男性形象展示表

角色	形象	场景细节
韩子昂	重视亲人	在征用车辆时，他没有服从，想将亲人送到安全区
马卡洛夫	乐观、仗义	决定护送刘培强去总控室，即使牺牲了也毫无怨言
李一一	积极负责	在听到刘启说车还能开时，他一心只想执行任务

二是女性形象。其中，韩朵朵是活泼好动的少女形象，在前半部分她一直是受保护的角色，从幼时因众人救助得以生存，到上学期间不服管教，再到失去爷爷时沉溺痛苦、不愿前行。她的转变是巨大的，从一路受人照顾，到最

后关头拿起喇叭，呼吁人类重新点燃推动器。相比于男性角色的刚强、坚毅，她充当是情感助推器、氛围渲染的催化剂，从而让人物形象更加鲜明、真实。

周倩是坚定果敢的女性形象，作为 171-11 救援队唯一的女军人，她面对危险勇敢无惧，执行任务认真坚决，面临重要抉择坚定果敢，在机甲救援队里，无论是身姿行动还是眼神魄力，都散发着硬核女英雄的强大气场。虽然是当仁不让的硬核女孩，但是周倩在影片里硬核的外表下难以掩藏的柔情格外令人动容。影片里有两个镜头很是打动人心。一是当杭州地下城已毁，战友黄明已经因任务冻死，王磊仍然固执地要执行将火石运往杭州的任务，周倩果断将火石击毁。那一刻周倩激动压抑的红眼眶将她饱满的情绪淋漓尽致地释放出来，让角色形象鲜活而动人。二是在苏拉威西的主控室，周倩舍身扑救李一一和韩朵朵，自己却被钢筋穿胸而过。周倩的勇敢和牺牲精神让人感动不已。

（二）《流浪地球》中人物形象建构的艺术手法

1. 剧情冲突丰富人物形象。剧情冲突是电影中必不可少的元素，它是推动情节前进的力量。各种冲突的设计丰富了人物形象，影响着影片的进展。《流浪地球》中刘启是在困境的压迫下转变巨大的一个人物。因为刘启父亲的决定，导致刘启从亲近父亲变成厌恶父亲，并由此开始了刘启的成长之旅。这部电影设置了许多情节冲突，其中的一些矛盾冲突改变了他对父亲的态度，促进了刘启的成长。长大后的刘启为了躲避父亲，使计离开地下城，带着妹妹韩朵朵开启了地面之旅。在姥爷牺牲后，刘启一行人与救援队分开，他们找到了一辆车，在知道这辆车是救援车辆后，他犹豫了片刻选择运送火石，完成救援任务。这一刻他成长了，他不再是任性离家出走的少年，他选择了一条与回家截然相反的路。

剧中的矛盾使人物形象变得复杂，因为刘启母亲的死，他始终记恨自己的父亲。与刘培强的通话的时候很不耐烦。在地球与木星即将相撞时，空间站启用了休眠模式，刘培强得知刘启所在车加入救援队，与王磊通话，刘启中途打断，气愤地说："你有什么资格替我做决定，我妈的死，就是当年你的决定。"同时，他是矛盾的，他记得与父亲的约定——见到木星便能见到父亲，在最后的通话中，刘启哽咽地说："你说过我看到木星的时候，你就会回来。"这其中有气愤又有不舍。通过这样的矛盾环节设计，刘启逐渐成长，他的人物形象慢慢变得丰满。

2. 人物台词体现人物形象。对白是电影传达感情的直接表现，其中借助人物的语言传递信息或是进行更深层次意义的暗示。在影片中对白不仅能让观众了解人物的身份，还能延伸至人物态度、人物关系等的变化，推动情节发展，表达影片中的主题思想。在电影《流浪地球》中人物语言至关重要，在济宁N3派出所，蒂姆握着栏杆，嬉笑道："我叫蒂姆，我爸北京的，我妈墨尔本的。中澳合资，来，开个玩笑。"这句台词表明了他的身份。在韩子昂去济宁N3派出所找刘启时，从对话中知道他们的人物关系，对角色有更清晰的认知。刘培强在与王磊通话和最后一次与刘启对话时，刘启的态度发生巨大转变，从之前"你有什么资格替我做决定"的愤怒到哽咽说"你说过我看到木星的时候，你就会回来，你骗人"对父亲的气愤和不舍，刘启态度的鲜明对比使得他的形象更加真实。

人物的对白是人物形象建构的重要因素之一，它传递着影片信息，观众可以从中了解故事情节、人物形象等，加深观众对影片的印象。对白不仅加深了对人物轮廓的勾画，还推动了情节发展。

3.环境变换深化人物形象。在环境的变换下，人物形象也会随之变化。韩朵朵可以说是典型案例，从小在地下城生活的韩朵朵好玩、没有忧愁，有什么想要的爷爷和哥哥都会满足她。在影片中韩朵朵想要去地上世界，刘启就算是要离家出走也带上她，满足她的心愿。来到地面上，韩朵朵在经历了一系列的事情后才意识到以前的生活是多么美好。眼前的重重危机令她害怕、颤抖。然而她不能永远躲在家人身后，她要勇敢前进，在最后的拯救过程中，她是脆弱的同时也是坚强的，即使害怕得腿在发抖，她还是在广播号召救援队来救援。她的坚持和勇敢是在地下城所没有的，她只能适应环境的变换，让自己变得更坚强。环境可以塑造人，人物形象在环境中变得更加立体。

四、《流浪地球》中人物形象构建在影片中的作用

（一）有助于推动电影情节的发展

电影情节就是电影作品中人物的生活和斗争的演变过程由一组以上能显示人和人、人和环境之间的关系的具体事件和矛盾冲突构成。电影情节可以塑造人物形象，而角色形象也能推动电影情节的发展。影片情节并不复杂，一条线是地球上，想要带着妹妹韩朵朵到地球表面"见世面"的刘启，却在地表之上被逮捕，还被迫和来接他们出狱的外公韩子昂一起加入救援。另一条线则是空间站中，中国航天员刘培强，同时是刘启的父亲，想方设法为拯救地球而做

出努力。两条故事线以家庭为中心进行整合，共同编织出了地球危在旦夕的宏观叙事脉络。

幼年的刘启在电影中出现的时间极短，与家人进行几句对话后就匆匆收场，第二次出场，就是成年的他在做离家出走前的准备工作。而他这么做的原因则在后续情节中进行了相关信息的补充，从而理顺人物的行动逻辑，完成角色形象的建构。情节的转变与冲突需要人物的"刺激"。《流浪地球》中，刘启一行人被动加入王磊带队的救援队之后，他们组成"拯救地球"的队伍，影片由此建立了主情节。王磊率队赶往杭州时，途中再次发生灾难造成人员牺牲，失去亲人的刘启与韩朵朵沉入痛苦的深渊，和救援队分开。刘启的形象因姥爷的死产生变化，开始主动承担责任。"觉醒"的他带着韩朵朵、蒂姆和王磊一行人再次会合思考拯救地球的方法时，电影情节有了第二次变化。刘启在这一路的"成长"得到许多契机与"刺激事件"，而他的"成长"推进影片情节不断发展。

（二）有助于深化电影的主题

电影主题是电影内容的核心和内涵，它往往是多元化的、多侧面的、多切入点的。《流浪地球》中的主题思想是多样的，不同的人物形象呈现出不同的电影主题。

《流浪地球》中的主题思想表现在人物的细节之处。有人类团结的主题。当刘启一行人最终拯救地球而做出努力，韩朵朵利用广播寻求外部力量救援。许多国家的救援队纷纷前来支援。不同国家、不同肤色的人一起救援，大家"撞针"的场景令人震撼，同时感叹人类团结起来的强大力量。

还有敢于承担责任与牺牲的主题。电影中王磊队长的行动从未改变，一心为完成救援任务。在艰难的救援过程中，他为了完成杭州的任务可以说是不计一切代价。在拯救地球时需要重启发动机，重启发动机任务完成之后，地面人员开始避难，这个时候王磊让自己的队友们先走，最终自己被砸死了。他的责任与牺牲将主题体现得淋漓尽致。之前交代的情节是空间站里有科学家、工程师、宇航员等人，并没有政府的人。空间站的其他人进入了冬眠状态，而中央的管制室是无人看守的。也就是说，联合政府的绝大部分人都留在了地球上。这也说明联合政府在决定放弃地球，保留火种的同时放弃了自己，保留地球最后的希望。

也有希望的主题。当地球快要撞上木星、人类命悬一线、联合政府陷入绝望之时，几个年轻人仍然没有放弃希望，凭借自己的智慧和勇气，竭尽全力去引爆木星外表的氢气，眼看要功亏一篑之时，刘培强奋不顾身，驾驶空间站冲向木星，用自己的生命换来地球及全人类新的希望。这些深思的细节较刘培强、王磊等人的牺牲更令人动容，复杂的人物形象突显出电影的主题。

综上所述，《流浪地球》是一部优秀的国产科幻电影，这部电影的人物形象塑造得较为成功。通过分析电影中的人物形象建构，提供观察未来的视角，提醒人类需要关注地球、关注科学；还能引起人类的精神共鸣：在灾难面前，要同舟共济，团结奋斗。

参考文献：

[1] 吴岩，姜振宇.中国科幻文论精选 [M].北京：北京大学出版社，2021.

[2] 王曼.中外科幻电影发展现状 [J].四川戏剧，2019(10)：31-37，2.

[3] 宋高熙.电影《流浪地球》的集体主义叙事分析 [J].视听，2020（10）：77-78.

[4] 马俊锋，侯天慧.灾难书写与民族化叙事：论电影《流浪地球》的文本特征 [J].采写编，2021（10）：152-154.

[5] 周延伟.来自未来的怀旧：《流浪地球》的中国式视效景观的制造逻辑 [J].北京电影学院学报，2019（9）：22-31.

[6] 刘文瑄.《流浪地球》的全球本土化与对外传播分析[J].科技传播，2021，13(13)：103-105.

[7] 闫玉华，余佳颖，呼锦薇，等.中美科幻电影中体现的核心文化价值观比较研究：以《流浪地球》与《复仇者联盟》系列为例 [J].中华手工，2021（3）：85-86.

[8] 唐瑞蔓，张杰雅.融合视阈中电影《流浪地球》跨文化叙事的问题与对策 [J].电影新作，2020（2）：67-71.

第五节　卡通读物在儿童阅读中的现状分析及对策

阅读提示：

卡通读物是儿童喜闻乐见的教育媒介之一，俘获了无数儿童的心，深入地影响着广大儿童的言谈举止、生活方式以及价值观念等。在阅读环境影响之下，应当更加关注卡通读物在儿童阅读中的现状，分析其流行原因，主动为儿童当好阅读的参谋和"军师"，充分利用儿童喜欢卡通读物的特点和优势，将其作为提高小学语文教学质量的重要手段，用好用活，创出成效。

一、引言

随着社会经济的高速发展，人们的阅读习惯也在发生变化，今天的儿童已经很少有兴趣去阅读那些满页文字的作品，而是喜欢卡通读物等快餐文化作品。"卡通"一词来自"cartoon"，是个外文音译的词语。根据中国青年出版社出版的《学生实用英汉汉英词典》（缩印本 修订版）的解释，"cartoon"一词有卡通、动画片、漫画、讽刺画的意思。[1]彭红霞在其《我国少儿卡通图书出版现状及发展对策》一文中认为，少儿图书特指通过截取卡通片中的部分画面而制作的图书，出版行业有时候也称之为"卡通截屏图书"或者"卡通抓帧图书"。笔者认为，这里所指的少儿图书也就是儿童读物。因为在《词典》中这样解释"读物"这个词："通过截取卡通片中的部分画面，制作而成的图书，能够提供阅读的书本，杂志等的总称。"[2]由此可知，卡通读物就是通过截取卡通片中部分画面制作而成的图书。

笔者通过中国期刊网以"卡通""儿童阅读"为关键词对现有成果进行了查阅，得到的主要文献有徐海鸥的《浅析卡通读物》、关源成的《卡通读物的喜忧》、张志青的《"卡通读物"与未成年人教育》。从这些文献中可以看到，我国在关于卡通读物的研究上，大多学者主要研究了怎样创作出优秀的卡通读物以及卡通读物对儿童的影响，而对于卡通读物在儿童阅读中的流行现状的分析则较少。因此，笔者对卡通读物在儿童中的流行现状进行一些粗浅的分析和研究。笔者采用的主要研究方法有问卷调查法、文献研究法、文本分析法、归纳总结法。在具体的写作过程中，主要通过问卷调查的方式得出调查的数据，然后根据得到的数据，分析卡通读物的流行现状及原因。

二、调查情况简述

在实际研究过程中，笔者采用的调查方法是问卷调查法。

具体操作过程如下：先制定 170 份问卷调查表，然后选定云南省红河州弥勒市 Z 乡镇明德小学的 3 ～ 6 年级学生共 170 名，以发放问卷调查表的形式进行调查。170 名同学认真地填写完调查表之后，由各班班主任代收并转交给笔者，收回的有效调查表共 170 份，问卷收回率及有效率是 100%。

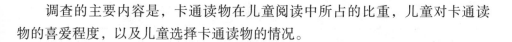

调查的主要内容是，卡通读物在儿童阅读中所占的比重，儿童对卡通读物的喜爱程度，以及儿童选择卡通读物的情况。

三、卡通读物流行现状及原因分析

（一）卡通读物流行现状分析

1. 小学生大多偏爱卡通读物。表4-2 的调查结果表明，有 97% 的同学选择卡通类读物，比选择其他类型的读物人数要多出许多。在某校的一次阅读名著中发现，50% 的学生竟然有一学期没读过一本书，而老师每周在课堂上没收的《蜡笔小新》《流氓兔》等卡通作品竟多达 10 余本。[3]同时，从笔者所发放的问卷调查表的调查对象是三、四、五、六年级的学生来看，所调查的对象年龄跨度较大，但是从表4-3 所得到的调查结果来看，有85.3% 的同学表示喜爱，而 25% 的同学则表示十分喜爱。可见，儿童对卡通读物的喜爱程度并没有受到年龄的影响，无论哪个年龄段的孩子都喜欢看卡通作品。的确，近几年来，卡通读物在我国有较大的发展市场。米老鼠、唐老鸭、美少女战士等卡通形象为儿童所熟知。在现实生活中，它们的身影遍布儿童所喜爱的玩具、书包、衣服、文具上。可见，卡通读物对孩子们的影响已经是十分深刻了。

表4-2 小学生对儿童读物类型选择（可多选）情况统计表

选 项	童话读物类	寓言读物类	卡通读物类
选择人数	89	132	165
百分比	52.3%	77.6%	97%

2. 小学生阅读经典卡通作品的情况令人担忧。文中表2 的数据表明，有81.4% 的同学读过《蜡笔小新》《名探柯南》《美少女战士》这些国外进口的卡通作品，但是仅有 2.94% 的同学读过《九色鹿》《大闹天宫》等这类属于国产的卡通作品。这么看来，儿童对于中国的卡通读物是不太买账的。虽然近几年我国的卡通读物在社会各界的共同努力和支持下，也有了很大的发展，出版了很多深受儿童喜爱的作品，但仅有 61.3% 的同学读过《喜羊羊与灰太狼》，62.1% 的同学读过《阿衰正传》。这个数据说明，我们的卡通读物很难赢得儿童的心。

表4-3 小学生对卡通读物的喜爱程度统计表

选 项	十分喜爱	喜爱	不太喜爱	不喜爱
选择人数	25	145	0	0
百分比	14.5%	85.3%		

3. 我国的卡通经典正在被儿童遗忘。我们都知道,我国的卡通读物在刚刚发展的时候有过非常辉煌的历史,创作出了很多经典之作,如《九色鹿》《大闹天宫》等都是我国风靡一时的经典作品,其中《大闹天宫》曾在1962年、1978年两次在国际获奖,还在日本被翻译出版。其中有趣的故事情节和奇特巧妙的画面,都深深地吸引了读者的眼球。

但是,表3的问卷调查结果显示,如今关注这类作品的儿童屈指可数,只占被调查儿童的2.94%。这些现象表明,我国托传统经典正在被儿童遗忘!

表3 儿童阅读经典卡通作品(可多选)情况统计表

作品选项	选择人数	百分比
《九色鹿》	5	2.94
《大闹天宫》	5	2.94
《喜羊羊与灰太狼》	104	61.3
《阿衰正传》	104	62.3
《美少女战士》	138	81.4
《蜡笔小新》	137	80.5
《名探柯南》	139	81.7

(二)卡通读物流行状况的原因分析

综合起来进行比较发现,在当前的小学生群体中,之所以会出现上述卡通读物的流行现状,主要存在三个方面的原因。

1. 卡通读物更适合儿童的阅读天性。廖连生在《儿童阅读心理探析及其教育策略》中这样说:"儿童是比较倾向选择一些图文并茂的图书。"从卡通读物的构成来看,卡通读物是由栩栩如生的图画和小部分的文字说明组成的。卡通图画的形象设计生动灵活，卡通人物的造型新颖奇特，卡通人物的神态则多以夸张的笔调表现出来，再加上简短的几句话对图片内容进行说明，能使孩子轻松、快速地领悟到作品中所表达的内容和思想。同时，正因为卡通读物由简单的图片与文字组合而成，给孩子留下想象空间，从而进一步激发他们的阅读兴趣。

调查结果表明，有 69.4% 的小学生阅读卡通读物是为了从中得到放松，有 18.7% 的小学生是为了从中学到知识，有 11.9% 的小学生是为了打发时间。我们知道，儿童一直是一个被社会密切关注的群体，她们被视为祖国未来发展的栋梁，是美好明天的创作者，同时还是父母们望成龙望成凤的对象。所以她们从一开始入学就每天担负着沉重的学业，在应对激烈的升学考试同时还要为追求全面发展而参加各种各样的培训班，每天的行程被安排得满满当当。这就使她们在选择课外读物的时候偏向选取那些能够让她们感到轻松的图书。

同时，从儿童的心理需求来看，卡通读物能在一定程度上满足儿童的心理需要。他们渴望成长，被关注、被理解的心理让他们在卡通读物中探索着世界的本色，在卡通读物中遇到自己渴望变成但又不敢变成的人物，在卡通读物阅读中体会扬善除恶的快乐。比如，在阅读《阿衰正传》时，他们渴望自己能像阿衰一样，不为学业而烦恼，可以做自己想做的事情。而在阅读《美少女战士》的时候，其中描写的神奇的宇宙星球满足了他们对世界好奇，同时美少女战士用她们的机智和勇敢战胜了那些大魔头时，更让儿童从中体会到了快乐。

2. 我国的卡通读物教化色彩过分浓厚。我国的卡通读物都是具有中国化，民族化的特色。从内容上看，我国的卡通读物太过于强调理性的真实与价值，总是将思想以一目了然的方式展现出来。从审美的方面来说，这种方式则会让人觉得枯燥无聊，因为他忽视了审美情趣的过程，但是儿童只有经历了审美情趣的过程才能从中汲取快乐，也才能将其中的思想精神以及意义升华和铭记。而以这种方式所展现的作品也是一种武断及不尊重儿童情感需要的一种表现。如《葫芦兄弟》中的兄弟们具有的勇敢、无畏，善于帮助有困难的人等精神品质与《黑猫警长》中的黑猫的精神品质事实上相差不大。从主题方面来看，我国的卡通读物在选定主题时过于单一。大都以弘扬中国的优良传统为主，过于明显地将作品创作成为能为政治，文化服务的一种教育工具，如《三毛流浪记》就是为了控诉国民党的反动统治给人民群众带来的深重灾难的罪恶。而《渔盆的故事》则是以宣扬爱国主义为主题。而孩子们偏向喜欢的主题大都要以现实生活相结合，在阅读时能够达到放松娱乐的效果等。比如《我为歌狂》就是讲述了一群热爱音乐的普通学生为实现自己的音乐梦想而努力经过。

从人物造型的设计来看，我国的卡通人物造型过于大众化。我在卡通人物造型设计时，没有特别注重从细节上去表现人物的特征，对人物的动作，神情的刻画十分不够细腻，也很少塑造特别夸张的造型来吸引儿童的眼球。人物造型的设计往往与生活中普遍能见的造型相差不大，没有过多的创新之处，如《喜羊羊与灰太狼》中，羊和狼的造型就普通得与现实生活中羊和狼的造型一样。但是受到儿童们热捧的《美少女战士》中每个人物造型都是完美与夸张的结合，并且善于运用对面部表情的特写来表达人物丰富的内心世界，画面具有了很强的立体感。从卡通人物的选择设计来看，我国的卡通人物过于英雄化。他们有过人的胆识，有极高的智商，有不一般的天赋，如《大闹天宫》中的孙悟空是降妖除魔无所不能的大圣。但这样一来就远离了儿童的真实生活，使儿童在阅读之后，无法与作品产生共感。儿童们则更喜欢《名探柯南》中的柯南的形象，因为柯南就是生活在我们身边的一名普通的学生。他拥有平民大众们的喜怒哀乐。这样就能让小读者们与之产生情感的共鸣。

3. 传统卡通经典已不适应儿童的阅读口味。笔者认为，这是因为经典的名著和儿童存在着"历史时空"的差距，现在的儿童习惯了快餐文化带来的乐趣，现代的儿童偏向喜欢那些主题明了，内容简洁，阅读起来能够感受到轻松和快乐的作品。而经典的名著则有情节沉闷，语言深奥，内容复杂等特点，已经不符合现代的儿童阅读的口味了。但是经典名著是能够经受住时间考验的书，是世界上亿万读者多少年来为从中得到特别启迪而阅读的书，也是孩子们共同认可的书。其中的价值是不容小视的。就如《大闹天宫》来说是将我们民族风格推向极致，作品改变了原来孙悟空被处置的悲剧结局，而是描述了孙悟空成功打上元宵宝殿的故事，将孙悟空的形象改成深受喜爱的反抗者的光辉形象。画面雄伟壮丽、变幻神奇，山、水、云、宫殿在中国绘画形式上吸收了西洋水彩、水粉画技法，逼真而诗意，产生了巨大的艺术魅力。这也是中国第一部彩色动画作品。是特别值得我们的儿童阅读的书。我们不能无视现代作品的优点，但是同时我们也应该重视经典作品的价值，努力让儿童接触阅读经典作品，感受经典作品带给我们的宝贵的精神文化财富。

四、卡通读物在儿童阅读中的对策分析

（一）家长要正确引导孩子

当卡通读物在儿童中讨论的热火朝天的时候，不少家长不知所措。有这样一则报道：妈妈说，毛毛是人见人爱的好孩子，可是自从看了风靡一时的《蜡笔小新》之后，见到客人他也扭着小屁股对漂亮阿姨说："美女，你吃不吃青椒？"妈妈十分担心毛毛会变成像小新一样的小无赖。由此可见，儿童具有很强的模仿能力。但是由于儿童缺乏辨别是非善恶的能力，模仿是盲目的，不可取的。家长作为儿童人生中的第一位老师，在这个时候要正确引导孩子。

首先，家长应该和儿童一起选择卡通读物，并和儿童一起阅读，与儿童讨论卡通读物中的内容、画面等。其次，家长要有自己崇拜的卡通人物，这样家长提升自己的审美、感染儿童的审美。家长在与儿童交流时，应先让儿童说出他们的看法，家长再发表自己的看法，培养儿童辨别美丑善恶的能力。最后，当儿童接触到一些"低级"的卡通读物时家长应正确引导儿童，培养儿童树立正确的审美观。家长在读到具有高尚品德的卡通形象的卡通读物时，应该在儿童面前对其卡通人物给予认可和较高的评价，引导儿童与自己一起去感受人物的高尚之处。在家长的言传身教、潜移默化下，引导儿童形成正确的审美观，从而树立正确的世界观、人生观、价值观。同时，家长应教会儿童合理、有效安排与利用时间，培养孩子的时间观念，让孩子知道什么时间该做什么事情，并进行督促。要让儿童明白卡通读物只是儿童生活中的一小部分，这样一来，儿童就不会沉迷卡通读物不能自拔。

（二）教师要尊重学生的阅读兴趣与阅读选择

首先，教师要尊重学生的阅读兴趣。兴趣是最好的老师，如果学生失去了阅读兴趣，就失去了学习的动力。不同年龄段的学生阅读内容、阅读偏好是不一样的，对学生来说，有效阅读是选择符合自己年龄特点的读物。学者王青在《尊重兴趣 因势诱导》中提出这样的观点：作为老师，就应该充分尊重儿童的兴趣爱好。所以，老师不能扼杀学生的阅读兴趣。其次，教师应该尊重学生的阅读选择，让卡通读物为语文教学服务。学者杨百凌在《让优秀卡通为语文教学服务》中提出："作为图书中的一类，优秀的卡通作品同样能够为语文教学提供服务。"所以，老师可以通过引导学生阅读积极、健康、向上的卡通

读物，并通过开展一系列的活动来提高学生的阅读效果，比如，举办"讲故事比赛"，儿童将自己喜欢的卡通故事通过阅读、表演等方式展现出来，让同学们选出自己喜欢的故事；同时，老师还可以将优秀的卡通读物应用到语文教学中，在教学过程中引入卡通图画、故事。比如，通过阅读《三个和尚》，可以让学生明白凡事不能斤斤计较，要团结互助；通过阅读《三毛流浪记》，让学生体会今天的幸福生活是多么珍贵和来之不易。教师还可以将卡通读物与学生的写作练习结合起来，让学生写出看完某部作品后的感想，或者自己尝试创作卡通读物；等等。

综上所述，卡通读物作为一种独特的文化载体与传播形式，成功吸引了无数儿童的注意力，并无时无刻充斥着儿童的生活，影响着儿童的言谈举止、生活方式以及价值观念等。这些都是不容忽视的。在新的阅读环境影响之下，教师应当更加关注卡通读物在儿童阅读中的流行现状，分析其流行原因，主动为儿童当好阅读的参谋和"军师"，充分利用儿童喜欢卡通读物的特点和优势，将其作为提高小学语文教学质量的重要手段，用好用活，创出成效。

参考文献

[1] 刘锐诚，李悦娥 . 学生实用英汉汉英词典 [M]. 北京：中国青年出版社，1998.

[2] 中国社会科学院语言研究所词典编辑室 . 现代汉语词典 [M]. 北京：商务印书馆，1981.

[3] 方童 . 卡通片成人化是喜还是优 [J]. 乐山日报，2008，（11）：2.

附　录

附录 I   义务教育阶段优秀诗文背诵推荐篇目

2022 年 4 月，教育部发布《义务教育课程方案和课程标准（2022 年版）》，其中《义务教育语文课程标准（2022 年版）》中列出了义务教育阶段优秀诗文背诵推荐篇目名单。特在此列出，以便参考。

一、优秀诗文背诵篇目：135 篇（段）

1～6 年级（75 篇）

1. 江南（江南可采莲）- 汉乐府
2. 长歌行（青青园中葵）- 汉乐府
3. 敕勒歌（敕勒川）- 北朝民歌
4. 咏鹅（鹅鹅鹅）- 骆宾王
5. 风（解落三秋叶）- 李峤
6. 咏柳（碧玉妆成一树高）- 贺知章
7. 回乡偶书（少小离家老大回）- 贺知章
8. 凉州词（黄河远上白云间）- 王之涣
9. 登鹳雀楼（白日依山尽）- 王之涣
10. 春晓（春眠不觉晓）- 孟浩然
11. 凉州词（葡萄美酒夜光杯）- 王翰
12. 出塞（秦时明月汉时关）- 王昌龄
13. 芙蓉楼送辛渐（寒雨连江夜入吴）- 王昌龄
14. 鹿柴（空山不见人）- 王维
15. 送元二使安西（渭城朝雨浥轻尘）- 王维
16. 九月九日忆山东兄弟（独在异乡为异客）- 王维
17. 静夜思（床前明月光）- 李白
18. 古朗月行（小时不识月）- 李白
19. 望庐山瀑布（日照香炉生紫烟）- 李白
20. 赠汪伦（李白乘舟将欲行）- 李白
21. 黄鹤楼送孟浩然之广陵（故人西辞黄鹤楼）- 李白

22. 早发白帝城（朝辞白帝彩云间）- 李白

23. 望天门山（天门中断楚江开）- 李白

24. 别董大（千里黄云白日曛）- 高适

25. 绝句（两个黄鹂鸣翠柳）- 杜甫

26. 春夜喜雨（好雨知时节）- 杜甫

27. 绝句（迟日江山丽）- 杜甫

28. 江畔独步寻花（黄师塔前江水东）- 杜甫

29. 枫桥夜泊（月落乌啼霜满天）- 张继

30. 滁州西涧（独怜幽草涧边生）- 韦应物

31. 渔歌子（西塞山前白鹭飞）- 张志和

32. 塞下曲（月黑雁飞高）- 卢纶

33. 游子吟（慈母手中线）- 孟郊

34. 早春呈水部张十八员外（天街小雨润如酥）- 韩愈

35. 望洞庭（湖光秋月两相和）- 刘禹锡

36. 浪淘沙（九曲黄河万里沙）- 刘禹锡

37. 赋得古原草送别（离离原上草）- 白居易

38. 池上（小娃撑小艇）- 白居易

39. 忆江南（江南好）- 白居易

40. 小儿垂钓（蓬头稚子学垂纶）- 胡令能

41. 悯农（锄禾日当午）- 李绅

42. 悯农（春种一粒粟）- 李绅

43. 江雪（千山鸟飞绝）- 柳宗元

44. 寻隐者不遇（松下问童子）- 贾岛

45. 山行（远上寒山石径斜）- 杜牧

46. 清明（清明时节雨纷纷）- 杜牧

47. 江南春（千里莺啼绿映红）- 杜牧

48. 蜂（不论平地与山尖）- 罗隐

49. 江上渔者（江上往来人）- 范仲淹

50. 元日（爆竹声中一岁除）- 王安石

51. 泊船瓜洲（京口瓜洲一水间）- 王安石

52. 书湖阴先生壁（茅檐长扫净无苔）- 王安石

53. 六月二十七日望湖楼醉书（黑云翻墨未遮山）- 苏轼

54. 饮湖上初晴后雨（水光潋滟晴方好）- 苏轼

55. 惠崇春江晚景（竹外桃花三两枝）- 苏轼

56. 题西林壁（横看成岭侧成峰）- 苏轼

57. 夏日绝句（生当作人杰）- 李清照

58. 三衢道中（梅子黄时日日晴）- 曾几

59. 示儿（死去元知万事空）- 陆游

60. 秋夜将晓出篱门迎凉有感（三万里河东入海）- 陆游

61. 四时田园杂兴（昼出耘田夜绩麻）- 范成大

62. 四时田园杂兴（梅子金黄杏子肥）- 范成大

63. 小池（泉眼无声惜细流）- 杨万里

64. 晓出净慈寺送林子方（毕竟西湖六月中）- 杨万里

65. 春日（胜日寻芳泗水滨）- 朱熹

66. 观书有感（半亩方塘一鉴开）- 朱熹

67. 题临安邸（山外青山楼外楼）- 林升

68. 游园不值（应怜屐齿印苍苔）- 叶绍翁

69. 乡村四月（绿遍山原白满川）- 翁卷

70. 墨梅（我家洗砚池头树）- 王冕

71. 石灰吟（千锤万凿出深山）- 于谦

72. 竹石（咬定青山不放松）- 郑燮

73. 所见（牧童骑黄牛）- 袁枚

74. 己亥杂诗（九州生气恃风雷）- 龚自珍

75. 村居（草长莺飞二月天）- 高鼎

7～9年级（60篇/段）

1. 关雎（关关雎鸠）-《诗经》

2. 蒹葭（蒹葭苍苍）-《诗经》

3. 十五从军征（十五从军征）- 汉乐府

4. 观沧海（东临碣石）- 曹操

5. 饮酒（结庐在人境）- 陶潜

6. 木兰辞（唧唧复唧唧）- 北朝民歌

7. 送杜少府之任蜀州（城阙辅三秦）- 王勃

8. 登幽州台歌（前不见古人）- 陈子昂

9. 次北固山下（客路青山外）- 王湾

10. 使至塞上（单车欲问边）- 王维

11. 闻王昌龄左迁龙标遥有此寄（杨花落尽子规啼）- 李白

12. 行路难（金樽清酒斗十千）- 李白

13. 黄鹤楼（昔人已乘黄鹤去）- 崔颢

14. 望岳（岱宗夫如何）- 杜甫

15. 春望（国破山河在）- 杜甫

16. 茅屋为秋风所破歌（八月秋高风怒号）- 杜甫

17. 白雪歌送武判官归京（北风卷地白草折）- 岑参

18. 酬乐天扬州初逢席上见赠（巴山楚水凄凉地）- 刘禹锡

19. 卖炭翁（卖炭翁）- 白居易

20. 钱塘湖春行（孤山寺北贾亭西）- 白居易

21. 雁门太守行（黑云压城城欲摧）- 李贺

22. 赤壁（折戟沉沙铁未销）- 杜牧

23. 泊秦淮（烟笼寒水月笼沙）- 杜牧

24. 夜雨寄北（君问归期未有期）- 李商隐

25. 无题（相见时难别亦难）- 李商隐

26. 相见欢（无言独上西楼）- 李煜

27. 渔家傲（塞下秋来风景异）- 范仲淹

28. 浣溪沙（一曲新词酒一杯）- 晏殊

29. 登飞来峰（飞来山上千寻塔）- 王安石

30. 江城子（老夫聊发少年狂）- 苏轼

31. 水调歌头（明月几时有）- 苏轼

32. 渔家傲（天接云涛连晓雾）- 李清照

33. 游山西村（莫笑农家腊酒浑）- 陆游

34. 南乡子（何处望神州）- 辛弃疾

35. 破阵子（醉里挑灯看剑）- 辛弃疾

36. 过零丁洋（辛苦遭逢起一经）- 文天祥

37. 天净沙·秋思（枯藤老树昏鸦）- 马致远

38. 山坡羊·潼关怀古（峰峦如聚）- 张养浩

39. 己亥杂诗（浩荡离愁白日斜）- 龚自珍

40. 满江红（小住京华）- 秋瑾

41.《论语》十二章 -（学而时习之；吾日三省吾身；吾十有五而志于学；温故而知新；学而不思则罔；贤哉回也；知之者不如好之者；不义而富且贵；三人行；子在川上曰；三军可夺帅也；博学而笃志）

42. 曹刿论战 -《左传》

43.《孟子》三则 -（鱼我所欲也；得道多助，失道寡助；天将降大任于是人也）

44.《庄子》一则 -（北冥有鱼……亦若是则已矣。）

45.《礼记》一则 -（虽有嘉肴）

46.《吕氏春秋》一则 -（伯牙鼓琴……世无足复为鼓琴者。）

47. 邹忌讽齐王纳谏 -《战国策》

48. 出师表 - 诸葛亮

49. 桃花源记 - 陶潜

50. 答谢中书书 - 陶弘景

51. 三峡 - 郦道元

52. 杂说（四）- 韩愈

53. 陋室铭 - 刘禹锡

54. 小石潭记 - 柳宗元

55. 岳阳楼记 - 范仲淹

56. 醉翁亭记 - 欧阳修

57. 爱莲说 - 周敦颐

58. 记承天寺夜游 - 苏轼

59. 送东阳马生序（余幼时即嗜学……况才之过于余者乎？）- 宋濂

60. 湖心亭看雪 - 张岱

附录 II　中小学生课外读物进校园管理办法

第一条 为丰富学生阅读内容，拓展阅读活动，规范课外读物进校园管理，防止问题读物进入校园（含幼儿园），充分发挥课外读物育人功能，制定本办法。

第二条 本办法所称的课外读物是指教材和教辅之外的、进入校园供中小学生阅读的正式出版物（含数字出版产品）。

第三条 国家教育行政部门负责制定全国中小学生课外读物进校园有关政策，明确推荐标准与要求。省级教育行政部门负责课外读物进校园工作的全面指导与管理。地市、县级教育行政部门要全面把握课外读物进校园情况，负责进校园课外读物的监督检查。中小学校根据实际需要做好课外读物推荐和管理工作。

第四条 中小学校课外读物推荐工作须遵守国家相关法律法规要求，坚持以下原则：

方向性。坚持育人为本，严把政治关，严格审视课外读物价值取向，助力学生成为有理想、有本领、有担当的时代新人。

全面性。坚持"五育"并举，着眼于学生全面发展，围绕核心素养，紧密联系学生思想、学习、生活实际，满足中小学生德育、智育、体育、美育和劳动教育等方面的阅读需要，全面发展素质教育。

适宜性。符合中小学生认知发展水平，满足不同学段学生学习需求和阅读兴趣。课外读物应使用绿色印刷，适应青少年儿童视力保护需求。

多样性。兼顾课外读物的学科、体裁、题材、国别、风格、表现形式，贯通古今中外。

适度性。中小学校和教师根据教育教学需要推荐的课外读物，要严格把关、控制数量。

第五条 进校园课外读物要符合以下基本标准：

主题鲜明。体现主旋律，引领新风尚，重点宣传习近平新时代中国特色社会主义思想，传承红色基因，弘扬民族精神、时代精神、科学精神，彰显家国情怀、社会关爱、人格修养，开拓国际视野，涵养法治意识。

内容积极。选材积极向上，反映经济社会发展新成就、科学技术新进展，以及人类文明优秀成果，具有较高人文、社会、科学、艺术等方面价值。选文作者历史评价正面，有良好的社会形象。

可读性强。文字优美，表达流畅，深入浅出，具有一定的启发性、趣味性。

启智增慧。能够激发学生的好奇心、想象力、创造力，增长知识见识，提升发现问题和解决问题能力，增强综合素质。

第六条 违反《出版管理条例》有关规定，或存在下列情形之一的，不得推荐或选用为中小学生课外读物：

（一）违背党的路线方针政策，污蔑、丑化党和国家领导人、英模人物，戏说党史、国史、军史的；

（二）损害国家荣誉和利益的，有反华、辱华、丑华内容的；

（三）泄露国家秘密、危害国家安全的；

（四）危害国家统一、主权和领土完整的；

（五）存在违反宗教政策的内容，宣扬宗教教理、教义和教规的；

（六）存在违反民族政策的内容，煽动民族仇恨、民族歧视，破坏民族团结，或者不尊重民族风俗、习惯的；

（七）宣扬个人主义、新自由主义、历史虚无主义等错误观点，存在崇洋媚外思想倾向的；

（八）存在低俗媚俗庸俗等不良倾向，格调低下、思想不健康，宣扬超自然力、神秘主义和鬼神迷信，存在淫秽、色情、暴力、邪教、赌博、毒品、引诱自杀、教唆犯罪等价值导向问题的；

（九）侮辱或者诽谤他人，侵害他人合法权益的；

（十）存在科学性错误的；

（十一）存在违规植入商业广告或变相商业广告及不当链接，违规使用"教育部推荐""新课标指定"等字样的；

（十二）其他有违公序良俗、道德标准、法律法规等，造成社会不良影响的。

第七条 学校是进校园课外读物推荐责任主体，负责组织本校课外读物的遴选、审核工作。

第八条 进校园课外读物原则上每学年推荐一次。推荐程序应包括初选、评议、确认、备案等环节。学校组织管理人员、任课教师和图书馆管理人员提出初选目录；学科组负责审读，对选自国家批准的推荐目录中的读物，重点评议适宜性，对其他读物要按推荐原则、标准、要求全面把关，提出评议意见；学校组织专门小组负责审核把关，统筹数量种类，确认推荐结果，公示并报教育行政主管部门备案。

欠发达地区规模较小的学校，可由上级教育行政部门负责推荐。

第九条 进校园课外读物推荐目录要向学生家长公开，坚持自愿购买原则，禁止强制或变相强制学生购买课外读物，学校不得组织统一购买。

对家长自主购买推荐目录之外的课外读物，学校要做好指导工作。

学校图书馆购买课外读物按照《中小学图书馆（室）规程》有关规定执行。

第十条 加强其他渠道进校园课外读物的管理。

任何单位和个人不得在校园内通过举办讲座、培训等活动销售课外读物。

学校要明确校园书店经营管理要求。校园书店要建立进校园读物的审核机制，严格落实本办法的原则、标准和要求。

学校要明确受捐赠课外读物来源，由学校或上级教育行政主管部门进行审核把关，明确价值取向和适宜性把关要求。

第十一条 中小学校要大力倡导学生爱读书、读好书、善读书，可设立读书节、读书角等，优化校园阅读环境，推动书香校园建设。注重开展形式多样的阅读活动，提高学生阅读兴趣，培养良好阅读习惯。发挥家长在学生课外阅读中的积极作用，营造家校协同育人的良好氛围。建立阅读激励机制，鼓励各地教育行政部门将书香校园建设表现突出的单位和个人纳入相关表彰奖励中，学校要采用适当的形式表彰阅读活动表现突出的师生。

第十二条 建立监督检查机制。学校要加强对学生携带进入校园读物的管理，发现问题读物应及时予以有效处置，消除不良影响。县级教育行政部门建立进校园课外读物推荐报备制度，畅通社会和群众监督渠道。地市级教育行政部门定期对进校园课外读物的推荐情况开展抽查。省级教育行政部门要全面了解和把握课外读物进校园情况，根据需要开展专项督查。各级教育督导部门要将课外读物进校园有关情况纳入督导范围。

第十三条 存在下列情形之一的，由教育行政部门责令限期改正，视情节轻重依法依规予以处理；需要追究其他纪律或法律责任的，依纪依法移交相应主管部门处理。

（一）进校园课外读物未按规定程序组织推荐的；

（二）进校园课外读物不符合本办法原则、标准、要求的；

（三）强制或变相强制学生购买课外读物的；

（四）接受请托、牟取不正当利益的；

（五）有关行政部门及其工作人员违规干预课外读物推荐的。

附录Ⅲ　XX学校书香校园建设实施方案

为了全面贯彻落实国家"倡导全民阅读，建设书香社会"的指示精神，加快中小学"书香校园"建设步伐，深化教育教学改革，不断提高师生的人文素质，全面提升中小学的创新力和竞争力，塑造内涵丰富、特色鲜明的校园文化，特制定本活动方案。仅供参考。

一、指导思想

认真践行"读万卷书，行万里路"的理念，按照《学风建设实施方案》的要求，围绕"营造文化氛围，建设书香校园"这一主题，按照"班级为主角、教师为主导，学生为主体，分步递进实施，扎实有效推进"的思路和"内容充实、形式多样、鼓励创新、持之以恒"的要求，大力开展读书活动，引导师生共同参与，营造"多读书、读好书、好读书"的校园文化氛围，使阅读经典成为学生的日常行为习惯，引导学生在读书中立志、明理、成才。

二、活动目标

1.积极构建校园"学习场"，引领学生爱读书、读好书、多读书，享受读书、享受教育、享受人生。

2.完善师生文化知识结构，丰富文化知识内容，充实文化底蕴，培养学生良好的阅读习惯和读书兴趣。

3.引导师生共同参与读书活动，领悟方法，同享快乐，推动"书香校园"和"学习型"班级建设。

三、基本要求

1.学校相关部门、各班级是建设"书香校园"的组织者和领导者，学生是建设"书香校园"的主体，经典阅读是建设"书香校园"主要内容。

2.建设"书香校园"要与第一课堂的学科教学和学习考试紧密结合，与学生的学科教育、思想教育紧密结合，与贯彻落实学校学风建设紧密结合。

3.要充分发挥教师的示范带动和积极指导作用，充分发挥班主任的组织作用。

四、活动内容

（一）营造读书氛围

1.学校要举行"营造文化氛围，创建书香校园"读书活动启动仪式，校园内悬挂读书活动宣传标语，楼梯、走廊张贴学生书画作品，校园广播站要开辟"书香校园"读书专版、专栏，制作专题节目，开办读书服务热线；学校要开办阅读网站、开办"书香校园论坛"、开辟"书香校园"阅读活动专版专栏，加大宣传报道力度，营造良好的舆论氛围，让校园处处闻书香，声声皆书韵。

2.各班要建立图书角，充分利用图书资源，并建立健全相关阅读制度。教室文化要设立读书专栏，开办文化园地，墙壁上张贴学生读书台账和"读书排行榜"，定期展示本班学生的读书成果，使学生在浓浓的书香环境中受到人文环境的熏陶。要建立"好书交换站"和"个人小书库"，同学间定期交换阅读，让班级成为同学间的"交换站"，让年级成为班级间的"交换站"。

3.学生要建立自己的"读书成长册"。可进行个性化设计，如个人小档案、读书计划书、家校联系卡、读书笔记、读书感言、获奖记载等。每学期一本，每学期展评一次。

4.要加快图书馆建设，科学管理，合理利用，全方位多渠道开放图书室、阅览室，让"沉淀"的图书"流动"起来，使之成为师生借书、读书的开放港湾。

5.加强活动资料的收集与整理，重视读书成果的积累。每学期开展一次书香校园开放日活动，向家长、向社会展示学生读书成果，各班级、各相关门要注意收集、整理和保管好各种资料。

（二）深化教学改革

1.积极大胆进行语文等课程教学改革，把学生读书纳入学科教学之中，权重占10%～20%。要通过自评、互评、师评等多种渠道，加强对学生读书的考核（见附件2：《学生阅读评价体系》）。要以教育部推荐的中小学必读书籍、学科教育、通识教育所需经典书目为基本阅读内容，做好符合各年级实际的经典书目推荐和阅读活动指导工作，引领经典阅读活动由表及里、由浅入深。基础阶段要每周增加3节业余阅读时间，分级阅读教育部推荐的中小学必读书籍中的30本；提升阶段要以学生自主阅读为主，读完教育部推荐的100本必读书籍和自选的20本其他书籍。

2.要树立大"语文观"，将语文课堂教学延伸到课外，将语文教学落实到学生做人、学会思考上来；要倡导探究式、研究式的学习方法，教会学生学习；要尝试构建语文课程群，开设"演讲与口才""沟通与交流""传统文化讲座"等选修课程；要积极引导学生在生活中学习语文。

3.要树立大阅读教学观。在教学内容上，可选取学生感兴趣的、反映当今社会生活的和与所学课文有联系的名家名篇；在教学方法上，要让阅读成为打开学生人生大门的"金钥匙"，教给学生阅读的方法和技能，培养学生养成良好的阅读习惯。历史、地理等人文和社会学科可参照语文学科进行改革。

（三）开展读书活动

1. 开展语文课前 3 ~ 5 分钟"背名篇、说名著活动"（介绍内容、讲情节、讲心得等），语文教师可根据本学科教学内容，有计划地进行。

2. 举行读书主题班会。围绕"读书与人生""我读书，我快乐""'书'启智慧，'阅'享人生"等内容，由学生组织、主持主题班会，进行自我教育，引导班级同学积极投身读书活动中。

3. 开展读书比赛。开展班级读书交流会、"阅读与人生·共筑中国梦"演讲比赛、"我眼中的图书馆"摄影大赛、美文诵读比赛、讲故事比赛、读书报告会、古诗擂台赛、读书笔记展评、读书手抄报展览等各类读书活动。图书馆要办好新书介绍、"百书好读"荐书活动、图书排行榜等栏目，引导学生诵读经典。

4. 举办读书讲座。邀请专家、学者围绕"如何读书""读怎样的书"等内容举办读书讲座，向学生发出读书的呼唤，领悟读书的真谛，进而使学生认识到"读书是一种责任""读书是一种乐趣""读书是一种生活方式"。

5. 寒暑假可鼓励学生在家阅读学校推荐的书籍，撰写读书笔记、读书体会。相关部门每学期开学初要进行一次优秀读书笔记评选、"读书改变了我"征文比赛或"我的读书名言"征集等活动，让学生在读书中开阔视野、感悟人生、学会思考、升华人格，让读书成为一种习惯。

6. 开展双休日"走进图书馆"活动，提倡并鼓励学生双休日自觉读书不少于 3 小时。

五、保障措施

（一）加强领导，提高认识

学校要高度重视读书活动，把读书活动摆上重要议事日程。

1. 成立由校长为组长、各部门负责同志为成员的读书组织机构；各主办和牵头部门要成立相应的工作机构，负责统筹策划和组织实施各自牵头的活动项目，采取有效措施推动工作落实，为系列活动的开展提供强有力的组织保证。

2.各年级要建立健全学生自律体系，加强对学生读书活动的督促检查和指导，主要采取平时抽查与定期检查相结合的方式对各班学生读书情况进行考评，并将考评结果纳入班级学风建设。

3.班级要有读书组织委员，班主任、语文老师要负好责任，同时选择威信高、负责任、具有较强组织能力的学生担任读书组织委员。班级要成立读书小组，切实加强对读书活动的督促、检查和考核；各班要建立学生读书台账，每周抽测一次学生读书情况，并参与学生的综合素质测评。

（二）认真组织，精心指导

在读书活动中，各班级要做到"四有"，即计划有落实、过程有记载、活动有主题、结束有总结。语文教师要加强学生阅读方法的指导，并根据学生的年龄特点、知识水平和阅读能力，指导学生制订阅读计划，教给学生阅读方法。各年级组、各班级可通过开展读书活动经验交流会、展览读书笔记、学科知识竞赛、主题演讲等活动，检验读书成果。

（三）注重实效，培养习惯

各班级要注重读书活动的实效性，不流于形式，不能走过场，每个环节都要落到实处。对在读书活动中涌现出来的优秀典型要加以宣传，发挥榜样示范引领作用。要把读书活动作为一项长效机制，常抓不懈，在活动中积极探索，不断总结经验，丰富活动内容，创建活动载体，推动读书系列活动广泛、深入、持久地开展下去。

六、活动评价与奖励

1.根据《书香班级评比细则》的标准（附件1），综合各班考评成绩，取年级组前30%的班级为"书香班级"，对获得"书香班级"称号的班级进行表彰，并给予一定的资金用于班级购买书籍。

2.各年级组要把"书香班级"建设情况纳入优良学风班的评估项目，对获得"书香班级"称号的班级，学期末量化积分加2分；政教科对获得"书香班级"称号的班级在优秀班集体考核评比中给予适当加分。

3."书香班级"评比于每学期期末汇总成绩，下学期开学初与学风建设总结表彰大会一并举行，实行常态化、制度化。

附件1：书香班级评比细则（略）

附件2：学生课外阅读评价体系（略）

附录Ⅳ　《义务教育语文课程标准（2022年版）》中关于课内外读物的建议

义务教育阶段要激发学生读书兴趣，要求学生多读书、读好书、读整本书，养成良好的读书习惯，积累整本书阅读的经验。

阅读材料包括适合学生阅读的各类图书和报刊，下列推荐的读物仅为举例，可作为整本书阅读等学习任务群的内容，也可推荐学生在课外阅读。

童话，如安徒生童话、格林童话、叶圣陶《稻草人》、张天翼《宝葫芦的秘密》等。

寓言，如中国古今寓言、《伊索寓言》等。

故事，如成语故事、神话故事、民间故事、中外历史故事等。

诗歌散文作品，如鲁迅《朝花夕拾》、冰心《繁星·春水》《艾青诗选》、方志敏《可爱的中国》《革命烈士诗抄》、中外童谣、儿童诗歌等。

长篇名著，如吴承恩《西游记》，施耐庵《水浒传》，老舍《骆驼祥子》，罗广斌、杨益言《红岩》，埃德加·斯诺《红星照耀中国》，斯威夫特《格列佛游记》，夏洛蒂·勃朗特《简·爱》，高尔基《童年》，奥斯特洛夫斯基《钢铁是怎样炼成的》等。

科普科幻作品，如《十万个为什么》、儒勒·凡尔纳《海底两万里》等。

根据教学需要，语文教师可按照《中小学生课外读物进校园管理办法》的规定，从中外各类优秀文学作品中选择合适的读物，特别是反映革命文化和社会主义先进文化的作品，向学生补充推荐。

各类历史、文化读物，以及介绍自然科学与社会科学常识的普及性读物等，可由语文教师和有关学科教师商议推荐。鼓励学生自主选择并相互推荐文质兼美的优秀作品。

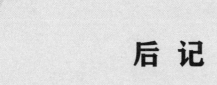

后 记

　　开展中小学语文教育教学研究是一件很重要的工作，也是一件很辛苦的工作。说它重要，是因为中小学语文教育教学研究关系着"办好人民满意的教育"的战略要求及党和政府的殷切嘱托。说它辛苦，是因为从事中小学语文教育教学研究很难产出能够在国际顶级刊物上发表的重大成果，有些人甚至会觉得研究中小学语文教育教学不算是科研，缺乏大课题的牛气和排场。

　　如果说，"地方大学的出路在于服务地方"这种观点还有一定道理的话。那么，作为一名以培养中小学教师为重要使命的地方师范院校的教师，笔者在教书育人之余，始终矢志不渝地进行中小学语文教育教学研究，就是一项很有意义的工作。

　　本书中的内容是笔者多年来研究及指导中小学语文教师开展教育教学研究的心血的积累。很多成果曾先后在不同的学术刊物上发表过，有的则是最新研究的收获。确切地说，本书是一个孜孜以求的中小学语文爱好者，持续切入语文教育教学实践之后，在茫茫学海中铢积寸累地挖掘出来的宝贝。笔者试图用这些所谓的成果，与热爱中小学语文的人们分享、交流，从而共同促进中小学语文教学质量的提升。

　　受多种因素的影响和制约，书中难免会有不足，在此，笔者恳请读者尤其是奋战在一线的广大中小学语文教师，批评指正，笔者一定会在本书再版时进一步修订完善。

　　需要说明的是，本书是云南省硕士学位立项建设单位——曲靖师范学院教育硕士建设研究过程中产生的成果之一，也是笔者相关课题研究成果的组成部分。感谢各级各类教育主管部门及曲靖师范学院对中小学语文教育教学研究给予的大力支持。

　　同时，非常感谢本书在写作过程中直接或间接使用过的所有专家学者及广大一线中小学语文教师的宝贵文献，你们公开发表的各种文献和资料，为笔者的研究提供了可资借鉴的宝贵资源。非常感谢新华出版社的相关领导、编辑及有关专家，你们为本书的出版提供了无私的帮助。

　　笔者始终坚信，山峰再高，只要努力，总有一天能够登顶；研究再难，只要长期坚持，总一天会产生成果。中小学语文教育教学研究是一项神圣的事业，永远在路上，笔者能做的或许就是，久久为功，不懈求索，止于至善。